Führung mit Feuer und Flamme

Christian Münch • Daniel Pleyer

Führung mit Feuer und Flamme

Was jede Führungskraft von einem
Feuerwehrkommandanten lernen
kann – und umgekehrt

Springer Gabler

Christian Münch
Planworx AG
München, Deutschland

Daniel Pleyer
Freiwillige Feuerwehr Herrsching am
Ammersee
Herrsching a. Ammersee, Deutschland

ISBN 978-3-658-44334-4   ISBN 978-3-658-44335-1 (eBook)
https://doi.org/10.1007/978-3-658-44335-1

Die Deutsche Nationalbibliothek verzeichnet diese Publikation in der Deutschen Nationalbibliografie; detaillierte bibliografische Daten sind im Internet über https://portal.dnb.de abrufbar.

Planung/Lektorat: Rolf-Guenther Hobbeling
Springer Gabler ist ein Imprint der eingetragenen Gesellschaft Springer Fachmedien Wiesbaden GmbH und ist ein Teil von Springer Nature.
Die Anschrift der Gesellschaft ist: Abraham-Lincoln-Str. 46, 65189 Wiesbaden, Germany

Das Papier dieses Produkts ist recycelbar.

Geleitwort

Liebe Leserinnen und Leser,

für die einen sind es unverbesserliche Wichtigtuer, blaulichtgeile Typen, partyhungrige Genussmenschen, notorische Alkoholiker oder man sieht das Ganze auch als unnötige Steuergeldverschwendung. Für die anderen sind es die vertrauenswürdigsten Personen in unserer Gesellschaft, unverzichtbare Helfer in schwierigen Lebenslagen, perfekte Improvisationskünstler, bodenständige Handwerker, Helden des Alltags oder aber auch die wichtigste Pflichtaufgabe einer Kommune. Unsere Feuerwehren mit ihren aktiven Frauen und Männern!

Ja, so unterschiedlich die Standpunkte der Betrachtung sein mögen, eines steht jedoch fest: Wenn die Feuerwehr nicht mehr kommt bzw. kommen kann, dann kommt keiner mehr! Nicht umsonst hat der Gesetzgeber im 19. Jahrhundert die Einrichtung und den Unterhalt einer Feuerwehr zur Pflichtaufgabe einer Kommune erklärt.

Als Bürgermeister der mittelgroßen Gemeinde Herrsching am Ammersee mit ca. 11.400 Einwohner kann ich Ihnen versichern, dass auch die neuesten und schönsten Feuerwehrhäuser und die modernsten Fahrzeuge und Einsatzmittel nichts nützen, wenn es nicht die Frauen und Männer gäbe, die diese Technik beherrschen und unzählige Stunden ehrenamtlich den Dienst bei der Feuerwehr leisten würden.

Nur, was bringt Kinder, Jugendliche oder Erwachsene dazu zur Feuerwehr zu gehen? Was ist die Kunst Menschen zum ehrenamtlichen Einsatz mit teilweise lebensgefährlichen Situationen zu motivieren? Oft sind es die Menschen in den Führungspositionen, die andere mit diesem Geist anstecken und sie dauerhaft an diese Organisation binden.

Wir in Herrsching haben das große Glück ganz oben an der Spitze der Führungsmannschaft einen Kommandanten zu haben, der nicht nur der jüngste Feuerwehrkommandant Bayerns war, sondern heute auch einer der erfolgreichsten und erfahrensten ist. Daniel Pleyer kann immer etwas aus seinem Erfahrungsschatz erzählen und hat für jede Einsatzlage auch eine rettende Idee. Kein Wunder, dass sich der erfolgreiche Unternehmer Christian Münch dadurch gleich von dem Feuerwehr-Virus in Herrsching infizieren lies und heute ein wichtiger Bestandteil der Mannschaft ist.

Die Rolle eines Feuerwehrkommandanten mag auf den ersten Blick sehr unterschiedlich erscheinen von der eines Firmenchefs. Doch bei näherer Betrachtung wird deutlich, dass beide eine hohe Verantwortung tragen, um Menschen zu schützen und Werte zu erhalten.

Ein Feuerwehrkommandant steht vor der Herausforderung, im Ernstfall Leben zu retten und Gefahren zu bekämpfen, während ein Firmenchef das Wohl seines Unternehmens, seiner Mitarbeiter und Kunden sichert.

So treffen in diesem Buch die Parallelen dieser beiden herausfordernden Positionen und die gemeinsamen Führungsprinzipien aufeinander, die den Erfolg in beiden Bereichen ermöglichen. Wir werden sehen, wie Kommunikation, Teamarbeit, Krisenbewältigung und strategische Planung in beiden Kontexten von entscheidender Bedeutung sind. Wir werden die Geschichten und Erfahrungen von Feuerwehrkommandanten und Firmenchefs kennenlernen, die diese Prinzipien auf beeindruckende Weise in die Praxis umsetzen.

Ich bin überzeugt, dass dieses Buch nicht nur für Führungskräfte, sondern für jeden von Interesse ist, der an Führungsverhalten und seinem Einfluss auf die Gesellschaft interessiert ist. Es zeigt uns, dass unabhängig von der Umgebung und den Herausforderungen, denen wir gegenüberstehen, die Prinzipien erfolgreicher Führung universell sind.

Ich danke den Autoren dieses Buches für ihre engagierte Arbeit und hoffe, dass Sie, liebe Leserinnen und Leser, genauso von den Erkenntnissen und Einsichten in den Bann gezogen werden, wie ich es wurde. Möge dieses Buch dazu beitragen, unser Verständnis für Führung und die Bedeutung guter Führung in unserer Welt zu vertiefen.

Ganz nebenbei kann sicher auch die Freiwillige Feuerwehr in Ihrer Stadt oder Gemeinde immer eine zusätzliche Unterstützung brauchen. Lassen Sie sich auch vom unverzichtbaren Virus der Feuerwehr anstecken! Er tut nicht weh und tut doch so gut!

Ihr

Christian Schiller

Bürgermeister

der Gemeinde Herrsching a. Ammersee

Danksagungen

Führen mit Feuer und Flamme

Daniel: Am Ende ist es Zeit, Danke zu sagen. Insbesondere geht mein Dank an den Ideengeber und Hauptautor: Münni hat mit seiner Idee und Vision zwei, in erster Linie völlig unterschiedlich agierende Bereiche, in eine Symbiose gebracht. Eine Symbiose, in der es keine Kontroversen mehr gibt und gleichermaßen der Feuerwehr und der freien Wirtschaft Ideen im Führen und Ausführen gegeben – eindrucksvoll und mit hohem Erinnerungswert.

Mein Dank richtet sich auch an alle Interviewpartner, die mit ihrer Erfahrung und dem Erlebten diesem Buch eine greifbare Realität verleihen. Ich bedanke mich auch ganz herzlich bei den Familien, die immer hinter ihren Partnern stehen und egal, ob bei der Feuerwehr, oder in der Wirtschaft, immer ein gewisses Durchhaltevermögen mitbringen müssen, wenn die Protagonisten dieses Buchs am Werk sind.

Auch meiner geliebten Frau Martina und meiner wundervollen Tochter Magdalena, die schon jetzt ganz nach dem Papa kommt, möchte ich von Herzen danken. Die beiden wichtigsten Menschen in meinem Leben müssen sich oft in Verzicht und Nachsicht üben, damit ich meiner Führungsaufgabe vollumfänglich nachgehen kann.

Unserem Bürgermeister, der dieses Buch immer unterstützt und sofort zugesagt hat, ein Vorwort dafür zu schreiben, danke ich an dieser Stelle.

Ein Dank geht an den Springer-Verlag, der die Idee freudig aufnahm und uns so die Möglichkeit der Umsetzung bot.

Abschließend möchte ich auch der Feuerwehr Herrsching danken. Ohne die gesamte Mannschaft wären die Inhalte dieses Buchs nur Floskeln, da die Umsetzung des Ganzen fehlen würde und ich auch nie Kommandant geworden wäre – Vielen Dank!

Christian: An erster Stelle möchte ich mich bei meiner geliebten Frau und Seelenverwandten Tina und meiner wundervollen Tochter Paula bedanken: Beide stehen immer hinter mir und unterstützen mich bei allen meinen Ideen und Vorhaben – so auch bei diesem Buch. Selbiges gilt auch für den Rest der Familie rund um meinen Vater Ferdi, meinen Bruder Tobi und meine Ex-Frau Julia.

Nächster auf der Liste ist einer meiner „Chefs" bei der Feuerwehr und Co-Autor dieses Buchs Daniel. Er hat mir, mit seiner Art zu führen, die Initialzündung für dieses Buch gegeben, sofort zugesagt, mich zu unterstützen und war mir in der gesamten Entstehungsphase ein perfekter Sparringspartner und Impulsgeber. Ich hoffe, wir arbeiten noch viele Jahre zusammen.

Ein großer Dank geht auch an meinen langjährigen Geschäftspartner Chris und meine vielen Planworx-Kollegen, die immer wieder Verständnis zeigen, wenn mal der „Piepser geht" und darauf ausnahmslos superflexibel reagieren. Mir ist es wichtig alle beim Namen zu nennen: Änni, Andi, Annalena, Axel, Barb, Bene, Bettina, Bib, Rini, Eichi, Eva, Christian „CMü", Chris, Dalle, Dirk, Doro B., Doro, Elham, Eva, Jacky, Jeanette, Johanna, Johannes, Julia, Julian, Kai, Karin, Katha, Laura, Matze, Maxime, Melina, Tech-„Nik", Oli, Rebecca, Robyn, Rogier, Tamara, Tobo. Herausheben möchte ich den lieben Fred, der Shooting und Layout für das Cover dieses Buchs übernommen hat. Wir finden es alle großartig.

Wichtigen Anteil an diesem Buch haben alle Kameraden der Feuerwehr Herrsching, die mich bedingungslos und von der ersten Minute an liebevoll in ihre große Familie aufgenommen haben und zu allen Praxisbeispielen ihren wertvollen Beitrag geleistet haben: Gangul, Fadil, Amir, Sebastian, Dion, Moritz, David aka „Puma", Daniel, Jürgen, Chris, Delvin, Arda, Korbi, Ludwig, Andi, Alessandro, Laura, Magdalena, Justine, Philipp, Cinar, Dorian, Amelie, Franziska, Frank, Philipp, Claus, Niklas, Rafael, Andy McRandy, Luki, Hermann, Adri, Tom, Maxi, Babsi, Suraj, Klopsi, Bubu, Fabi, Jakob, Mats, Maximilian, Ludwig, Sarah, Timo, Julia, Xaver, Andreas, Michi, Jonas, Robert, Christian, Tami, Robert, Michi, Felix, Schmiddi, Michi, Maxi, Uli, Jonathan, Gökay, Christopher, Strecki, Uli, JP, Leon, Martl, Fabi, Pascal, Lukas, Fabi, Julian und den Ziegler.

Besonders hervorzuheben aus der Mannschaft sind Andi und Juli, die mich fachlich und menschlich ausgebildet haben (und es immer noch tun) und auf ALLE meine Fragen eine Antwort hatten. Und natürlich meine anderen Praxisbeispiel-Paten Peter, Robert und last but not least Vroni, die sich auch sofort zum Korrekturlesen bereit erklärt hat. DANKE für Eure Kamerad- und Freundschaft. Danke auch an dieser Stelle an unseren Berliner Kameraden

„Bommel", der eines der beeindruckendsten Beispiele aus dem Einsatzgeschehen im Rahmen von sehr unterhaltsamen Telefonkonferenzen bei-
gesteuert hat.

Und weil Kameradschaft nicht an der Ortsgrenze aufhört, möchte ich es
nicht versäumen allen Einsatz- und Rettungskräften weltweit „Danke" für
ihren Mut, Ihre Motivation und Ihr Engagement zu sagen. Ich weiß jetzt ein
klein wenig mehr, was das Tag für Tag bedeutet.

Ein großer Dank gebührt auch unserem obersten Dienstherren und Bürgermeister, Christian Schiller, der nicht nur uns als Feuerwehr maximal unterstützt, sondern auch mit „Feuer und Flamme" hinter diesem Buch stand und
es sich nicht nehmen ließ, das Vorwort zu schreiben. Seine Art, die Gemeinde
zu führen, ist sehr besonders.

Last, but not least bedanke ich mich beim Springer-Gabler Verlag und hier
insbesondere unserem Executive Editor Herrn Rolf-Günther Hobbeling, der
unsere Idee zum Buch ab dem ersten Gespräch verstanden und unterstützt
hat. Vielen Dank für die tolle Zusammenarbeit!

Inhaltsverzeichnis

Über die Autoren

Christian Münch ist „studierter" Event-Manager und Unternehmer aus Leidenschaft. Sein Unternehmen, die Agentur Planworx hat er bereits 1987 gestartet und ist seit 2018 als AG unterwegs. Die einzige Konstante bei PLANWORX ist der Wandel. Was einst als reine Eventagentur begann, ist heute ein strategisch agierendes Team aus agilen Units, die Digital-Expertise, Eventwissen, ökologisches Know-how und kreatives Denken verbinden.

Daniel Pleyer ist einer der jüngsten Kommandanten Bayerns. Herrschings oberster Feuerwehrmann wirkt mit seinen 33 Jahren wie ein abgeklärter Sicherheits-Manager eines renommierten Großkonzerns. Als er mit 22 Jahren zum Feuerwehrkommandanten in Herrsching avancierte, war er Bayerns jüngster Spritzenchef. Heute sind dem gelernten Elektroniker für Energie-technik 71 freiwillige Feuerwehrmänner und zehn Feuerwehrfrauen im akti-ven Dienst unterstellt. Sein Credo: „Draufgänger brauchen wir hier nicht".

1

Jeder Tag ist eine neue Gelegenheit. Für was, entscheidest Du allein

Wie mit 46 Jahren alles anfing und ich Feuerwehrmann wurde

Zusammenfassung Im ersten Kapitel beschreibt Christian seinen Weg vom Neubürger der Gemeinde Herrsching am Ammersee zum qualifizierten Feuerwehrmann, vom erfolgreichen und mehrfach ausgezeichneten Geschäftsmann zur freiwilligen Rettungseinsatzkraft – in etwas weniger als einem Jahr. Dabei lässt er immer wieder „tief blicken" und uns an seiner Gefühlswelt teilhaben – vom Gedankenkarussell, das ein Werbeflyer in ihm auslöste, über die emotionalen Widerstände, die sich angesichts seines Alters auftaten, bis hin zur Euphorie, die ihn nach erfolgreichen Einsätzen überkommt. Besonders beeindruckend dabei ist die Zugänglichkeit der Institution „Freiwillige Feuerwehr" und das in vielen Bereichen vorbildliche, pragmatische Vorgehen im Rahmen von Ausbildung und Einsatz.

Die Geschichte zu diesem Buch beginnt an einem regnerischen Donnerstag im November 2020 in unserem Haus in Herrsching mit einem zunächst offensichtlich belanglosen Ereignis. Ein Ereignis, das in den Wochen danach allerdings die Kraft und Dynamik entwickeln sollte, meine gewachsenen Gewohnheiten, meine ritualisierten Tagesabläufe, ja meinen gesamten Lebensstil urplötzlich und teilweise radikal zu verändern – und den meiner Familie gleich mit.

Aber vielleicht erstmal der Reihe nach: Aufgewachsen bin ich in einem kleinen, friedlichen Örtchen in der Oberpfalz, in Pfreimd, zusammen mit damals ca. 5000 anderen Einwohnern. Schon als 18-jähriger wurde mir die Idylle zu viel und das Ortsgebiet zu eng und es zog mich hinaus in die schöne,

C. Münch, D. Pleyer, *Führung mit Feuer und Flamme*, https://doi.org/10.1007/978-3-658-44335-1_1

weite Welt. Die nächsten 28 Jahre verbrachte ich dann hauptsächlich in meiner Lieblingsstadt München, wo ich meinen Wehrdienst ableistete, dual Betriebswirtschaft studierte, zweimal heiratete, eine wundervolle Tochter zeugte und zusammen mit meinem Geschäftspartner Chris eine der größten, modernsten und erfolgreichsten Eventagenturen in Deutschland, die planworx AG, aufbaute.

Mit Beginn und Verlauf der Pandemie wurde dieses ganze Konstrukt dann mal ordentlich durchgeschüttelt, und veränderte Rahmenbedingungen sorgten dafür, dass wir uns als Individuen und als Agentur neu erfinden mussten. Entgegen der weitläufigen, öffentlichen Meinung – noch heute werde ich bemitleidet, wenn ich in irgendwelchen Kreisen über meine Arbeit spreche: „Ach herrje, du Armer." „Da hattet ihr in den Jahren der Pandemie ja gar nichts zu tun!" – hatte dies keinen Einfluss auf unseren wirtschaftlichen Erfolg oder unsere Reputation. Ganz im Gegenteil waren unsere Zahlen dank unserer Leidenschaft für digitale Events selten besser und die uns überreichten Awards reichten von „Digital Champion" bis hin zu „Vorbild in Vielfalt und Diversity". Was sich allerdings massiv veränderte, war die Art und Weise unserer Zusammenarbeit. Auch wenn wir „New Work" inkl. der Buzzwords wie „Vertrauensarbeitszeit" und „Vertrauensarbeitsort" schon 2016 und damit weit vor der Pandemie bei planworx einführten, leben wir eine Kultur, die geprägt ist von Home-Office und digitaler Zusammenarbeit erst so richtig, seitdem uns Covid dazu gezwungen hat.

Es war dann hauptsächlich auch diese neue Arbeitskultur, die es meiner Frau Bettina (sie arbeitet auch in einer Führungsposition in der Agentur) und mir erlaubte, uns den gemeinsamen Traum vom „Haus am See" deutlich früher als geplant zu erfüllen. Und so zogen wir im Mai 2020 in ein eigenes Häuschen in einem Neubaugebiet der Gemeinde Herrsching am Ammersee, quasi zurück in ländliche Strukturen und vermeintliche Idylle – mit der Hoffnung, hier ein entschleunigtes und stressfreies Leben führen zu können. Und obwohl wir keinen direkten Seezugang haben und der erste Steg etwa 3–5 Gehminuten entfernt ist, scheint der See tatsächlich eine magische und beruhigende Ausstrahlung auf alle Lebensbereiche zu haben: Die Ärzte nehmen sich Zeit, zuzuhören, der Postbote bleibt kurz für einen kleinen Small-Talk bei einem Espresso, und Zeitfresser wie Parkplatzsuche oder das Anstehen an Pfandautomaten sind hier einfach nicht existent. Diese Stimmung und ein toller Sommer mit fast 2000 Sonnenstunden vereinfachten uns das Ankommen und Einleben in der Gemeinde.

An dem eingangs erwähnten Donnerstag im Spätherbst 2020 machte ich mich nun also auf den Weg aus meinem Home-Office im Keller des Hauses zu unserem Briefkasten im Erdgeschoss, um wie fast jeden Tag die Post zu holen, zu sortieren und an die jeweiligen Adressaten im Haus zu verteilen. Der Postkasten war gut gefüllt, wohl eine Nebenerscheinung, die so ein neues Haus, ein damit verbundener Umzug und das Sesshaftwerden in einer neuen Umgebung so mit sich bringen. Zurück an meinem Schreibtisch fing ich an die Post – wie immer – in zwei Stapel aufzuteilen. Links der Stapel mit persönlicher Post, Rechnungen, Bestätigungen, etc. zur Weiterverteilung und rechts der Stapel mit unvermeidbaren Postwurfsendungen, Werbung, Prospekten und dem „Kreisboten" zur direkten Entsorgung über die Papiertonne. In der Mitte übrig blieb am Ende ein Werbe-Flyer der „Feuerwehr Herrsching" mit dem die ortsansässige Feuerwehr sich offensichtlich um neues Personal bemühte (Abb. 1.1). Und obwohl dieser Flyer meiner oben erläuterten Logik nach eindeutig dem rechten Stapel zuzuordnen war, brachte ich es nicht übers Herz, ihn wegzuwerfen, und er verweilte so, zunächst weiter unbeachtet, am äußersten Rand meines Schreibtisches.

Nun bin ich aber traditionell ein Anhänger der Clean-Desk-Policy und neben der Tastatur, der Maus, meinem Handy und meinem Notizbuch (Bullet-Journal) werden „Fremdkörper" wie z. B. Wasserflaschen oder Kaffeetassen maximal 30 min auf dem Tisch geduldet. Das hatte zur Folge, dass der Flyer immer wieder argwöhnische Blicke abbekam und ich mich so zunehmend mit dem Inhalt vertraut machte. Offensichtlich wurden da tatsächlich echte, freiwillige Feuerwehrleute gesucht. Das gesuchte Profil umfasst Eigenschaften wie eine „Portion Teamgeist", „Freizeit", „Interesse an Herausforderungen" und „Gesundheit und Spaß".[1] Schon mal alles Dinge, die auch bei mir zutreffen würden, meldete mein Unterbewusstsein da sicher schon zurück. Nach einer kurzen Rückbesinnung auf die Arbeit und den Bildschirm schweifte mein Blick keine 30 min später wieder ab, um sich mit den Gegenleistungen zu beschäftigen. Und Achtung Sarkasmus: „Kein regelmäßiges Gehalt"[2] würde man anbieten. Ich musste schmunzeln, auch wenn ich das im Rahmen einer freiwilligen Tätigkeit ohnehin nicht erwartet hätte. Es ging allerdings sehr spannend weiter: „Ausgleich vom Alltag", „Außergewöhnliche Tätigkeiten", „Professionelle Ausbildung", „Freundschaft fürs Leben", ein „Befriedigendes Gefühl" und eine „Sinnvolle Freizeitgestaltung".[3] Ich konnte mein Unterbewusstsein fast laut hören, wie es mir zur innerlich zuflüsterte: „Du bist doch voll neugierig und immer auf der Suche nach neuen Herausforderungen." Und weiter: „Du engagierst Dich doch total gerne ehrenamtlich, sonst würdest Du ja nicht so viel Zeit in die Herrschinger Tafel stecken!"

---

[1] Werbeflyer der Feuerwehr Herrsching aus der „Weihnachts-Werbeaktion" 2021.
[2] Werbeflyer der Feuerwehr Herrsching aus der „Weihnachts-Werbeaktion" 2021.
[3] Werbeflyer der Feuerwehr Herrsching aus der „Weihnachts-Werbeaktion" 2021.

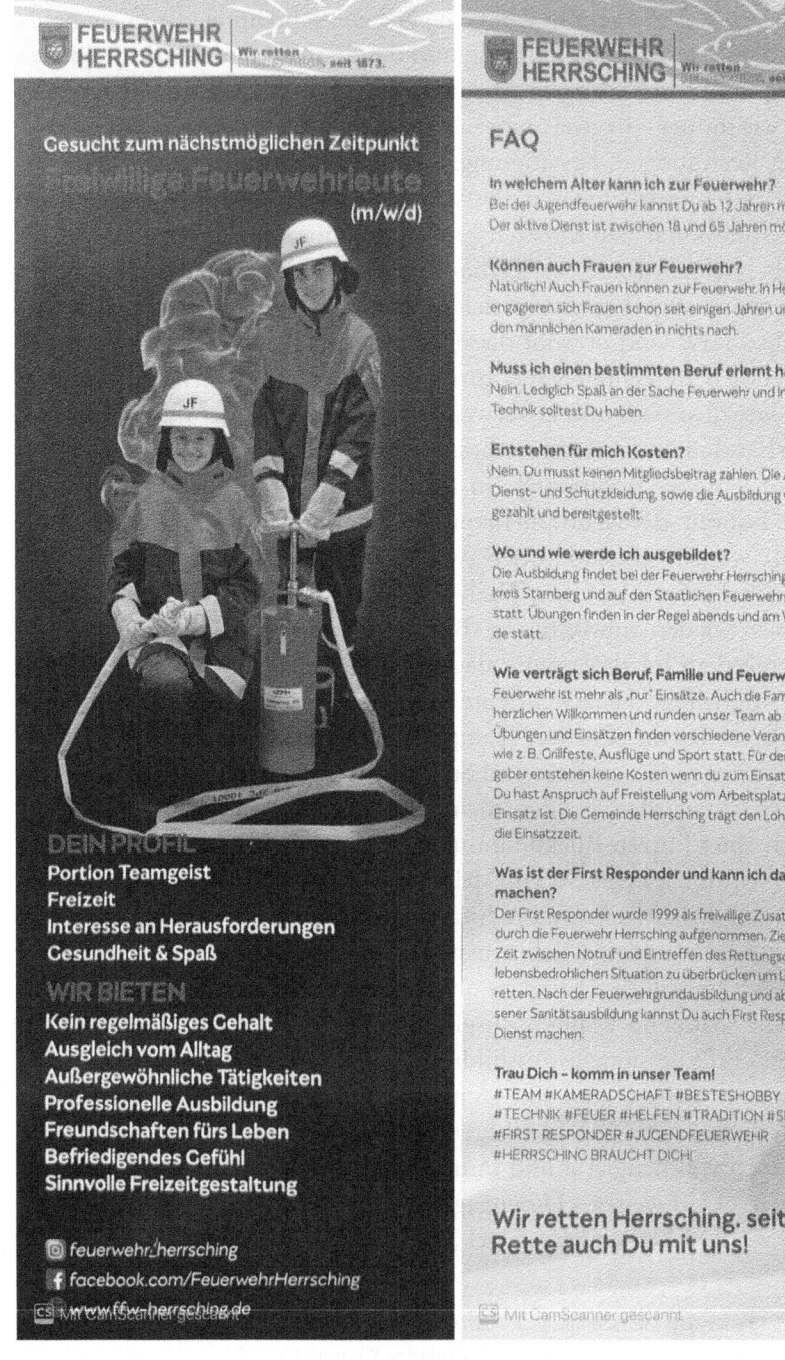

Abb. 1.1 Flyer der Freiwilligen Feuerwehr Herrsching

Und noch etwas provokanter ging es zur Sache: „Vor allem neue Freundschaften hier in der Gemeinde könnten Dir sicher nicht schaden!" „Du hast doch alle deine Freunde in München zurückgelassen!" Ich setzte dem Monolog ein Ende, indem ich den Flyer einfach umdrehte. „Ich kann doch mit 46 Jahren nicht einfach so zur Feuerwehr gehen. Ohne Vorkenntnisse. Was würde außerdem meine Familie dazu sagen. Nee, nee Schnapsidee", bekräftigte mich auch sofort mein Verstand und ich widmete mich wieder der Konzeptarbeit für die Markteinführung eines neuen PKWs. Diesmal vergingen keine 30 min und ich widmete mich erneut dem Flyer, diesmal der Rückseite mit den „FAQ". Jetzt allerdings, um nach Beweisen zu suchen, dass meine Argumente oben korrekt und ich für den Feuerwehrdienst nicht geeignet war. Spätestens dann könnte ich das Ding guten Gewissens der „Ablage P", also dem Papierkorb zuführen und mich mit voller Aufmerksamkeit dem Konzept widmen. Doch schon die erste Frage und Antwort pulverisierte mein wohl stärkstes Gegenargument, das Alter: „In welchem Alter kann ich zur Feuerwehr?" „Bei der Jugendfeuerwehr kannst Du ab 12 Jahren mitmachen. Der aktive Dienst ist zwischen 18 und 65 Jahren möglich."[4] Alles klar. Aber dann kann es in meinem Alter doch sicher nur mit Vorkenntnissen gehen. Schon die Antwort auf Frage 3 machte auch diesen Gedankengang obsolet: „Muss ich einen bestimmten Beruf erlernt haben?" „Nein, lediglich Spaß an der Sache Feuerwehr und Interesse an Technik solltest Du haben."[5] „Na Bravo!", meldete das Gehirn zurück, „Allerspätestens beim Thema „Familie" werden denen aber die Argumente ausgehen". Doch die Antwort auf Frage 6 befasst sich genau damit: „Wie verträgt sich Beruf, Familie und Feuerwehr?" „Feuerwehr ist mehr als „nur" Einsätze. Auch die Familien sind herzlich willkommen und runden unser Team ab. Neben Übungen und Einsätzen finden verschiedene Veranstaltungen wie z. B. Grillfeste, Ausflüge und Sport statt. […]"[6] Ich war plötzlich begeistert und verwirrt zur gleichen Zeit und mein Gedankenkarussell drehte sich in Höchstgeschwindigkeit. Mein Verstand setzte dem Ganzen mit lautem Gebrüll ein Ende: „MAN GEHT MIT 46 JAHREN NICHT EINFACH SO, MIR NICHTS, DIR NICHTS ZUR FEUERWEHR! WER GLAUBST DU DENN, WER DU BIST?". Frustriert zerknüllte ich den Flyer und schmiss ihn weg. Ich versuchte dann, mich noch zwei Stunden auf mein Konzept zu konzentrieren und ging dann schließlich in den Feierabend.

---

[4] Werbeflyer der Feuerwehr Herrsching aus der „Weihnachts-Werbeaktion" 2021.
[5] Werbeflyer der Feuerwehr Herrsching aus der „Weihnachts-Werbeaktion" 2021.
[6] Werbeflyer der Feuerwehr Herrsching aus der „Weihnachts-Werbeaktion" 2021.

Am Montag drauf, so gegen 7:55 Uhr, holte ich den Flyer zurück aus dem Papierkorb in der festen Absicht, meine Bewerbung bei der Freiwilligen Feuerwehr Herrsching einzureichen. Übers Wochenende haben Verstand und Herz permanent miteinander gerungen. Der Verstand wurde nicht müde, immer wieder die altbekannten Argumente anzuführen, aber mein Herz hebelte ihn ganz einfach aus mit Kindheitserinnerungen: Wie schon erwähnt bin ich vor geraumer Zeit in ländlichen Strukturen aufgewachsen. Eine Zeit, in denen größere Brände noch sehr häufig vorkamen und Verkehrsunfälle aufgrund mangelnder Sicherheitsvorkehrungen in den Fahrzeugen deutlich gefährlicher waren. Zudem wurde in meiner Kindheit zu jeder Tages- und Nachtzeit noch mit Sirene alarmiert, und es war unmöglich, das innerhalb des Ortsradius zu überhören, egal wie tief man schlief oder wie laut man Musik hörte. Ich kann mich gut daran erinnern, wie wir Kinder dann immer vors Haus gelaufen sind und nach Rauchwolken Ausschau gehalten haben. Wenn wir diese dann entdeckt und geortet hatten, schwangen wir uns zumindest tagsüber, auf unsere Räder, um den Einsatzkräften bei den Löscharbeiten oder Rettungsmaßnahmen zuzusehen. Falls es sich um einen nächtlichen Einsatz handelte und wir uns nicht unbemerkt aus dem Haus schleichen konnten, klebten wir so lange an den Fenstern, bis auch der letzte Flammenschein erloschen und die Feuerwehrfahrzeuge zurück ins Feuerwehrhaus gekehrt sind. Das Bild, als damals ein Feuerwehrmann ohne Schutzausrüstung (heute undenkbar) einen verletzten Arbeiter auf beiden Armen aus der brennenden Dorfschreinerei getragen und ihm so das Leben gerettet hat, hat sich bis heute fest in meinen Erinnerungen eingebrannt. Aufgrund der Nähe und Intensität der Brände hatte meiner Meinung nach damals jeder Ortsbewohner, egal welchen Alters, einen ganz anderen Respekt vor diesen Gefahren, und für viele von uns hatten Feuerwehrleute dementsprechend einen Heldenstatus. Eine Bewunderung, die auch Lothar Schneid, nach 41 Jahren Berufsfeuerwehr Köln in seinem Buch „Unter jedem Helm steckt nur ein Mensch" teilt: „Der Feuerwehrmann war in meiner Kindheit der Held der Welt. Nicht der Polizist oder der Lokomotivführer. Der Feuerwehrmann kann alles, weiß alles ist unbezwingbar und muss direkt hinter Superman kommen".[7] Dass wir diese Menschen bei ihren Einsätzen behindern oder aus nicht nachvollziehbaren Gründen gewaltsam gegen sie vorgehen, wie es aktuell immer häufiger vorkommt, ist für Angehörige meiner Generation nicht nur undenkbar, sondern völlig abwegig. Daher stand mein Entschluss fest: Ich werde der Bewerbung nachgehen und versuchen, ein guter Feuerwehrmann zu werden, auch wenn ich keine Ahnung habe, wie.

---

[7] Lothar Schneid, „Unter jedem Helm steckt nur ein Mensch", BoD-Books on Demand, S. 32.

Die erste Hürde tat sich keine zwei Minuten später auf: Wie, um alles in der Welt bewirbt man sich denn als Feuerwehrmann? Ich durfte in meinem Berufsleben schon mehrere hundert Bewerbungen lesen, analysieren und potenzielle Kandidaten auf diesem Wege bewerten. Meine letzte eigene Bewerbung hatte ich allerdings irgendwann im Alter von 20 Jahren verfasst und die war für eine Anstellung in der freien Wirtschaft bestimmt. Nun, welche Details aus meinem Lebenslauf könnten denn für so eine Feuerwehr von Interesse sein? Dass man ein ganz ordentliches Abi gemacht hat, könnte ggf. wichtig sein, um nachzuweisen, dass man nicht „ganz auf den Kopf gefallen" ist. Was man wie, wo, wann studiert hat, solange es kein Maschinenbau oder Fahrzeugtechnik ist, dürfte hingegen schon von untergeordnetem Interesse sein. Dass man sich im Marketing und insbesondere im Eventmarketing ganz gut auskennt, dürfte höchstens für die Organisation der im Flyer thematisierten Grillabende eine gewisse Relevanz haben – wahrscheinlicher aber eher auf taube Ohren stoßen. Die Teilnahme an Hindernisläufen wie „Tough Mudder" oder „Xletix" als Nachweis für die eigene Sportlichkeit und den starken Kampfgeist zu erwähnen, macht da vermutlich schon eher Sinn. Soll ich meinen Motorbootsführerschein erwähnen, weil die Gemeinde ja bekanntlich am Ammersee liegt? Meinen Gabelstaplerführerschein? Die Scrum-Master-Lizenz? Ich war aufgeregt, nervös und heillos überfordert. Daher entschloss ich mich dazu, dort einfach mal anzurufen und nachzufragen. Doch wie ruft man bei der Feuerwehr an? Ich kannte bis dato nur den Weg über die 112, der aber sicherlich in diesem Fall der falsche sein dürfte. Auf dem Flyer fand ich schließlich die URL der Website und, oh yes, eine Telefonnummer. Dort teilte man mir dann höflich mit, dass ich einfach eine kurze E-Mail mit meinem Anliegen an die info@ffw-herrsching.de schicken solle, und man werde sich dann zeitnah bei mir melden. Gesagt, getan. Manchmal können die Dinge so herrlich einfach sein.

Keine zwei Tage später stellte ich fest, dass „zeitnah" bei der Feuerwehr ganz schön schnell geht. Schon am Mittwoch meldete sich ein gewisser „Daniel", der die Berufsbezeichnung „1. Kommandant" in seiner Signatur trug, bei mir mit einer sehr freundlich formulierten E-Mail zurück. Dass er gleich zum „Du" überging, gefiel mir sehr gut, nahm es doch irgendwie den Druck aus meinem Vorhaben. Er bot mir in der E-Mail an, mir alles über den aktiven Feuerwehrdienst zu erklären und mir Feuerwehrhaus und Fahrzeuge zu zeigen. „Nice. Wer bewirbt sich denn hier bei wem?" dachte ich mir spontan und nach einem kurzen E-Mail-Ping-Pong verabredeten wir uns für den Dienstag der Folgewoche.

Aus häufiger, eigener Erfahrung weiß ich, dass es potenzielle Arbeitgeber gerne sehen, wenn die Kandidaten gut vorbereitet sind. Das ist sicher im

Ehrenamt nicht anders, dachte ich mir und nahm die Website der Feuerwehr unter die Lupe und las mir alle Artikel durch, die zur FFH (Abkürzung der „Freiwilligen Feuerwehr Herrsching") im Netz zu finden waren. Schnell stellte ich dabei fest, dass eben jener Daniel kein Vorzimmer-Terminkoordinationsassistent ist, sondern der Chef von der ganzen Einrichtung und die Berufsbezeichnung „1. Kommandant" bedeutet, dass da ganz viel Gold und Silber auf seinen Schultern glänzen. Solche Schulterklappen kannte ich nur zu gut von der Bundeswehr, was meinen Puls wieder deutlich ansteigen ließ. Abgesehen davon war die Website für mich unglaublich aufschlussreich: Es ließ sich alles zur Geschichte, den Gerätschaften, den Fahrzeugen, ja sogar zu aktuellen Einsätzen finden. Als Marketingmann war ich beeindruckt von der Professionalität der gesamten Seite, als Mensch aber besonders von der Unterseite „Mannschaft". Jede Feuerwehrfrau und jeder Feuerwehrmann waren hier mit eigenem Bild in Einsatzkleidung abgebildet. Jetzt wollte ich unbedingt, dass da in Kürze ein weiteres Portrait auf der Seite erscheint. Meines.

Gut vorbereitet, aber etwas flau im Magen, machte ich mich am besagten Dienstag auf zum Feuerwehrhaus. Ich parkte meinen Wagen gegenüber und ging über den großen Vorplatz vorbei an den vielen Fahrzeugen zur Eingangstür. Das Gebäude, das neben dem Rathaus im Zentrum von Herrsching zu finden ist, fühlte sich riesig an und hatte eine fast herrschaftliche Ausstrahlung in diesem Moment für mich. Ich klingelte. „Feuerwehr Herrsching" schallte es aus dem Lautsprecher. Ich stellte mich vor und ließ mein Gegenüber voller Stolz wissen, dass ich mit Daniel, dem Kommandanten verabredet bin. Zu dem Zeitpunkt konnte ich ja nicht ahnen, dass er selbst die Gegensprechanlage bediente. Die Tür summte und ich trat ein. Mir eröffnete sich eine große, hohe Halle mit vielen historischen Ausstellungsgegenständen, Sponsorentafeln an den Wänden und einem großem LED-Screen auf dem, wieder einmal, die vielen aktiven Feuerwehrleute zu sehen waren. Ein dynamischer, junger Mann in Uniform bog aus dem Gang kommend auf mich zu. Auch er hatte ziemlich viel Gold und Silber auf den Schultern zu tragen. „Servus. Du bist da Christian und mim Daniel verabredet, gell?" rief er mir in sehr sympathischen Bayrisch zu. „Ja, kim. I bring di hi." Alles, klar. Bayrisch zu verstehen und zu sprechen könnte hier durchaus von Vorteil sein. Ich folgte dem Herrn im Stechschritt durch einen langen hohen Gang der beiderseitig von roten Spinden, gefüllt mit Einsatzkleidung und Helmen gesäumt war. Das sah hier ungelogen aus, wie im Film. Ich musste sofort an „Backdraft" denken: „Es ist ein glühendes Inferno. 300–400 Grad. In solchen Fällen gibt es nur eine Rettung und das sind unsere Jungs, die sich in das Gebäude vor-

kämpfen. Alle anderen wollen raus und diese Wahnsinns-Typen wollen rein!"[8]
Am Ende des Gangs, bogen wir links ab, in den sogenannten Funkraum, wie
ich dem Türschild im Vorbeigehen entnehmen konnte und der junge Mann
übergab mich höflich an Daniel.

Daniel musterte mich kurz, bemerkte sicher meine Anspannung und bot
mir freundlicherweise an, mich zu setzen und sich ein wenig zu unterhalten.
Er erzählte mir sehr viel über seinen Aufgabenbereich, das Einsatzgebiet der
FFH, die gute und relativ neue Ausstattung von den Fahrzeugen bis zum Gebäude, die Aufgaben der Mannschaft, die unterschiedlichen Aspekte der Ausbildung, die eigenen Sicherheitsvorkehrungen, Übungspläne, usw. Er sparte
dabei nicht mit Fachausdrücken und Abkürzungen: ELW, HLF, 10/1, DLK,
FFH, 40/1 und 40/2, ILS, MTA und viele andere mehr. Und auch wenn
mich das Ganze eher an einen Song der „Fantastischen Vier" erinnerte, war
ich einfach nur begeistert und starrte ihn mit weit aufgerissenen Augen an.
Das war eine völlig neue, hochprofessionell organisierte Welt, die sich da vor
mir auftat. Daniel schien bemerkt zu haben, dass mir der Kopf rauchte (Wort-
spiel!) und bot an, mich rumzuführen. So bekam ich in den nächsten 30 min
die beiden Fahrzeughallen, alle Fahrzeuge, die Werkstätten, die Büros der
Führungskräfte, das Fitnessstudio, die Küche, die Cafeteria, den großen Be-
sprechungsraum und den Keller inkl. Schlauchwaschanlage, Wäscherei,
Wäschekammer und riesigem Materiallager zu sehen. Im Eventbusiness ließe
sich das hervorragend als „FFH-VIP-Backstage-Tour" an unsere Kunden
verkaufen.

Nach der Rückkehr in den Funkraum war ich an der Reihe. Daniel wollte
nun auch einiges über mich wissen. Und so begann ich zu erzählen: Von meinem beruflichen Werdegang, über meine privaten Interessen, meine aktuelle
familiäre und berufliche Situation, meine sportlichen Ambitionen, bis hin zu,
ja, meinem Boots- und Staplerführerschein. Besonders interessiert war Daniel
nach meinem Monolog an meiner Verfügbarkeit unter der Woche und meinen Beweggründen. Die Antwort fiel mir nicht schwer: „Zu 90 % arbeite ich
aus dem Home-Office, und wenn ich nicht gerade in wichtigen, digitalen
Kundenpräsentationen stecke, kann ich im Normalfall ad hoc den Stift fallen
lassen und aus meinem Home-Office loslaufen. Und meine Motivation zu beschreiben ist ganz einfach: Ich habe in meinem Leben sehr viel Glück gehabt
und habe nun das große Verlangen etwas zurückzugeben." Diese Antworten
schienen Daniel zwar irgendwie beeindruckt zu haben, aber die von mir erwartete Begeisterung fiel zunächst aus. Es kehrte kurzzeitig Stille ein, bzw.
Stille zwischen uns, so dass wir den Funkverkehr, der quasi als „Soundteppich"

---

[8] Gregory Widen, „Backdraft – Männer, die durchs Feuer gehen", 1991.

im Funkraum omnipräsent war, mithören konnten. Im Nachhinein bin ich überzeugt, dass Daniel diesen Rahmen ganz bewusst seinem Büro vorgezogen hat, weil hier ein gewisser Nervenkitzel natürlich im Raum vorherrscht. Ungeduldig und ehrgeizig, wie ich nun mal bin, fragte ich nach dem Abklingen des letzten Funkspruchs ganz direkt: „Und? Was meinst Du? Bekomme ich eine Chance bei Euch?" Und auch Daniel druckste nicht lange herum und kam gleich zur Sache: „Hm. Was soll ich sagen? Du bist ein absoluter Traumkandidat! Wenn Du magst, kannst Du sofort unterschreiben!"

Ich war perplex und begeistert zugleich. Allein meine Erfahrung mit Uniformen verhinderte wohl, dass ich ihm direkt um den Hals fiel. Im Nachhinein betrachtet war dieses erste Zusammentreffen schon ein erster Vorgeschmack auf Daniels Führungsverhalten, das ja das Hauptthema dieses Buches werden sollte: Sichtung – Risikoanalyse – Festlegung der Einsatztaktik – Befehlsgebung. Ich unterschrieb meinen Aufnahmeantrag noch an Ort und Stelle und wollte schon wieder nach Hause aufbrechen, als mein 1. Kommandant noch eine Überraschung für mich bereithielt: „Hast du noch 30 min Zeit?". Ich nickte. „Dann kleiden wir Dich doch gleich noch ein, dann kannst Du Deinen Spind einrichten." Ich traute meinen Ohren nicht. Was vor 60 min noch ein Wunschtraum war, manifestierte sich gerade in Form eines eigenen Spinds und der entsprechenden Ausrüstung. Ich war nicht mehr nur Kinozuschauer, sondern Schauspieler in Backdraft. Ich erhielt einen vollständigen Satz Einsatzkleidung, eine Uniform für den Innendienst und eine weitere zum Ausgehen. Ich folgte artig dem Einsatzbefehl und richtete meinen Spind ein. Der Nachmittag im Feuerwehrhaus endete mit einer ersten Fotosession, die in meinem persönlichen Steckbrief mündete, den Daniel direkt ans schwarze Brett hing (Abb. 1.2). Hier gab es kein Zurück mehr. Zu Hause erwartete mich neugierig meine Familie: „Und wie war es? Hast Du eine Chance?" „Ich bin Feuerwehrmann, äh, Feuerwehranwärter und nächsten Montag um 19:30 Uhr ist meine erste Übung!"

Doch bevor es zur ersten Übung kam, lernte ich den mir zugewiesenen Ausbilder, Andreas Dauber kennen. Andi wurde mir als eine Art Tutor, wie man in der Wirtschaft sagen würde, von den Kommandanten zugeteilt und sollte mir als erster Ansprechpartner für meine Fragen und meine Ausbildung zur Verfügung stehen. Andi hat gefühlt sein ganzes Leben schon im Ehrenamt gearbeitet und verdient seinen Lebensunterhalt auch hauptberuflich in der Branche, als Koordinator in der integrierten Leitstelle (ILS, eine Abkürzung, die ich schon mal gehört hatte). In seiner „Freizeit" fährt Andi zudem im Rettungsdienst. Genau der richtige Mann für meine Neugier und meine 1000 Fragen. Noch vor der ersten Übung trafen wir uns öfter im Feuerwehrhaus zu ersten „Unterrichtsstunden". Hier lernte ich mehr über meine persönliche

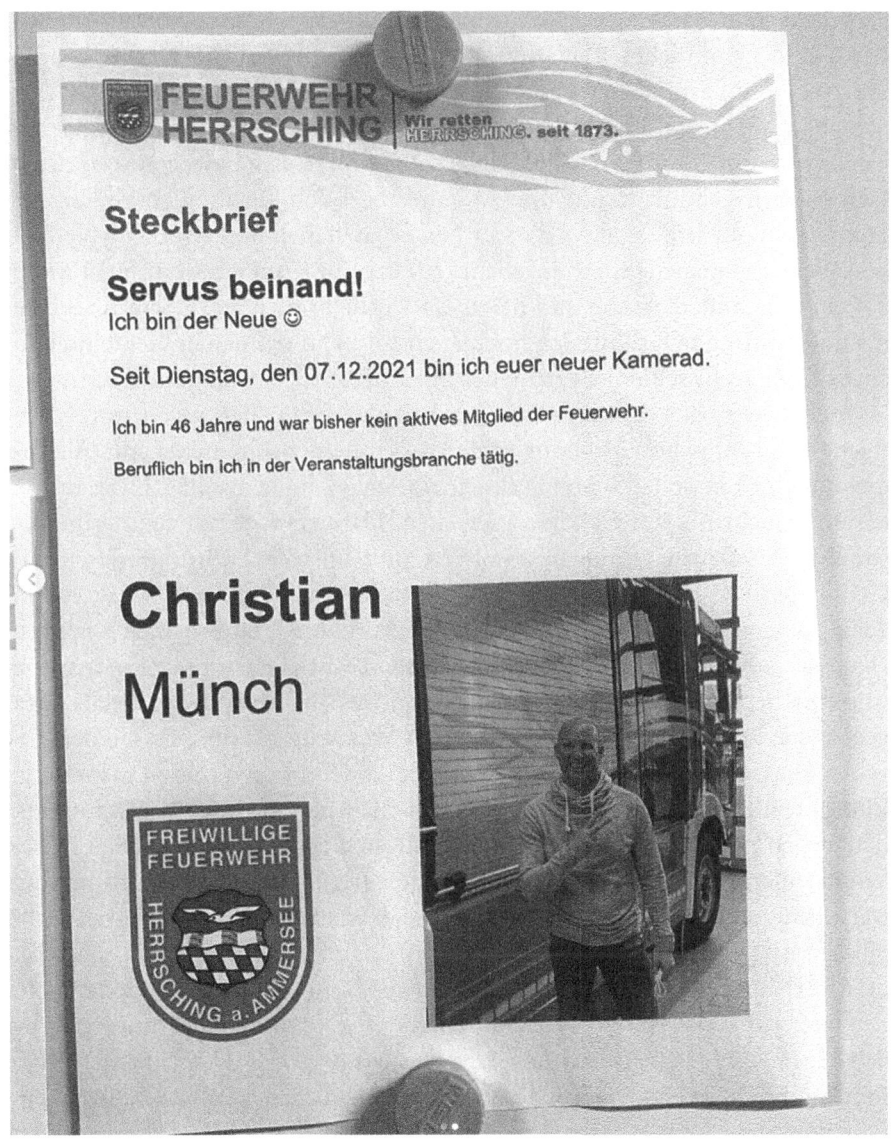

Abb. 1.2 „Mein" Steckbrief am schwarzen Brett (Privat)

Schutzausrüstung (PSA), die Ausstattung der Fahrzeuge, durfte mir Herrsching von oben mit Hilfe der Drehleiter ansehen und die ein oder andere spannende Erzählung vergangener Einsätze anhören.

Meine erste offizielle Übung war zugleich die letzte Übung des Jahres, die sogenannte Jahresausgangsübung. Hier wird tatsächlich nicht viel geübt, sondern viel Rückschau gehalten und im Anschluss gemeinsam die PSA, die

Fahrzeuge und das Feuerwehrhaus gereinigt, bevor es zum obligatorischen Essen und gemütlichen Beisammensein übergeht. Weil die Übung immer kurz vor Weihnachten stattfindet, ist der letzte Teil entsprechend weihnachtlich angehaucht und es gibt Plätzchen und den Feuerwehrjahreskalender für jeden von uns. Im Jahr 2020 leider alles unter den wiedereingeführten Corona-Auflagen mit Maske und Abstandsregel. Ich durfte mich Verlauf des Programms offiziell bei allen als „der Neue" vorstellen und wurde im Verlauf des Abends so manchem inoffiziellem „Kreuzverhör" unterzogen. Auch wenn der ein oder andere freche und herausfordernde Spruch an diesem Abend in meine Richtung fiel, fühlte ich mich auch sofort in der neuen Gemeinschaft angekommen. Es schien, als hätte der Flyer nicht zu viel versprochen.

Auch, wenn die Kommunikations-App der FFH, der sogenannte „FF-Agent" (zur App hören wir in späteren Kapiteln noch mehr) mit Alarmmeldung im Einsatzfall schon auf meinem Smartphone installiert war, durfte ich noch nicht mit auf Einsätze ausrücken. Dafür musste ich zuerst eine bestimmte Anzahl an Übungen absolviert und unseren Führungskräften das Gefühl gegeben haben, dass ich „einsatzbereit" war. Dann erst würde ich in der App den gleichnamigen Schalter umlegen können und meinen analogen „Piepser" zusätzlich erhalten. Meinen ersten offiziellen Einsatz bestritt ich trotzdem bereits am 8. Januar des neuen Jahres: Alljährlich holen wir als FFH gegen eine kleine Spende die ausgedienten Weihnachtsbäume im Gemeindegebiet Herrsching ab und kümmern uns um die umweltgerechte Entsorgung. Eine gute Gelegenheit für mich, ein bisschen „Feuerwehrluft" in den Einsatzfahrzeugen zu schnuppern und die neuen Kameraden auch persönlich besser kennenzulernen. Das traf besonders in diesem Jahr zu, denn die Stimmung war positiv euphorisch und ich erfuhr auch schnell, woran das lag: In der Silvesternacht kam es im Einsatzgebiet zu einem folgenschweren Unfall mit drei im Fahrzeug eingeklemmten Personen. Während ich mit meiner Frau den letzten Tag des Jahres bei einem Italiener feierte und mein Handy (natürlich) stumm blieb, wurden meine Kollegen um 23:01 Uhr alarmiert und mussten überwiegend, statt Silvester zu feiern, an die Unfallstelle ausrücken. Dort konnten Sie nach stundenlangem, körperlichem Einsatz die Personen aus dem Fahrzeug bergen, an den Rettungsdienst übergeben und um 4:45 Uhr morgens die Straße wieder für den Verkehr freigeben und aufs neue Jahr mit Löschwasser anstoßen. Man konnte den Stolz im Auto förmlich greifen und auch anhand eines auf YouTube geteilten Interviews mit Daniel nachvollziehen (https://www.youtube.com/watch?v=7ppHCf4MsTw). Auch ich konnte den Tag voller Stolz beenden – habe ich doch selten zuvor in so viele glückliche Kinderaugen wie an diesem Tag blicken dürfen, die uns den ganzen Tag über begleiteten. Und ich hatte ein neues, persönliches Ziel: Ich wollte mitfahren, ich wollte ausrücken, ich wollte auch Leben retten!

Mein neues Ziel sollte schneller Realität werden, als ich mir in meinen kühnsten Träumen hätte vorstellen können. Weil sich die Corona-Situation Anfang des Jahres 2021 rasant verschlechterte und die Omikron-Variante auf dem Vormarsch war, musste das Übungskonzept für das erste Halbjahr 2021 bereits am 13.01. überarbeitet und angepasst werden. Dies hatte zur Folge, dass wir ab sofort nur noch in Kleingruppen und unter entsprechenden Corona-Auflagen üben konnten. Daniel nahm dies zum Anlass, um mich nach der ersten solchen Übung zur Seite zu nehmen: „Was machst Du denn morgen Mittag?" „Bin im Home-Office und hab noch nix vor." – „Dann komm doch bitte vorbei und hol Dir Deinen Piepser ab. Ich bin der Meinung, dass Du im Einsatz mehr und schneller lernst als bei solchen Übungen unter Corona-Bedingungen." Und da war es schon wieder. Dieses Gefühl, meinen Vorgesetzten vor Dankbarkeit umarmen zu wollen. Ich war sprachlos vor Begeisterung. Was für manch anderen nur ein kleines, schwarzes Elektrokästchen, das unglaublich viel Lärm macht, sein mag, war in dem Moment für mich das Tor zu einer neuen Welt. Viel zu früh war ich am nächsten Tag in der Wache, und Andi übergab mir den Piepser, inkl. kurzer technischer Einweisung und einer deutlichen längeren Einweisung in die Verhaltensregeln bei einer Anfahrt zum Feuerwehrhaus im Einsatzfall.

Da war es nun, das kleine, schwarze Ding. Und obwohl unsere App „FF-Agent" deutlich umfassender und aussagekräftiger alarmiert, starrte ich die nächsten Tage, ja und auch die Nächte, immer wieder auf das Gerät, wie ich in den ersten Wochen nach der Geburt meine Tochter Paula angestarrt habe. Und es passierte … nichts! Fast 10 Tage lange gab es keine Alarmierung, keinen Laut, kein Lichtzeichen. Ich musste mich interessehalber immer wieder auf der Website der Feuerwehr rückversichern, dass es auch wirklich keine Einsätze gab – so wenig traute ich dem Frieden.

Und als ich den Piepser fast schon vergessen hatte, ging es plötzlich los: Ich war gerade mit Kollegen in einem digitalen Brainstorming, da legten Handy und Pager gleichzeitig los. Und das in einer Lautstärke, die es schaffte, sogar meine Kollegen im Call in sofortige Alarmbereitschaft zu versetzen. Und ich? Ich war wie gelähmt. Es dauerte eine gefühlte Ewigkeit, bis ich überhaupt realisierte, was los war, und nochmals doppelt so lange, bis ich meine Schlüssel alle zusammenhatte, die richtigen Schuhe gefunden, etc. Ganz zu schweigen vom Ausparken meines Wagens vor der Tür. Und obwohl die Bahnschranken, die meine Anfahrt zur Feuerwache seitdem häufig jäh unterbrechen, geöffnet waren, dauerte es fast ganze zehn Minuten, bis ich am Ziel ankam und nur noch die Rücklichter der ausrückenden Fahrzeuge sah. „Na bravo. Das wars mit meinem ersten Einsatz!" dachte ich, als ich zu meinem Spind sprintete. Kaum dort angekommen rief mir Robert Echtler, unser 3. Kommandant zu: „Christian, zieh Dich sofort um. Wir fahren da gleich hinterher." Jetzt war ich auf Geschwindigkeit und zog mich blitzschnell um und saß noch vor Robert im Fahrzeug, mit dem wir Sekunden später zu zweit ausrückten. Die Fahrt war weniger als einen Kilometer und dauert weniger als 3 min, weil sich der Unfall im Keller eines Gebäudes an der Hauptstraße in Herrsching ereignet hat. Im Nachbericht liest sich die Einsatzbeschreibung wie folgt: *„THL 3 Rettung Person eingeklemmt, 03.02.22, 11:55 Uhr; Mühlfelder Straße, Herrsching Mitte; Fl. Herrsching 10/1, 11/1, 61/1 Polizei, Rettungsdienst; Eine Person war mit dem Unterarm aus bisher unklarer Ursache zwischen einer Führungsschiene und Gegengewicht eines Aufzugs eingeklemmt. Der Patient wurde durch den First Responder der Feuerwehr Herrsching erstversorgt, sowie der Rüstwagen zur technischen Rettung des Verletzten nachalarmiert. Nachdem sowohl der Aufzug mittels Baustütze als auch die Person gesichert waren, konnte eine Stahlstrebe mit Hilfe eines Trennschleifers entfernt werden, die Person befreit und an den Rettungsdienst übergeben."* (Abb. 1.3). Für mich war das ein krasser Kaltstart. Weil sich der Einsatz zur Mittagszeit an einem Werktag ereignete, waren wir nur eine Handvoll Einsatzkräfte und meine Hilfe wurde überall gebraucht und gern gesehen. Ich half, den Verkehr abzusperren. Dann räumte ich im Keller herumliegende Gegenstände weg, verlegte Strom vom Einsatzfahrzeug in den Keller, sorgte für eine gute Ausleuchtung usw., usw. Auch wenn ich am Ende des Einsatzes, trotz winterlicher Temperaturen nassgeschwitzt bis auf die Unterhose und völlig ausgelaugt war, beantwortete der Einsatz auf einen Schlag viele Fragen, auf die ich vorher keine Antworten hatte: Kann ich im Einsatzstress die Ruhe bewahren? Oh ja, ich funktionierte wie ein Uhrwerk. Kann ich verletzte Menschen und Blut sehen? Ja, kein Problem. Für mich überwiegt die Wichtigkeit der Aufgabe.

Zu Hause angekommen, habe ich, ganz der Prozessoptimierer jeden Schritt im Fall einer Alarmierung durchgespielt und optimiert: Seitdem parke ich mein Auto nur noch in Fahrtrichtung zur Straße und nötige auch meine Frau dazu, im Flur gibt es eine „Einsatzschublade", wo immer alle Schlüssel zu finden sind, meine Croques haben ihren festen Platz kurz hinter der Eingangstür, usw., usw.

Seit meinem ersten Einsatz habe ich viele weitere erlebt: Von Ölspuren, über umgestürzte Bäume und Seenotrettungen hin zu Bränden unterschiedlichster Größenordnung und leichten bis schweren Verkehrsunfällen. Und obwohl das Jahr 2022 für die FFH nicht zu den einsatzreichsten zählte, tut es das für mich allemal. Bei jedem einzelnen Einsatz, egal welcher Größenordnung, konnte ich nicht nur als Feuerwehrmann, sondern auch als

Feuerwehr Herrsching a. Ammersee
4. Februar 2022 · 🌐   ...

🚒: THL 3 Rettung Person eingeklemmt
🕐: 03.02.22, 11:55Uhr
🗺️: Mühlfelder Straße, Herrsching Mitte
🚒: Fl. Herrsching 10/1, 11/1, 61/1 Polizei, Rettungsdienst

Eine Person war mit dem Unterarm aus bisher unklarer Ursache zwischen einer Führungsschiene und Gegengewicht eines Aufzugs eingeklemmt.

Der Patient wurde durch den First Responder der Feuerwehr Herrsching erstversorgt, sowie der Rüstwagen zur technischen Rettung des Verletzten nachalarmiert. Nachdem sowohl der Aufzug mittels Baustütze als auch die Person gesichert waren, konnte eine Stahlstrebe mit Hilfe eines Trennschleifers entfernt werden, die Person befreit und an den Rettungsdienst übergeben.

Wir retten Herrsching. seit 1873.

Abb. 1.3 Nachbericht zum Einsatz in den sozialen Medien (FFH)

Führungskraft sehr viel lernen und mir viel in Sachen Führungsverhalten in Extremsituationen von unseren Kommandanten, unseren Zugführern und Gruppenführern abschauen und sowohl in meinen beruflichen Alltag als auch in die Weiterbildung der Führungskräfte der Agentur integrieren. Und weil ich unbedingt möchte, dass so viele Menschen, wie möglich ebenfalls von diesen Learnings profitieren, haben wir dieses Buch geschrieben.

Höchste Zeit also, sich dem wichtigsten Mann der Feuerwehr Herrsching zu widmen: Bühne frei für Daniel.

2

Nur indem man das Unerreichbare anstrebt, gelingt das maximal Erreichbare

Wie Daniel seinen Weg aus dem „Scherbenviertel" zum einem der jüngsten Kommandanten in der Geschichte Bayerns meisterte

Zusammenfassung Daniel, geboren 1990 in Starnberg und aufgewachsen in Herrsching, überwindet eine schwierige Kindheit mit abwesendem Vater und selbstbezogener Mutter. Schon früh entdeckt er seine Leidenschaft für das Feuerwehrwesen. Trotz Herausforderungen, einschließlich Aufenthalten in Kinderheimen, bleibt er seinem Traum treu und tritt bereits mit 12 Jahren der Jugendfeuerwehr bei. Später wird er Feuerwehrmann und absolviert eine umfangreiche Ausbildung. Sein Engagement führt dazu, dass er zu einem der jüngsten Kommandanten in der Geschichte der bayerischen Feuerwehr gewählt wird. Er führt die Brigade erfolgreich durch bedeutende Modernisierungen. Privat findet er Glück in seiner Ehe mit Martina, die er 2018 heiratet, und in der Geburt ihrer Tochter Magdalena im Jahr 2019. Daniels Geschichte ist eine von Widerstandsfähigkeit, Leidenschaft und Hingabe – gepaart mit ganz viel Humor, Teamgeist und authentischer Menschenführung.

Daniels Geschichte in Herrsching beginnt 30 Jahre früher als meine. 1990 wird er in Starnberg geboren und wächst von da an in Herrsching auf und entwickelt sofort eine sehr innige Verbindung zu seinem Heimatort. Das kann man spüren, wenn er heute vor einem steht und voller Überzeugung sagt: „Ich bin ein Kind Herrschings!" und vom Ammersee schwärmt. Er lebt in der Nähe des sogenannten „Scherbenviertels", ein Begriff, der in gewisser Weise auch bezeichnend für seine Kindheit ist, die alles andere als behütet verläuft: Unehelich geboren, spielt der Vater keine große Rolle in seinem Leben, seine Mutter ist überwiegend mit sich selbst beschäftigt. So ist er ge-

C. Münch, D. Pleyer, *Führung mit Feuer und Flamme*, https://doi.org/10.1007/978-3-658-44335-1_2

zwungen, sehr schnell und sehr früh die Verantwortung für sein Leben zu übernehmen. Für Gefühle ist da von Anfang an sehr wenig Platz, was dazu führt, dass Daniel sich heute selbst als „emotionalen Hinkelstein" bezeichnet: Viel Struktur, nützliche Härte, quasi emotionsfrei. Ich bemerke das schon allein in unserer Kommunikation: Auf meine blumig formulierten WhatsApp-Nachrichten, die gezielt mit Emojis garniert sind, bekomme ich immer klare und eindeutige, aber 100 % sachliche Antworten – nicht selten ein einfaches „Ja" oder „Nein". Die Emojis in Daniels Handy haben vermutlich sehr oft Urlaub. Umgekehrt ist es gerade diese Seite seines Charakters, die ihn in seinem heutigen Beruf so stark macht und quasi „roboterhaft", wie er es selbst formuliert, agieren lässt.

Was keinesfalls bedeutet, dass Daniel „humorlos" ist – ganz im Gegenteil. Er versteht es, außerhalb des Einsatzgeschehens Menschen zu begeistern und zu unterhalten, wie ein echter Entertainer. Ich erinnere mich an viele Abende/Nächte, in denen ich, im Anschluss an die „Nachbesprechungen", nach Hause gefahren bin und (angenehme) Schmerzen im Zwerchfell gespürt habe, weil wir so viel gelacht haben – über alte Geschichten, aktuelles Einsatzgeschehen, Anekdoten aus der Sicht eines Einsatzleiters, den berühmten Blick hinter die Kulissen. Teilweise sogar „ROFL" (Rolling on the floor laughing), wie meine Tochter sagen würde.

Aber auch hier erstmal der Reihe nach: Wie nahezu jeder Junge ist Daniel schon in früher Kindheit fasziniert vom Thema „Feuerwehr" und sein rotes Matchbox-Feuerwehr-Fahrzeug macht alle anderen Spielsachen obsolet. Über die Jahre hinweg ähnelt seine Zimmer zunehmend mehr einer „Feuerwache" als einem Lebensraum, wie er heute nicht ohne Stolz erzählt. Als ihn seine Großeltern 1993 mit zum „Tag der offenen Tür" bei der Feuerwehr in Herrsching nehmen, ist es um ihn geschehen. Von da an denkt, lebt und „brennt" er für das Thema – im wahrsten Sinne des Wortes. Die Tatsache, dass er erst mit 12 Jahren offiziell zur Feuerwehr gehen darf, ist für ihn ein echter Dämpfer. Zum Glück freundet er sich zu dieser Zeit mit unserem heutigen, zweiten Kommandanten, Peter Saur an, dessen Vater damals der 1. Kommandant der FFW Herrsching war. Über diesen Weg haben die Jungs immer wieder Zugang zum Feuerwehrhaus, zu Erfahrungsberichten von Einsätzen, zu Anekdoten und Heldengeschichten. So wächst die Faszination weiter, bis es endlich so weit ist und Daniel an seinem 12. Geburtstag als der „Quitschi" endlich Teil der Jugendfeuerwehr wird und das Thema von nun an einen Großteil seines Lebens bestimmt. Wie wichtig das Thema für ihn ist, kann man aus einer Anekdote dieser Zeit ableiten: Als Daniel sich mit 13 Jahren das Bein bricht, weint er nicht vor Schmerzen, sondern weil er nicht an der 24h-Übungen im Rahmen der Berufsfeuerwehrtage teilnehmen kann. Weitere „Rückschläge" folgen: Weil die familiäre Situation sehr „volatil" ist, muss Daniel immer wieder mal ins Kinderheim nach St. Alban oder nach Freising und ist damit rein logistisch nicht in der Lage, seiner größten Leidenschaft nachzugehen. So konzentriert er sich auf den „Quali" und auf die folgende Suche nach einem guten Ausbildungsplatz. Allerdings sind Ausbildungsplätze in Herrsching und Umgebung zu der Zeit sehr spärlich gesät, und nur aufgrund einer persönlichen Empfehlung einer Führungskraft der Herrschinger Feuerwehr, des späteren stellvertretenden Kommandanten, Michael Polednik, wird Daniel zu einem Vorstellungsgespräch bei einem Elektrobetrieb eingeladen. Daniel gelingt es dann auch, den Inhaber gegen alle Widerstände (er wollte aufgrund schlechter Erfahrungen keinen Lehrling mehr einstellen) durch seine Leidenschaft, Energie und Klarheit zu überzeugen. Und so startet er 2006 seine Ausbildung zum Elektroniker für Energie- und Gebäudetechnik. Daniel zahlt dieses Vertrauen in der folgenden Ausbildung vollumfänglich zurück, arbeitet mit voller Energie und lässt sich beispielsweise auch von einer Erkältung mit 40 Grad Fieber nicht von der Arbeit abhalten. Er lernt dabei auch auf die harte Weise, dass „Lehrjahre keine Herrenjahre" sind: Beispielsweise muss er als Azubi bei klirrender Kälte ein Hausdach in stundenlanger Kleinstarbeit mit einem Heißluftföhn vom Schnee befreien, so dass die Kollegen später eine Satellitenanlage installieren können. Wir beide sind uns darin einig, dass man für solche Arbeitsaufträge heutzutage wahrscheinlich von den Azubis verklagt werden würde. Für seine Feuerwehrlaufbahn erweist sich der Ausbildungsplatz hingegen als ideal. Die Baustellen sind meistens in Herrsching und Umgebung. Der Arbeitgeber erweist sich in Sachen Feuerwehr als sehr tolerant und zusammen mit seinem Vorgesetzten Michael kann Daniel bei nahezu allen Einsätzen ausrücken. Zudem sind Peter (Saur) und Daniel zu der Zeit die einzig beiden verbleibenden Mitglieder der Jugendfeuerwehr und erfahren dementsprechend viel Aufmerksamkeit. Mit 17 starten beide ihre „Modulare Truppmannausbildung" auf Landkreisebene und schon mit 18 Jahren wird Daniel offiziell zum Feuerwehrmann befördert. Aber Daniel will mehr, und so absolviert er postwendend die Ausbildungen zum Atemschutzgeräteträger und die Ausbildungen zum Rettungshelfer (San A & San B). Im Alter von 17 wird ihm zudem klar, dass er dringend einen Führerschein braucht, auch wenn es die schmale Ausbildungsvergütung eigentlich nicht hergibt. Daher überzeugt er kurzerhand den Inhaber der Fahrschule exklusiv für ihn „Ratenzahlung" anzubieten und jobbt nebenbei an der Tankstelle und auf Baustellen, um das nötige Kleingeld dafür aufzutreiben.

Die bestandene Führerscheinausbildung, gepaart mit der oben angesprochenen Ausbildung zum Rettungshelfer, öffnete eine neue Tür: Ab sofort konnte Daniel auch mit dem sogenannten First Responders ausrücken und seine Erfahrungen auch im Rettungsdienst sammeln. Und davon reichlich und sehr vielseitig. Ein wichtiger Schritt in seiner Laufbahn, wie er mir immer wieder erzählte, vor allem, weil bei den Einsätzen keine Führungskraft anwesend war und er so in teilweise sehr schwierigen, bis extremen Situationen auf sich allein gestellt war. Er war nahezu verrückt danach Menschen zu retten und zu helfen. Im Februar 2010 absolvierte Daniel schließlich seinen Gesellenbrief und auch der ab April 2010 anstehende Wehrdienst spielte ihm in die Karten, wurde er doch in einer Kaserne in München im Bereich Feldmedizin eingesetzt. Auch wenn die Strecke sehr weit und die Ausgaben für Benzin für Daniel sehr hoch waren, zog ihn die Arbeit und auch seine neue Freundin an den Abenden und Wochenenden nach Hause. In der Feuerwehr hatte er zu diesem Zeitpunkt schon längst wieder die nächste verantwortungsvolle Tätigkeit übernommen, als Leiter der Atemschutzwerkstatt. Auch hier schreckte er vor nichts zurück, weder vor irgendwelchen alteingesessen Traditionen und Gebräuchen, noch vor festgefahrenen Meinungen älterer Führungskräfte, und etablierte neue, moderne Prozesse.

Nach Abschluss seines Wehrdiensts wurde er zunächst von der Elektronikfirma übernommen, dort hielt es ihn jedoch nicht lange. Der Leiter des Bauhofs suchte einen Elektriker und lockte Daniel im Juni 2011 mit viel Verantwortung und einem abwechslungsreichen Aufgabengebiet in ein neues Anstellungsverhältnis. Ein Versprechen, das er so nie einhalten konnte und das dafür sorgte, dass Letzterer mit seiner neuen Rolle nie vollends zufrieden war. Auch die Feuerwehr Herrsching ging zu dieser Zeit durch eine schwere Belastungsprobe. Bedingt durch die krankheitsbedingte, langwierige Abwesenheit des damaligen Kommandanten und der oftmals fehlenden persönlichen Ansprache kam zunächst die Motivation, im weiteren Verlauf auch die aktiven Mitglieder abhanden, und Peter (Saur) als Gerätewart und Daniel als Leiter Atemschutz mussten zunehmend mehr Verantwortung übernehmen. Nicht selten fiel ihnen aufgrund von Personalmangel die Rolle als Gruppenführer zu, ohne die dafür nötige Ausbildung zu haben.

Schnell wurde den verbleibenden Mitgliedern klar, dass baldmöglichst ein neuer stellvertretender und nach Ablauf der Amtszeit auch ein neuer führender Kommandant hermusste. Trotz seines vergleichsweise jungen Alters rückte Daniel schnell in den Fokus der Suche und wurde mit der Frage konfrontiert, ob er sich vorstellen könnte, für das Amt zu kandidieren.

Vor allem weil er innerlich spürte, dass sich dadurch eine einmalige Gelegenheit auftat, die notwendigen, tiefgreifenden Veränderungen anzugehen und die Feuerwehr neu und modern aufzustellen, sagte er schließlich zu.

So kam es an einem Wahlabend im November 2012 zum Showdown und Daniel konnte sich im Rahmen einer geheimen Wahl mit überragender Mehrheit durchsetzen. Dadurch wurde er zum damals jüngsten (stellvertretenden) Kommandanten in der Geschichte der bayrischen Feuerwehr gewählt.

Doch damit fingen die Herausforderungen erst an: Nicht nur musste er lt. Statuten alle für die Position notwendigen Lehrgänge (und das waren einige: Gruppenführer-, Zugführer- und Kommandantenausbildung (Leiter einer Feuerwehr)) innerhalb eines Jahres nachholen, sondern auch die teilweise deutlich ältere Führungsmannschaft entgegen großen Vorbehalten hinter sich bringen. Bei der Bewältigung der ersten Aufgabe zogen alle an einem Strang: Der Landkreis machte die Plätze in den entsprechenden Lehrgängen verfügbar und die Gemeinde stellte Daniel dafür von seinen Tätigkeiten am Bauhof frei.

Etwas anspruchsvoller und hindernisreicher war es, die Führungskräfte hinter sich zu bringen. In einer eigens dafür einberufenen Sitzung nahm Daniel seinen ganzen Mut zusammen und eröffnete allen anwesenden Leadern, dass es hier nur einen Weg gab: Ihn zu unterstützen und gemeinsam eine zukunftsorientierte und moderne Feuerwehr zu formen. Alle folgten und verinnerlichten seinen Leitsatz: „Vom ICH zum WIR!".

Und getreu dem Motto „Neue Besen kehren gut", machte die neu formierte Führungscrew vor nichts Halt und führte sukzessive neue und dynamische Prozesse ein. Legendär ist bis heute die in diese Zeit fallende Abschaffung der „Stammfahrer", also einer Tradition, wonach ein ungeschriebenes Gesetz besagte, dass bestimmte Fahrzeuge nur von dafür bestimmten Fahrern bewegt werden dürfen.

Diese visionäre Vorgehensweise sprach sich schnell innerhalb der Gemeinde herum, ja war sogar die beste Werbung für die Institution Feuerwehr, die sich dadurch eines großen Zulaufs erfreute.

Es kam, wie es kommen musste: 2013 wurde Daniel, in Folge des gesundheitsbedingten Rücktritts des bestehenden Kommandanten, zum 1. Kommandanten gewählt.

Und es ging mit Vollgas los. Seine erste Aufgabe war es, sich um den Neubau des Feuerwehrgerätehauses zu kümmern, das 2015 eröffnet werden sollte – mit allem, was so ein öffentlicher Neubau mit sich bringt: Öffentliche Ausschreibungen, Bauaufsichten, Abnahmen, Budgetierung, Planung und Durchführung der Eröffnungsfeierlichkeiten etc. Um diesen enormen Arbeitsaufwand bewältigen zu können, wurde Daniel in der Zeit von seinen Tätigkeiten am Bauhof freigestellt. Und auch nach der Eröffnung nahm der Arbeitsaufwand nicht ab. Mit dem Neubau konnte und musste eine Vielzahl der Prozesse neu gedacht werden: Von der idealen Positionierung der Spinde, bis hin zu Reinigungsprozessen in der Atemschutzwerkstatt. Alles wurde hinterfragt, durchdacht und ggf. neu erfunden. War das alte Feuerwehrhaus „geschützt wie Fort Knox" und eigentlich nur in Begleitung einer hochrangigen Führungskraft zugänglich, sollte das neue Gerätehaus ein zugängliches „Open House" und ein echter Ort der Begegnung werden. Eine Vision, die heute gelebt wird: Jedes Mitglied hat einen Schlüssel, bzw. RFID-Chip, um ins Gebäude zu kommen. Alle Gemeinschaftseinrichtungen, wie Fitnessraum und „Stüberl", sind rund um die Uhr frei zugänglich. Familie, Kinder und Gäste sind im Prinzip jederzeit willkommen.

Sukzessive wurde auch nahezu der gesamte Fuhrpark neu beschafft. Der Kommandowagen, der Rüstwagen, die zwei absolut baugleichen Hilfeleistungslöschgruppenfahrzeuge, das Mehrzweckfahrzeug, usw.

Großen Wert legten Daniel und sein Team auch auf die Vereinheitlichung und Optimierung der Zusammenarbeit der beiden Feuerwehren Herrsching und Breitbrunn, die beide unter dem Kommando der Gemeinde Herrschings stehen. Dies war gerade im Hinblick auf das gemeinsam 150-jährige Jubiläum im Jahr 2023 von großer Bedeutung.

Schon bald merkte Daniel, dass dieser enorme Arbeitsaufwand auf Dauer unmöglich nur von hochmotivierten Ehrenamtlichen gestemmt werden könne. Und so entwickelte er in den Jahren nach der Gebäudeeröffnung einen Masterplan. Er ließ den gesamten freiwilligen Arbeitsaufwand umfangreich dokumentieren, wertete aus, rechnete hoch, erstellte Präsentation. Und schließlich lud er 2018 die 24 Gemeinderäte zu einer außerordentlichen Klausurtagung, um sie von der Notwendigkeit der weiteren Professionalisierung der FFH zu überzeugen. Heute reflektiert er seine damalige Einstellung wie folgt: „Ich war mir der Notwendigkeit so sicher, war perfekt vorbereitet, auf jeden Einwand gefasst – ich hätte an diesem Wochenende den Eskimos Kühlschränke verkaufen können!" Und er sollte Recht behalten. Die Beschlussfassung wurde einstimmig angenommen und 3,5 feste Stellen (Gerätewarte) und in der Folge genehmigt. Daniel ist es in dem Zusammenhang immer wichtig zu betonen, dass er und Peter für ihre Tätigkeiten als Gerätewarte bezahlt werden und die Kommandantentätigkeit nach wie vor dem Ehrenamt unterliegt – ein Einsatz mitten in der Nacht, also nicht als Überstunden abgerechnet werden kann. Auch privat übernimmt Daniel in diesem Zeitraum mehr Verantwortung und heiratet im Juni 2018 seine Frau Martina. Eine Hochzeit, die natürlich ganz im Zeichen seines Feuerwehrdaseins steht: Der Ehrentag beginnt morgens um 5 Uhr, als die beiden von (genehmigten) Böllerschüssen geweckt werden. „Mich hat es förmlich aus meinem Wasserbett in die Senkrechte hochkatapultiert. Ich hatte in meinem

Leben noch nie so einen Schrecken erlebt." denkt er heute über die Situation. Die Angst legt sich, als kurz danach Bierbänke und Bierkästen in den Garten getragen werden und unzählige Kameraden auf die Hochzeit anstoßen. So fulminant geht es den ganzen Tag weiter: Shuttleservice im Einsatzleitwagen, Fotoshooting vor Feuerwehrfahrzeugen im Spalier, Trauung durch den Bürgermeister im Kurparkschlössel, Feuerwehrfahrzeugkolonne zur Brauerei Andechs, Hochzeitsspiele in Einsatzkleidung, Torte mit Drehleiter – der drei-jährige Daniel hätte sich seine Hochzeit damals genauso gewünscht (Abb. 2.1).

Abb. 2.1 Martina und Daniel bei der Hochzeitsaufstellung (Privat)

Liebe Mitbürgerin, lieber Mitbürger die Feuerwehr war hier!

Aufgrund einer bei uns eingegangen Gefahrenmeldung war es notwendig,

O   **Den Aufzug in ihrem Gebäude zu öffnen und außer Betrieb zu nehmen.**

O   **Ihre Wohnungstüre / Gebäudeeingangstüre gewaltsam zu öffnen.**
      Zur Sicherung Ihres Eigentums haben wir ein neues Türschloss eingebaut. Der Schlüssel wurde bei der unten
      angegebenen Polizeiinspektion hinterlegt und kann dort gegen Vorlage des Personalausweises oder eines
      anderen Identitätsnachweises abgeholt werden.

Sofern Sie Fragen zum Einsatz der Feuerwehr haben, wenden Sie sich bitte an die Integrierte Leitstelle
Fürstenfeldbruck unter der Telefonnummer: 08141 / 22700600

Ihre Feuerwehren der Gemeinde Herrsching a.A.

Zuständige Polizeiinspektion
_____

Ansprechpartner/-in
_____

Adresse
_____

Telefonnummer

Abb. 2.2 Aufkleber „Wohnungsöffnung" (FFH)

Und selbst an die Hochzeitsnacht haben die lieben Kameraden gedacht. Nachdem das Brautpaar traditionsgemäß um Mitternacht die Party verlassen und zu Hause angekommen ist, tut sich folgendes Bild auf: An der Eingangstür klebt ein Aufkleber, den Daniel für Wohnungsöffnung hat drucken lassen (Abb. 2.2) und ein Werkzeugkasten mit Sperrwerkzeug, um die Türe aufzubrechen. Aber auch davon lässt sich Daniel nicht aufhalten.

2019 wird schließlich die gemeinsame Tochter Magdalena geboren, die schon heute lt. Daniel ein „wandelndes Feuerwehrlexikon" ist und „blind weiß, wem welcher Spind im Gerätehaus gehört!" Wen wundert's?

3

Führen mit Feuer und Flamme

Was Einsatzkräfte von einem Feuerwehrkommandanten lernen können

Zusammenfassung Im Rahmen seiner theoretischen und praktischen Ausbildung bekommt Christian immer mehr Einblick in die Führungsstruktur und vor allem das Führungsverhalten seiner Vorgesetzten und ist schwer beeindruckt von der Klarheit und Einfachheit der Definition und Dokumentation komplexer Führungsvorgänge im Bereich des Feuerwehrwesens – einem Business, das zu diesem Zeitpunkt über 500 Jahre alt ist. Anschaulich beschreibt er in diesem Kapitel, wie er immer häufiger Analogien aus dem Feuerwehralltag auf seine Führungsaufgabe überträgt und auch zur Anleitung und Weiterbildung der Führungskräfte in der Agentur einsetzt. Gemeinsam mit Co-Autor Daniel wurden aus der Führungsaufgabe der Feuerwehr zehn Führungsprinzipien abgeleitet, die von Führungskräften aus Wirtschaftsorganisationen sehr einfach angewendet werden können. Diese Prinzipien orientieren sich am Führungskreislauf der Feuerwehr, der ebenfalls im Rahmen dieses Kapitels vorgestellt wird.

Mein erster Einsatz, der aufgrund seiner vielen Besonderheiten bei uns feuerwehrintern mittlerweile den Namen „Der Arm" trägt, war für mich nicht nur in meiner Feuerwehr-Laufbahn ein Meilenstein. Es war tatsächlich auch das erste Mal, dass ich das Führungsverhalten eines Kommandanten im Einsatzfall live beobachten konnte. Im TV gibt es ja einige Formate, wo man mit Einsatztaktik etc. in Berührung kommt, auch wenn bei diesen Serien eher der Nervenkitzel und die Spannung im Mittelpunkt stehen sollen.

C. Münch, D. Pleyer, *Führung mit Feuer und Flamme*, https://doi.org/10.1007/978-3-658-44335-1_3

Jedenfalls habe ich in den Tagen nach dem Einsatz nicht nur das Geschehen und mein eigenes Verhalten für mich gedanklich rekapituliert und aufgearbeitet, sondern habe das Gleiche auch mit Daniels Verhalten getan – natürlich erstmal nur soweit mir das möglich war. Neben der absoluten Ruhe, die er trotz des enormen Drucks – schließlich ging es hier um ein Menschenleben bzw. mindestens um den Verlust eines wichtigen Körperteils – ausstrahlte, sind mir ein paar Dinge aufgefallen, die mich unglaublich beeindruckt haben: Beispielsweise war er während des gesamten Einsatzes unglaublich präsent und erteilte messerscharfe Anweisung, griff aber selbst nie aktiv ins Geschehen ein. Dann gab es auch Momente, wo er sich für kurze Zeit, geschätzte 5–15 s, komplett zurücknahm, um dann mit neuen Anweisungen auf uns zuzukommen.

Bei vielen der darauffolgenden Einsätze gab es, übrigens unabhängig von Art oder Größenordnung, immer wieder solche Momente, in denen mir das Verhalten und insbesondere das Führungsverhalten unserer Zug- oder Gruppenführer positiv aufgefallen ist. Und immer öfter begann ich daraus Learnings für mich und meinen eigenen Führungsstil in der Agentur, also einem Wirtschaftsunternehmen, abzuleiten und in eine erfolgreiche Praxis zu überführen. Geschah das zunächst vermutlich eher unterbewusst, begann ich im Verlauf des Jahres damit mir eine Art „Spickzettel" zu erarbeiten: Wie würde ein Kommandant/ein Zugführer/ein Gruppenführer in bestimmten Situationen reagieren? Wie würde die Vorgehensweise im Rahmen eines Einsatzes aussehen? Was hätte in einem Einsatz Priorität und was könnte warten? Wie würde das kommuniziert werden? Ungemein hilfreich war dabei für mich, dass sich die normalerweise sehr plakativen Praxisbeispiele (z. B. Haus brennt; Familie im 2. OG in akuter Lebensgefahr, aber Rentner im 4. OG brüllt am lautesten und aggressivsten nach Hilfe) gut im Gedächtnis behalten und relativ einfach auf Problemstellungen in der Agentur übertragen ließen.

Irgendwann im Laufe des Jahres begann ich dann auch unseren Führungskräften von diesen, meinen Learnings aus Einsätzen zu erzählen und sie zu ermutigen, es so oder ähnlich auch mal in ihrer eigenen Führungspraxis auszuprobieren. Das Feedback war ausgesprochen positiv, ja teilweise sogar euphorisch. Warum? Weil es so einfach zu verstehen und in der Praxis anzuwenden war.

Und genau dieser Pragmatismus, in einer Einrichtung, in der ich ihn am allerwenigsten erwartet hätte, faszinierte mich. Das Thema „Führung" ist Gegenstand einer riesengroßen Fülle an nationaler und internationaler Literatur, das Hauptthema unzähliger Weiterbildungs- und Persönlichkeitsentwicklungsseminare. Unzählige Spezialisten, Sozialwissenschaftler, Verhaltensforscher, Pragmatiker und Psychologen haben sich bis heute mit dem Thema befasst und ihre Erkenntnisse in Wort und Schrift festgehalten. Einige dieser Bücher habe ich natürlich selbst gelesen und einige der erwähnten Kurse selbst besucht, aber nie war die Führung so klar und leicht verständlich für mich wie im Rahmen unserer Feuerwehreinsätze.

In der Folge begannen sich dann einige Fragestellungen in meinem Kopf zu manifestieren:

- Gibt es Ähnlichkeiten zwischen der Führungsaufgabe und dem Führungssystem im (Notfall-)Einsatz und den Führungsaufgaben und -systemen in Unternehmen, Behörden, Organisationen etc.?
- Kann es sein, dass durch die Jahrhunderte alte Notwendigkeit der Gefahrenabwehr zur Rettung von Menschen, Tieren oder Sachwerten (immerhin haben Feuerwehren eine sehr lange Geschichte und existieren bereits seit dem Mittelalter – die ersten Feuerwehren wurden in Europa gegründet, um Brände in Städten und Gemeinden zu bekämpfen und eine sichere Umgebung für die Bürger zu gewährleisten), eine ganz pragmatische und effektive Führungskultur entwickelt hat, von der wir uns etwas abschauen können?
- Lassen sich aus der Führungsstrategie, dem Führungsverhalten, den Führungsstilen und passenden Beispielen aus der Einsatzpraxis sogar plakative Führungsprinzipien extrahieren, die für jede Führungskraft, egal ob in der freien Wirtschaft, in Behörden oder Organisationen oder im Sozialdienst einfach zu verstehen und einfach anzuwenden sind?

Meine entsprechenden Nachforschungen begann ich mit der Bibel für Führungskräfte der Feuerwehr, der Feuerwehrdienstvorschrift, oder genauer gesagt der „FwDV 100 – Führung und Leitung im Einsatz" (Abb. 3.1). Schon das Vorwort ließ erahnen, dass ich hier genau richtig bin:

„Die bundeseinheitlichen Feuerwehr-Dienstvorschriften (FwDV) sind zur einheitlichen Anwendung bei allen Feuerwehren im Bundesgebiet eingeführt. […]
Die vorliegende Feuerwehr-Dienstvorschrift 100 „Führung und Leitung im Einsatz" (FwDV 100) regelt Grundsätzliches. In dieser Feuerwehr-Dienstvorschrift wird ein Führungssystem beschrieben, das die Führungsorganisation, den Führungsvorgang und die Führungsmittel erläutert und festlegt."

Abb. 3.1 Die FwDV 100 (Kohlhammer)

Und tatsächlich kommt die FwDV gleich in Kap. 1.1. „Bedeutung der Einsatzleitung" zur Sache:

> „Die Feuerwehr hat bei ihren Einsätzen die Aufgabe, auf der Basis meist lückenhafter Informationen, eine oder gleichzeitig mehrere Gefahren zu bekämpfen. Ein Schadenereignis oder eine Gefahrenlage kann dabei im Umfang und im Ge-

fährdungsgrad auch während des Einsatzes weiter anwachsen (zum Beispiel Großbrand, Hochwasser) oder es kann ursächlich abgeschlossen sein (zum Beispiel Zugunfall, Erdbeben).

Die Schaden- oder Gefahrenabwehr – auch bei ursächlich abgeschlossenen Ereignissen – kann erhebliche technische und organisatorische Einsatzmaßnahmen erforderlich machen.

Die Einsatzleitung hat die Aufgabe, alle Maßnahmen zur Abwehr der Gefahren und zur Begrenzung der Schäden zu veranlassen. Insbesondere gilt es, die Einsatzkräfte möglichst wirkungsvoll an meist unbekannten Orten und bei nicht vollständig bekanntem oder erkundetem Schadenumfang einzusetzen. Die Einsatzleitung muss daher die Lage schnell erfassen und sie beurteilen. Der Einsatzerfolg hängt wesentlich vom reibungslosen Funktionieren der Einsatzleitung ab. Als Grundlage dient hierzu ein Führungssystem."

Für mich interessant ist hier natürlich der letzte Absatz. Hier wird die Aufgabe der Einsatzleitung auf drei Kernaufgaben runtergebrochen:

- Die Lage schnell erfassen und beurteilen
- Alle Maßnahmen zur Abwehr der Gefahren und zur Begrenzung der Schäden veranlassen
- Die Einsatzkräfte möglichst wirkungsvoll einsetzen

Mal abgesehen von der stetigen Gefahrenabwehr, obwohl auch die vereinzelt in meinem Berufsleben vorkommt, erinnert mich das schon sehr an mein „daily business" in der freien Wirtschaft. Eine einheitliche Definition der Aufgabe von Führungskräften („Unter Führungskraft versteht man in der Führungslehre Personen, die in einem Wirtschaftssubjekt mit Aufgaben der Personalführung vertraut sind"[1]) gibt es laut Wikipedia nicht, aber eine gute Zusammenfassung vieler Quellen liefert ChatGPT auf Nachfrage wie folgt:

„In der Betriebswirtschaftslehre wird die Führungsaufgabe als Prozess definiert, bei dem eine Person oder eine Gruppe von Personen Verantwortung für die Organisation und die Leitung einer Gruppe von Mitarbeitern oder einer Abteilung übernimmt. Die Führungsaufgabe beinhaltet die Planung, Überwachung und Überprüfung von Aktivitäten, die Motivation und Förderung der Mitarbeiter sowie die Fähigkeit, Entscheidungen zu treffen und Probleme zu lösen. Eine erfolgreiche Führungsaufgabe erfordert Fähigkeiten wie Kommunikation, Führungsstil, Vision und strategisches Denken."

---

[1] Definition von Führungskraft (Führungslehre) lt. www.wikipedia.de.

Auch hier geht es im wesentlichen darum „Aktivitäten" zu planen, Maßnahmen zur Zielerreichung einzuleiten und die zugewiesenen Mitarbeiter
maximal effektiv dafür einzusetzen. Ersetzt man Begriffe wie „Gefahrenabwehr" und „Einsatzkräfte" durch „Probleme lösen" und „Mitarbeiter", oder
umgekehrt, sind die Definitionen im Kern nahezu deckungsgleich.

Noch offensichtlicher ist die Ähnlichkeit beim Führungsbegriff an sich.
Laut Kap. 2.1. der FwDV 100 ist Führung in der Feuerwehr wie folgt definiert:

> „Führung ist die Einflussnahme auf die Entscheidungen und das Verhalten an-
> derer Menschen mit dem Zweck, mittels steuernden und richtungsweisenden
> Einwirkens vorgegebene und aufgabenbezogene Ziele zu verwirklichen.
>
> Das bedeutet, andere zu veranlassen, das zu tun, was zur Erreichung des ge-
> setzten Zieles erforderlich ist. Leitung im Einsatz ist das gesamtverantwortliche
> Handeln für eine Einsatzstelle und für die dort eingesetzten Einsatzkräfte.
> Führungspersönlichkeit und Führungsverhalten bilden die Grundlage für die
> erfolgreiche Wahrnehmung von Leitungs- und Führungsaufgaben."

Auch hier habe ich, in Ermangelung einer einheitlich geltenden Definition
des Führungsbegriffs in der BWL, wieder bei ChatGPT nachgefragt und folgende Antwort erhalten:

> „In der Betriebswirtschaftslehre (BWL) ist Führung definiert als ein Prozess, bei
> dem eine Person oder Gruppe, die als Führungskraft bezeichnet wird, andere
> Personen oder Gruppen dazu motiviert und anleitet, bestimmte Ziele zu er-
> reichen. Führung beinhaltet die Überwachung und Überwachung der Arbeit,
> die Verteilung von Ressourcen, die Überwachung des Fortschritts und die An-
> passung der Strategie, um sicherzustellen, dass die Ziele erreicht werden. Füh-
> rung bezieht sich auch auf die Art und Weise, wie Führungskräfte Ent-
> scheidungen treffen, kommunizieren und sich mit anderen Menschen ver-
> binden. Es ist ein komplexer und dynamischer Prozess, der sich ständig verändert
> und an neue Herausforderungen anpasst."

Et voilà: Neue Gegenüberstellung, gleiches Ergebnis. Auch bei der Definition
von Führung sind sich Feuerwehr und Wirtschaftssubjekte (Unternehmen,
Personenvereinigungen, öffentliche Verwaltung und Behörden) bis auf ein
paar einzelne Begrifflichkeiten doch sehr ähnlich und verfolgen das gleiche
Ziel. Ein Umstand, der in der Definition erstmal unberücksichtigt bleibt, die
Führungsaufgabe im Bereich Feuerwehr aber ungleich herausfordernder
macht, ist das Thema Motivation: Zum 31.12.2020 waren etwas mehr als
eine Million Personen (1.006.638, um genau zu sein) für die Freiwillige
Feuerwehr aktiv und nur 35.041 Personen in der Berufsfeuerwehr. Für Erst-

genannte fallen damit monetäre Zuwendungen als Motivator ersatzlos weg, und es obliegt den Führungskräften, ein engagiertes und leistungsfähiges Team zu formen und bei Laune zu halten.

Damit waren für mich die ersten beiden Fragen zur Ähnlichkeit und effektiven und pragmatischen Vorgehensweise, die ich zu Beginn meiner Überlegungen und zu Beginn dieses Kapitels gestellt hatte, schon mal mit „Ja" beantwortet. Viel mehr noch: Offensichtlich ist es der Institution „Feuerwehr" gelungen, mit der FwDV 100 ein komplexes Führungssystem in einem kleinen, ohne Anhänge 50 Seiten umfassendem „Büchlein" niederzuschreiben!

Wie sehr hätte ich mir im Rahmen meines Studiums und viel mehr noch in meinen ersten Jahren als Geschäftsführer im Berufsleben ein solches „Taschenbüchlein" als schnelles Nachschlagewerk gewünscht.

Was blieb, war die Beantwortung meiner dritten Frage, ob sich aus dem Thema Führung in der Feuerwehr und der entsprechenden praktischen Anwendung im Einsatz leicht verständliche Führungsprinzipien für Unternehmen und Organisationen ableiten lassen würden. Bei der Recherche dazu stieß ich zwar auch immer auf Stimmen, die so einen Zusammenhang erstmal verneinen. So wie zum Beispiel Kurt Klösters in seinem 1997 erschienen Buch „Führung in der Feuerwehr", in dem er schreibt:

„Der Dienst in der Feuerwehr ist geprägt von Arbeitsbedingungen, wie sie in anderen Tätigkeits- oder Dienstleistungsbereichen nicht gegeben sind. Die Feuerwehr muß tätig werden, wenn eine derartige Störung des Normalzustandes eingetreten ist, daß es ohne die Hilfe der Feuerwehr nicht mehr geht. Deshalb sind die Arbeitsbedingungen nicht mit den Maßstäben meßbar, wie sie unter normalen Verhältnissen anzulegen sind. Auch die Führungsaufgaben außerhalb der Einsatztätigkeit sind von diesen besonderen Bedingungen geprägt. Dies kommt u. a. auch dadurch zum Ausdruck, daß die einschlägigen Sicherheits- und Unfallverhütungsvorschriften das Abweichen von den darin enthaltenen Bestimmungen ausdrücklich vorsehen: Die Rettung von Menschenleben gilt von vornherein als legitime Begründung.

Als besondere Merkmale der Feuerwehrtätigkeit können genannt werden:

- die Unvorhersehbarkeit der kommenden Ereignisse und der damit verbundenen Aufgaben
- die Ungewißheit des Eintrittszeitpunkt
- die Außergewöhnlichkeit der Ereignisse
- die Grenzbelastung körperlicher und seelischer Art
- die absolute Abhängigkeit des Einsatzerfolgs von der Zusammenarbeit
- der Zeitdruck, unter dem die Einsatztätigkeit steht"

Jetzt stammt dieses Zitat aus dem Jahr 1997 und damit aus einer Zeit, in der sogar das „ß" noch salonfähig war, wie man unschwer erkennen kann. Heute würde ich dem nahezu komplett widersprechen, und das nicht nur, weil das Eventgeschäft sehr schnelllebig ist. Ich bin vielmehr der Meinung, dass ein Großteil der Führungskräfte heutzutage immer häufiger mit unvorhersehbaren Ereignissen (z. B. Corona, Lieferengpässen, politischen Blockaden, Vorstandwechsel), ungewissen Eintrittszeitpunkten, außergewöhnlichen Ereignissen (z. B. Shitstorm in sozialen Medien, Wortmeldung von jugendlichen Klimaaktivisten auf Hauptversammlungen, Umweltkatastrophen), Grenzbelastungen, Zeitdruck und der Abhängigkeit des Projekterfolgs vom Faktor Teamarbeit konfrontiert wird. Einziger Unterschied: Selten geht es dabei um Menschenleben, aber gar nicht so selten um den Erhalt von Arbeitsplätzen. Und gerade im Umgang mit solchen Nicht-Normalzuständen können sich Führungskräfte auszeichnen.

Überwiegend stieß ich bei meinen Nachforschungen und Befragungen von Entscheidungsträgern auf Feuerwehr- und Wirtschaftsseite auf sehr positive Stimmen, die mich bekräftigten, das Thema anzugehen und mich an die Erarbeitung solcher Leitsätze zu machen. Auch in nahezu jedem Beispiel aus der Einsatzpraxis, auf die ich bei der Lektüre von Fachbüchern, Fachzeitschriften und TV-Dokumentationen stieß, entdeckte ich Analogien und Learnings für meine berufliche Tätigkeit.

Spätestens zu diesem Zeitpunkt reifte bei mir der Entschluss, diesen Ratgeber für Führungskräfte zu verfassen. Was mir noch fehlte, war ein Co-Autor aus dem Feuerwehrdienst und ein Verlag.

Höchste Zeit also, meinen Kommandanten Daniel mit meiner Idee zu konfrontieren und mir seine Meinung dazu abzuholen. Ich erzählte ihm von meiner Vision bei einem Mittagessen (Weißwurst und Brezn) im Feuerwehrhaus. Eigentlich alles andere als der perfekte Rahmen für so eine wichtige Besprechung, weil natürlich zum einen zunächst die Weißwürste im Fokus standen und zum anderen neben Daniel auch noch ein paar andere Feuerwehrkollegen (u. a. unserer Materialwart Maxi Kramer und der Liegenschaftsverwalter der Gemeinde Christoph Schmidt) anwesend waren. Aber ich war dankbar, dass sich unser Kommandant überhaupt die Zeit nahm. Und ausgerechnet die Anwesenheit der Kollegen sollte sich noch als nützlich erweisen. Ich erzählte Daniel also von meiner Projektidee, einem möglichen Inhalt und der Tatsache, dass es meines Wissens ein vergleichbares Stück Literatur noch nicht gab – alles gepaart mit meiner natürlichen Euphorie und Begeisterungsfähigkeit. Letzteres schien seine Wirkung nicht zu verfehlen, traten die Wurstwaren und das Gebäck doch erstmal in den Hintergrund und ich sah mich mit mehreren weit aufgerissenen Augenpaaren konfrontiert. Wenn ich mich recht erinnere, war es Maxi, der als Erster die angespannte Stille brach: „Also, ich find's echt super. Nein wirklich. Also, das ist eigentlich die beste Idee, die ich seit langem gehört habe." Cool. Meine Lieblings-Haribo-Werbung ließ grüßen. Es folgte weiteres, positives Feedback von anderen, nur Daniel wirkt gedankenverloren und tauchte seine Weißwurst immer wieder in den süßen Senf, ohne ein Wort zu verlieren. Zum weiteren Nachweis der Sinnhaftigkeit und ja, der Notwendigkeit dieses Buch zu schreiben, packte ich mehrere Beispiele aus der Einsatzpraxis der letzten Monate auf den Tisch und machte den Jungs klar, was ich für mein eigenes Führungsverhalten daraus gelernt habe. Schließlich konnte ich Daniel ein „Ja, das könnte schon funktionieren." entlocken. Puh, immerhin. Ich bot Daniel natürlich an, das Gehörte mal sacken zu lassen, die ein oder andere Nacht darüber zu schlafen und einer Entscheidung pro oder contra ein paar Tage Zeit zu geben. Und auch diesmal musste ich nicht wirklich lange warten. Schon bei unserem nächsten Zusammentreffen, ich glaube, es war im Anschluss an einen Einsatz, gab er dem Projekt grünes Licht: „Ich habe nachgedacht. Die Idee ist wirklich richtig, richtig gut. Denk mal alleine an Beispiel X, Beispiel Y und erst an Beispiel Z. Ja, das wird gut!" OK. Seine anfängliche Skepsis war in absolutes Commitment und Begeisterung umgeschlagen. Mein Co-Autor war gefunden. Check.

Fehlte nur noch ein Verlag. Ein Kinderspiel dachte ich mir und formulierte eine nette E-Mail an den „Executive Editor" meines ersten Buchs („Ehrliche Events"), das bei Springer und Gabler erschienen war, und bat ihn um seine Einschätzung und Unterstützung. Das erste schriftliche Feedback auf meine Buchbeschreibung hin, war eher durchwachsen. „Schon sehr speziell" wäre das Thema. Nicht das erhoffte Ergebnis, aber immerhin verabredeten wir uns zeitnah zu einem Videocall, um den Inhalt weitergehend zu besprechen. Ich wollte unbedingt, dass auch Daniel an dem Call teilnahm und bat ihn, dies in Uniform zu tun. Im Nachhinein bin ich überzeugt, dass es nicht an der Uniform und dem darauf befindlichen Gold und Silber lag, aber nach etwas mehr als einer halben Stunde hatten wir unseren Ansprechpartner nicht nur überzeugt, sondern ebenfalls von dem Projekt begeistert. Noch im Call erhielten wir die mündliche Zusage und damit den Startschuss für das Werk, dass Sie jetzt gerade in Ihren Händen halten.

In den folgenden Wochen arbeiten wir sehr intensiv an dem Inhalt und trafen uns regelmäßig an den Wochenenden im „Project Room", den ich dafür in meinem Home-Office eingerichtet hatte. Unser Ziel war es, zehn leicht zu verinnerlichende Führungsprinzipien aus der Praxis von Führungskräften im Feuerwehrdienst zu Papier zu bringen und mit echten Praxisbeispielen aus Herrsching und der ganzen Welt zu untermauern.

Dabei haben wir uns dazu entschieden, einen Großteil der zehn Führungsprinzipien inhaltlich und chronologisch anhand des sogenannten Führungsvorgangs der Feuerwehr zu betrachten, weil dieser sich in unseren Augen sehr nahe an vergleichbaren Führungsvorgängen in der freien Wirtschaft und anderen Wirtschaftssubjekten bewegt.

Zum besseren Verständnis eines solchen Führungsvorgangs können wir, na mittlerweile logisch, die gute, bekannte FwDV100 konsultieren. Hier ist in Kap. 3.3. der Führungsvorgang, wie folgt definiert:

> „Der Führungsvorgang ist ein zielgerichteter, immer wiederkehrender und in sich geschlossener Denk- und Handlungsablauf. Dabei werden Entscheidungen vorbereitet und umgesetzt. Der Führungsvorgang ist nicht auf die Tätigkeit der Einsatzleiterin oder des Einsatzleiters beschränkt, sondern ist von den Führungskräften auf allen Führungsebenen sinngemäß anzuwenden. Die Einsatzleiterin oder der Einsatzleiter muss zur Gefahrenabwehr
>
> * die richtigen Mittel
> * zur richtigen Zeit
> * am richtigen Ort
>
> einsetzen.

Um den Einsatzauftrag nicht nur nach Gefühl und Erfahrung zu erfüllen, muss ein Schema zur Verfügung stehen, welches den Führungsvorgang veranschaulicht. Folgende Unterteilung des Führungsvorganges hat sich als zweckmäßig erwiesen:

* Lagefeststellung (Erkundung der Lage/Kontrolle)
* Planung mit
  - Beurteilung der Lage
  - Entschluss
* Befehlsgebung"

Dieser theoretisch beschriebene Vorgang wird mit Hilfe eines schematischen Schaubilds noch klarer und verständlicher (Abb. 3.2):

Zusätzlich weist die FwDV fast schon erwartungsgemäß daraufhin, dass dieser Prozess keinesfalls statisch ist:

> „Die Einsatzleiterin oder der Einsatzleiter kann mit einem einmaligen Durchlauf des Führungsvorganges den Einsatzauftrag meistens nicht erfüllen. Nur durch die wiederholte Lagefeststellung wird die unbedingt notwendige Kontrolle über die Durchführung und Richtigkeit der gegebenen Befehle sichergestellt und gegebenenfalls eine erneute Planung und Befehlsgebung ausgelöst."

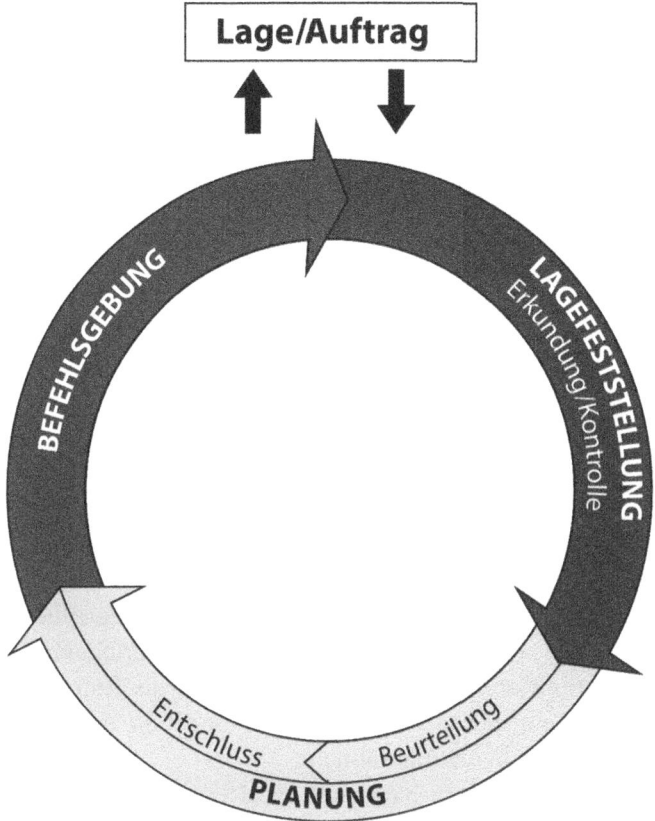

Abb. 3.2 Der Führungsvorgang nach FwDV 100 (FwDV 100)

Gerade im Zusammenspiel mit der letzten Aussage ähnelt dieser Führungsvorgang schon sehr kreisförmigen und zyklischen (Optimierungs-)Prozessen,
wie wir sie auch aus der Betriebswirtschaft kennen. Einer der bekanntesten
davon dürfte der sog. Deming-Kreis sein, der laut Wikipedia wie folgt definiert ist:

> „Demingkreis oder auch Deming-Rad, Shewhart Cycle, PDCA-Zyklus
> beschreibt einen iterativen drei- bzw. vierphasigen Prozess für Lernen und
> Verbesserung des US-amerikanischen Physikers Walter Andrew Shewhart.
> PDCA steht hierbei für das Englische Plan – Do – Check – Act, was im Deut-
> schen auch mit ‚Planen – Umsetzen – Überprüfen – Handeln‘ übersetzt wird.
> Die Ursprünge des Prozesses liegen in der Qualitätssicherung.“

Auch dafür gibt es eine anschauliche Grafik, die wie folgt aussieht (Abb. 3.3):

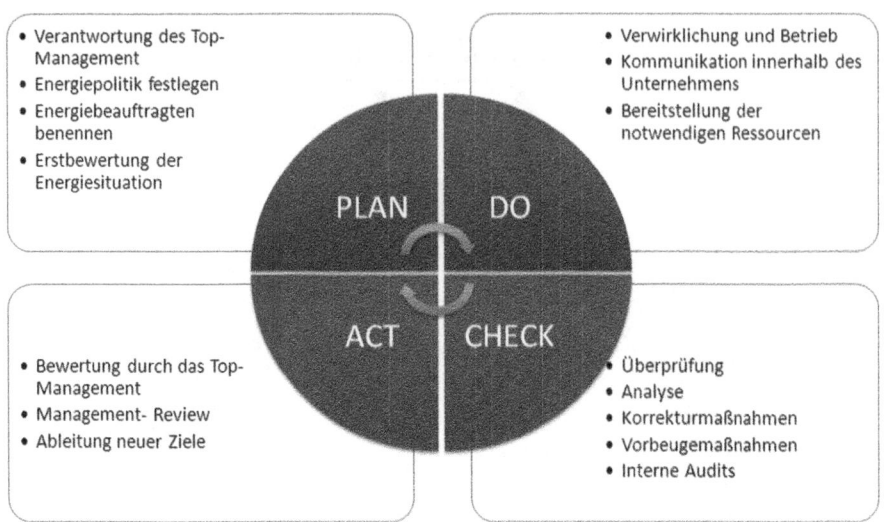

Abb. 3.3 Die vier Phasen des Deming-Kreises (Wikipedia)

Würde man in den Diagrammen jeweils vereinzelt Begrifflichkeiten austauschen, wie zum Beispiel „Lage/Auftrag" mit „Kundenanforderungen"
könnten die Definitionen und Diagramme durchaus komplementär verwendet werden. Wenn Sie so wollen: Ein weiteres Indiz dafür, wie sehr sich
die Führungsaufgaben heutzutage ähneln.

In den folgenden Kapiteln haben wir zwei Führungsprinzipien dem Bereich Lagefeststellung (Kap. 4), drei Prinzipien dem Abschnitt Einsatzplanung
(Kap. 5) und zwei dem Bereich Befehlsgebung (Kap. 6) zugeordnet. Zwei weitere Leitsätze haben in unseren Augen allgemeingültige Bedeutung und werden unabhängig vom Führungsvorgang in Kap. 7 betrachtet. Höchste Zeit
also, sukzessive ins Einsatzgeschehen einzutauchen und eine erste Runde sichten zu gehen.

4

Strukturierte Lagefeststellung: Die Grundlage für klare Entscheidungswege in Feuerwehr und Wirtschaft

Zusammenfassung An erster Stelle des Führungskreislaufs der Feuerwehr steht immer die Lagefeststellung. Sie ist von sehr großer Bedeutung, bildet sie doch die Grundlage für alle weiteren Planungen und die daraus resultierende Befehlsgebung zur Menschenrettung und Gefahrenabwehr. Das Ziel einer jeden Erkundung ist eine umfangreiche und strukturierte Informationsgewinnung über externe Faktoren (Zeit, Wetter etc.), das Schadensereignis und den daraus resultierenden Gefahren sowie die eigene Leistungsfähigkeit zum aktuellen Zeitpunkt. Die Autoren Daniel und Christian erörtern in diesem Kapitel die Grundlagen einer jeden Lagefeststellung und haben daraus zwei Führungsprinzipien absorbiert, die auch die Grundlage einer guten Projektorganisation bilden sollten. Anhand von Beispielen aus aktuellem Einsatzgeschehen werden diese anschaulich dargestellt und erläutert.

4.1 Aller Anfang ist ... eine „Lagefeststellung"!

Warum „stiften" und „sichten" wenig gemeinsam haben ...
Ich muss zu Beginn des Kapitels zugeben, dass die Begriffe Sichtung oder Erkundung am Anfang meiner ehrenamtlichen Tätigkeit keine tiefere Bedeutung für mich hatten und eher als banal und verzichtbar daherkamen. Das könnte an der Nähe des Begriffs „sichten gehen" zum von mir sehr häufig

C. Münch, D. Pleyer, *Führung mit Feuer und Flamme*,
https://doi.org/10.1007/978-3-658-44335-1_4

und gerne benutzten, umgangssprachlichen Ausdruck des „stiften Gehens"
liegen, der laut Duden einen Prozess beschreibt, bei dem eine Person „sich
heimlich, schnell und unauffällig entfernt, um sich einer Verantwortung zu
entziehen, oder weil die Situation bedrohlich erscheint".[1] Vermutlich ist es
aber eher auf mangelndes Wissen und nicht ausreichende Erfahrung zurück-
zuführen, dass es jedes Mal, wenn eine Führungskraft nach dem Eintreffen am
Einsatzort zur Mannschaft sagte „Bleibt ihr bitte mal im Fahrzeug, ich geh mal
schnell sichten", für mich eher so klang wie „Bleibt ihr mal da, ich hol noch
schnell ein paar Leberkässemmeln und dann legen wir schön langsam los".

Tatsächlich ist die Lagefeststellung nicht nur der Sammelbegriff für Sichtung/
Erkunden und die immer wiederkehrende Erfolgskontrolle, sondern ein
Schlüsselelement des Führungsvorgangs und die einzige, sinnvolle Basis für jede
weitere Aktion am Einsatzort. Das sieht natürlich auch die FwDV 100 genauso:

> „Die Lagefeststellung besteht aus der Erkundung und der Kontrolle. Sie ist ziel-
> gerichtet und auf die Führungsebene bezogen durchzuführen.
> Die Erkundung ist die erste Phase des Führungsvorganges. Sie ist die Grund-
> lage für die Entscheidungsfindung […]".

Damit ist die Lagefeststellung schon qua Definition erstmal Chefsache und
wird frühestens im weiteren Verlauf des Einsatzes weiterdelegiert, aber dazu
später mehr. Daniel beschreibt die Wichtigkeit der Erkundung gerne wie
folgt: „Die Erkundung ist bei jedem Einsatz ein essenzieller Bestandteil und
jeder Einsatz, egal ob klein oder groß beginnt damit.
 Unsere Aufträge als Feuerwehr bekommen wir über Funkmeldeempfänger
und Alarmdepeche.
 Nur ein kurzer Ausschnitt und ein Bruchteil dessen, was vor Ort sein
könnte, wird uns somit mitgeteilt. Die Mitteilung und Interpretation der
Meldenden ist oft nicht das Gleiche, wie es abgehandelt werden muss, und
die Tragweiten sind von Laien natürlich nicht beurteilbar. Wir brauchen aber
immer den Masterplan.
 In einer Einsatzsituation, in der es schon mal um Leben und Tod gehen
kann und Geschwindigkeit oftmals einer der wichtigsten Faktoren ist, muss
jedem sofort klar sein, was zu tun ist. Um das zu schaffen, muss eine ordent-
liche und rasche Erkundung stattfinden, um Gefahrschwerpunkte und eine
Abhandlungsfolge definieren zu können."

---

[1] Definition von „stiften gehen", lt. www.duden.de.

Wie genau das lt. Dienstvorschrift ablaufen soll, welche Gedanken eine Feuerwehrführungskraft dabei begleiten und wie sowas im täglichen Einsatz-geschehen aussehen kann, soll das Thema der beiden folgenden Kapitel sein und bildet gleichzeitig die Ausgangsbasis für unsere ersten, beiden Führungs-prinzipien:

- Führungsprinzip 1 – „Immer erstmal die Lage checken: Warum eine sorg-fältige Lagebeurteilung nicht nur für Kommandanten unerlässlich ist": In der Regel schaut sich ein Kommandant im Einsatzfall erstmal ausführlich die Gesamtsituation an, bevor er weitere Schritte plant. Warum und wie er das macht und wie wir als Entscheider davon profitieren können, ist der Inhalt des folgenden Kapitels.
- Führungsprinzip 2 – „Die Zukunft antizipieren, bevor es brenzlig wird: Wie eine strukturierte Gefahrenanalyse auch in der Wirtschaft zum Erfolg führen kann.": Ist die Lage erstmal ausgekundschaftet, werden bei der Feuerwehr alle möglichen Gefahren analysiert. Warum das nicht nur in diesem Kontext von großer Relevanz sein kann, ist das Thema von Abschn. 4.3.

4.2 Führungsprinzip 1: „Immer erstmal die Lage checken!"

Warum eine sorgfältige Lagebeurteilung nicht nur für Kommandanten unerlässlich ist.
An dieser Stelle drängt sich die Frage auf, warum die Lagefeststellung im Be-reich der Feuerwehr eine so große Rolle spielt und was wir als freie Wirt-schaftswesen für uns daraus ableiten können. Eine tolle Antwort auf das „Warum" liefert Markus Plum in seinem Buch „Einsatztaktik für Führungskräfte":

> „Die Feuerwehr ist eine Einrichtung zur Abwehr von Gefahren. Sie wird bei Lagen zur Hilfe gerufen, von denen Gefahren ausgehen. Die Anzahl möglicher Lagen, mit denen eine Feuerwehr konfrontiert werden kann, ist dabei quasi un-endlich. Um im Einsatz gezielt Hilfe leisten zu können, bedarf es zunächst einer Feststellung der Lage. Die hierzu notwendige Erkundung bildet die Grundlage des gesamten Einsatzverlaufs und muss daher gewissenhaft und präzise durch-geführt werden. […].
>
> Die Erkundung ist der Einstieg in den Führungsvorgang. Erst wenn sie kom-plett durchlaufen ist, kommt es bei vorschriftsmäßiger Vorgehensweise zu ersten Handlungen, zu ersten Maßnahmen zur Gefahrenabwehr. Bis dahin kann die

Gefahr ohne Gegenmaßnahmen der Feuerwehr auf bedrohte Objekte ein-wirken. Hieraus ergibt sich, dass die Erkundung in zeitkritischen Fällen auf den notwendigen Umfang beschränkt und schnellstmöglich durchgeführt werden muss. Ein völliger Verzicht auf die Erkundung ist jedoch auch unter größtem Zeitdruck nicht zu rechtfertigen. Das Ergebnis wäre ansonsten ein völlig un-geplantes Vorgehen, dessen Erfolg allein von Zufällen abhängig wäre. Gerade zeitkritische Lagen erfordern jedoch ein gezieltes Vorgehen, bei dem sich die Einsatzkräfte gezielt auf die Abwehr der wesentlichen Gefahren konzentrieren und geordnet vorgehen. Eine gute Erkundung führt insgesamt immer zu besse-ren Ergebnissen und in der Summe auch zu einem Zeitgewinn."

So klar formuliert ist die Priorisierung, Bedeutung und Relevanz der Lagefest-stellung im Feuerwehrwesen sehr plakativ, offensichtlich und für jeden nach-vollziehbar: Geplantes Vorgehen, gezielte Problemlösung, bessere Ergebnisse und Zeitgewinn! Sind das nicht alles Ergebnisse, die wir uns auch im Projekt-geschäft in der freien Wirtschaft wünschen? Ich persönlich kann das oben an-geführte Zitat ganz einfach durch den Austausch einiger Begrifflichkeiten durch Marketing-Deutsch für unsere Zwecke umformulieren, und ich bin mir sicher, dass auch Sie dies problemlos für Ihr Unternehmen/Ihre Organi-sation/Ihre Abteilung oder Ihr Team tun können. Den Begriff der Erkundung lasse ich dabei allerdings bewusst erstmal unangetastet:

„Die Agentur Planworx ist eine Einrichtung zur **Lösung von Aufgaben im Be-reich des Live-Marketing.** Sie wird bei Lagen zur Hilfe gerufen, **die innovative Ideen erfordern.** Die Anzahl möglicher **Projekte**, mit denen **die Agentur** kon-frontiert werden kann, ist dabei quasi unendlich. Um im **Auftragsfall** gezielt Hilfe leisten zu können, bedarf es zunächst einer Feststellung der Lage. Die hierzu notwendige Erkundung bildet die Grundlage des gesamten **Projekt**ver-laufs und muss daher gewissenhaft und präzise durchgeführt werden. […].

Die Erkundung ist der Einstieg in den Führungsvorgang. Erst wenn sie kom-plett durchlaufen ist, kommt es bei **prozess**mäßiger Vorgehensweise zu ersten Handlungen, zu ersten Maßnahmen zur **Lösung der Aufgabe.** Bis dahin gibt es **keine nennenswerten Aktivitäten im Live-Marketing.** Hieraus ergibt sich, dass die Erkundung in zeitkritischen **Projekten** auf den notwendigen Umfang beschränkt und schnellstmöglich durchgeführt werden muss. Ein völliger Ver-zicht auf die Erkundung ist jedoch auch unter größtem Zeitdruck nicht zu rechtfertigen. Das Ergebnis wäre ansonsten ein völlig ungeplantes Vorgehen, dessen Erfolg allein von Zufällen abhängig wäre. Gerade zeitkritische **Projekte** erfordern jedoch ein gezieltes Vorgehen, bei dem sich die **Projektmanager** ge-zielt auf die **wichtigsten Aufgabenstellungen** konzentrieren und geordnet vor-gehen. Eine gute Erkundung führt insgesamt immer zu besseren Ergebnissen und in der Summe auch zu einem Zeitgewinn."

In dieser Form könnte ich das problemlos als gültig für unser Unternehmen unterschreiben. Ich denke, Sie auch für Ihres. Neugierig wie ich nun mal bin, musste ich spätestens jetzt genauer hinschauen und mir die Verfahrensweisen und Hilfsmittel, deren sich ein Einsatzleiter bedienen kann, detailliert zu Gemüte führen und auf mein Unternehmen übertragen. Und ich lade Sie natürlich ein, mir dabei zu folgen.

Schauen wir uns zunächst einmal an, um was es bei der Erkundung im Kern geht. Die Antwort darauf finden wir in Kap. 3.3.1.1. der FwDV 100:

„Die Erkundung [...] umfasst das Sammeln von Aufbereiten der erreichbaren Informationen über Art und Umfang der Gefahrenlage beziehungsweise des Schadensereignisses sowie über die Dringlichkeit und die Möglichkeit einer Abwehr und Beseitigung vorhandener Gefahren und Schäden.

Für die Durchführung der Gefahrenabwehr müssen nicht nur Informationen über den Einsatzwert und die Einsatzbereitschaft der Einsatzkräfte und -mittel, sowie die gesetzlichen Grundlagen zur Gefahrenabwehr bekannt sein, sondern es müssen auch Informationen über örtliche, zeitliche und klimatisch bedingte Verhältnisse an der Einsatzstelle beschafft werden."

Zusammengefasst ist das primäre Ziel die Informationsgewinnung in drei Bereichen: Ein möglichst genaues Bild des Schadensereignisses, eine möglichst fundierte Übersicht über die eigenen Ressourcen und einen Überblick über externe Faktoren (Ort/Zeit/Wetter). Mich hat die folgende Übersicht dahingehend beeindruckt, wie viele Annahmen sich allein aus der Einsatzzeit ableiten lassen (Tab. 4.1):

Alle für einen Einsatz relevanten Zielinformationen werden in der Literatur meistens in folgendem Schaubild dargestellt (Abb. 4.1):

Im Idealfall gelingt es der Feuerwehrführungskraft, VOR dem ersten Planungsschritt in Gedanken die gesamte Tabelle zu befüllen und damit die daraus folgenden, ggf. schwerwiegenden Entscheidungen aufgrund einer soliden Informationsbasis zu treffen.

Wenn man das so liest, klingt das nach dem einzig logischen und konsequenten Vorgehen – ob im Einsatz oder im Projektgeschäft. Und trotzdem muss ich zugeben, dass mir sehr viele Fälle aus meiner Agenturvergangenheit einfallen, wo wir das genau NICHT gemacht haben: Da kam es schon mal vor, dass wir bei einer dringenden Kundenanfrage („es brennt") einfach mal mit dem gesamten Projektteam „ausgerückt" sind und im Nachhinein feststellen mussten, dass da ein Projektassistent mit Handspritze gereicht hätte – hätten wir mal vorher genau nachgefragt und hingeschaut. Und Hand aufs Herz – ich bin mir sicher, auch Sie kennen solche Fälle aus Ihrem Berufsalltag.

Tab. 4.1 Übersicht möglicher Abhängigkeiten des Einsatzgeschehens von der Zeit

Tag	Nacht
Hohe Personenzahl in Geschäften, Arbeitsstätten, Seminarräumen, Kindergärten und Schule	Hohe Personenzahl in Wohnungen und Hotelzimmern
Viele Personen unter freiem Himmel	Personen überwiegend im Gebäude
Personen sind überwiegend wach	Viele Personen im Schlaf, verminderte und verzögerte Wahrnehmungsfähigkeit
Schnelle Brandentdeckung/-meldung	Verzögerte Brandentdeckung/-meldung
Hohe Verkehrsdichte	Geringe Verkehrsdichte, kürzere Anmarschzeiten
Gute Sichtverhältnisse	Schlechte Sichtverhältnisse
Geringe Verfügbarkeit bei ehrenamtlichen Helfern	Hohe Verfügbarkeit bei ehrenamtlichen Helfern
Hohe Leistungsfähigkeit	Geringere Leistungs- und Konzentrationsfähigkeit, schnelleres Ermüden
Gute Erreichbarkeit von Fachämtern, Objektverantwortlichen, Ansprechpartnern	Schlechte Erreichbarkeit von Fachämtern, Objektverantwortlichen, Ansprechpartnern

Übersicht möglicher Abhängigkeiten des Einsatzgeschehens von der Zeit

Vermutlich lässt sich die Tabelle mit überschaubarem Aufwand auch auf Ihre Projekte und Aufgabenstellungen adaptieren und dann als Entscheidungsgrundlage verwenden. Für uns als Eventagentur geht das sogar relativ einfach:

Die externen Faktoren:

- Ort: Geht es bei der Feuerwehr vor allem um Topografie, Bebauung, Wohndichte, Bewuchs oder Verkehrsverhältnisse, sind für uns andere Eigenschaften des „Veranstaltungsortes" relevant: Wie sind die Verkehrsanbindungen? Gibt es einen internationalen Flughafen? Ausreichend Veranstaltungsstätten? Wie sind Sperrzeiten? Ist der Ausschank von Alkohol problemlos möglich? Etc. Bei Ihnen sind es vielleicht lokale Werke, Arbeitsbedingungen, politische Einflussfaktoren, lokale Gewohnheiten oder Traditionen, die für Entscheidungen relevant sein könnten.

- Zeit: Im Einsatzfall ist es meistens die Tageszeit, die Rückschlüsse auf die Anwesenheit von Menschen, deren Anzahl und Stimmungslage schließen lässt. Wir hinterfragen dagegen recht häufig die Jahreszeit, Ferienzeiten oder die Zeitverschiebung zum Headquarter, während es in Unternehmen häufig um Geschäftsjahre im Vergleich zu Kalenderjahren, Entwicklungs- oder Oderzyklen oder die Frequenz von Großmessen geht.

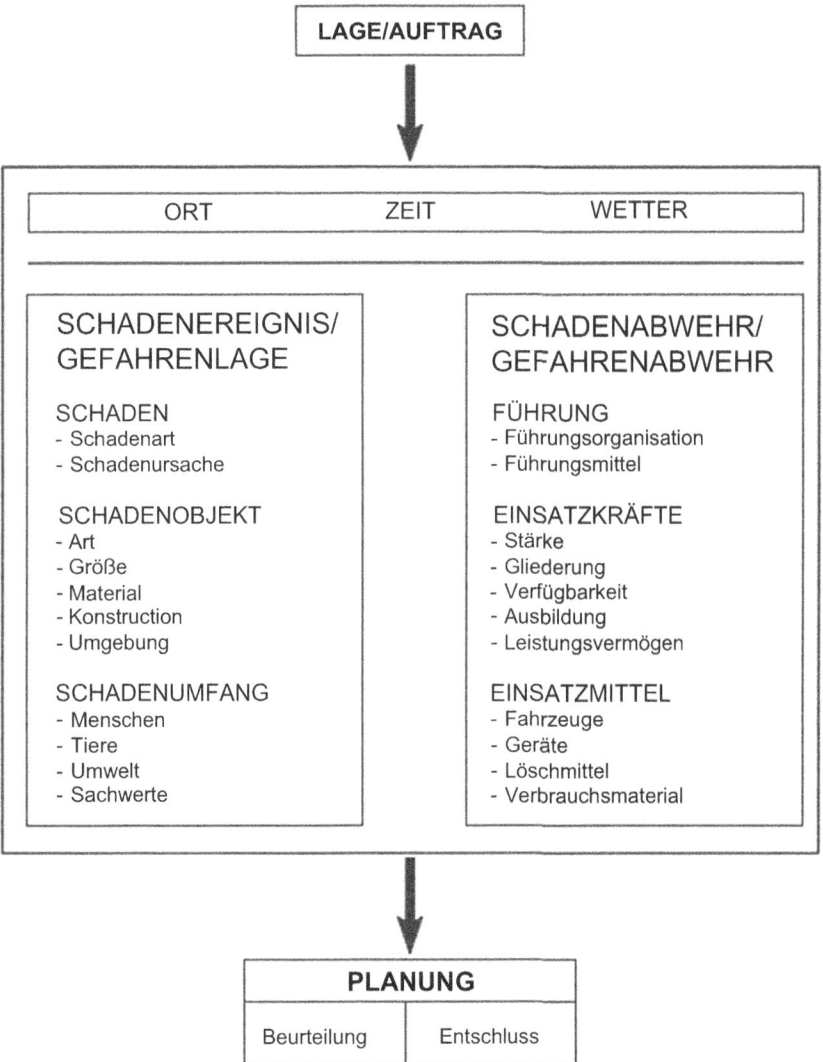

Abb. 4.1   Zielinformationen bei der Lagefeststellung (FwDV 100)

- Wetter: Hier gibt es ausreichend Fragestellung, die für Einsatzkräfte wie auch für Wirtschaftssubjekte gleichermaßen relevant sind: Wie lange ist es hell? Wie lange kann man sich im Freien aushalten? Welche Stimmungslage lässt sich aus dem Wetter ableiten?

Schadensereignis/Gefahrenlage:

- Schaden: Geht ein Kommandant in erster Linie auf die Suche nach Art und Ursache des Schadens, versuchen wir die Art und das Ziel des Projekts genauer zu verstehen: Wünscht der Kunde eine Pressekonferenz oder eine Roadshow, und welche Zielgruppen will er damit erreichen?
- Schadenobjekt: So wie die Führungskräfte der Feuerwehr das Schadensobjekt genauer auf Art, Größe, Material, Konstruktion oder Umgebung hin untersuchen, sezieren wir im Idealfall ein Projekt, wie zum Beispiel eine geplante Produktpräsentation: Um welches Produkt geht es genau? Wie relevant ist es für den Zielmarkt? Welcher „Content", also Bilder, Texte, Slogans, Filmmaterial steht uns zur Verfügung? Gibt es schon fertige, vorzeigbare Produkte?
- Schadenumfang: Im Einsatzfall ist es essenziell, das Schadensausmaß für Menschen, Tiere, Umwelt und Sachwerte abzuschätzen. Für uns als Agentur geht es beim Projektumfang meistens um Teilnehmerzahlen, Reichweite, KPIs, die erreicht werden sollen.

Schadenabwehr/Gefahrenabwehr:

- Führung: In diesem wie auch den beiden folgenden Punkten im Bereich Schadenabwehr ähneln sich Feuerwehr- und Agenturgeschäft am meisten und es geht in erster Linie um Begrifflichkeiten:
  Welche Führungskräfte stehen zur Verfügung? Welche Führungskompetenzen und welches Fachwissen bringen Sie mit? Welches Resort vertreten Sie? Wie stehen Sie zu dem Projekt?
- Einsatzkräfte: Wie viele Personen stehen mir insgesamt zur Verfügung? Wie verfügbar sind die Kollegen im Einsatzzeitraum? Welche Spezialkenntnisse haben sie? Bringen Sie Erfahrungen für die identifizierten Aufgaben mit? Wie ist die aktuelle Motivation? Wie relevant ist das Projekt für sie?
- Einsatzmittel: Welche Ressourcen stehen mir zu Verfügung? Auf welche Räume, Gerätschaften oder Materialien kann ich zurückgreifen? Und meistens besonders relevant für Wirtschaftssubjekte: Welches Budget steht mir für mein Vorhaben zur Verfügung.

Angepasst auf unsere Agentur Planworx würde ein Schaubild zur „Lagefeststellung" so oder so ähnlich aussehen (Abb. 4.2):
Tatsächlich sind wir nach einigen der oben schon erwähnten Fehlgriffe und damit verbundenen nicht unerheblichen Fehlinvestitionen dazu über-

Abb. 4.2 Lagefeststellung am Beispiel von Planworx (Planworx)

gegangen, die Informationsgewinnung vor der Teilnahme an einer Ausschreibung oder vor Start eines Projekts als „obligatorisch" in der Agentur zu
definieren und haben dafür unterschiedliche Checklisten (sehr ähnlich der
obenstehenden) entwickelt.

Noch einen Schritt weiter gegangen sind wir, was die Teilnahme an Ausschreibungen, in der Agenturlandschaft eher als „Pitches" bekannt, anbelangt.
Hierzu muss ich etwas ausholen: Ein Großteil der größten und spannendsten

Projekte in unserer Branche wird mittels solcher „Ideenwettbewerbe" vergeben. Um sich in dem meistens großem und attraktiven Wettbewerbsumfeld durchzusetzen, bedarf es nicht selten eines großen Aufwands: Ein Motto soll gefunden, die Eventräumlichkeiten visualisiert, eine „Customer Journey" aufgezeigt, Dienstleister angefragt und ein sehr konkretes Budget kalkuliert werden. Da kommt sehr schnell ein Invest im fünfstelligen Bereich zustande. Um die eigenen Chancen aus der Ausschreibung am Ende als Sieger hervorzugehen, beurteilen zu können, braucht es ein paar Informationen: Wie groß ist der Wettbewerb? Wie stark ist der Wettbewerb? Wie gut ist das (meistens) schriftliche Briefing? Gibt es ein (seltenes) persönliches Briefing? Ist das Budget bekannt und transparent?

Weil das Fehlen bestimmter Informationen oder Tatsachen, wie z. B. kein vorgegebenes Budget, oder keine Möglichkeit zu einem persönlichen Briefing für uns aufgrund von schlechten Erfahrungen als Ausschlusskriterien definiert wurden, sind wir im Falle von Pitches noch einen Schritt weitergegangen. Statt einer Checkliste gibt es dafür ein Flow-Chart für die „Sichtung" des Projekts, bzw. die Informationsgewinnung, das vor der Teilnahme an einer Ausschreibung durchlaufen werden muss (Abb. 4.3). Liegen uns gewisse Informationen nicht vor oder werden aus strategischen Gründen einfach nicht mitgeteilt (was gerade bei starken Einkaufsabteilungen der Fall ist), nehmen wir nicht mehr teil.

Für den Bereich der Feuerwehr hat die FwDV 100 auch einen Vorschlag, wo diese Informationen herkommen:

„Die zur Lagefeststellung erforderlichen Informationen erhält die Einsatzleiterin oder der Einsatzleiter insbesondere

- durch den Einsatzauftrag gemäß des Alarmierungsstichwortes;
- durch die Information und den Einsatzauftrag gemäß eines Einsatzbefehls;
- durch eigene Wahrnehmungen;
- durch Meldungen von nachgeordneten Führungskräften, Einsatzkräften und sonstigen fachkundigen Personen sowie der Bevölkerung;
- aus Einsatzunterlagen, wie zum Beispiel Alarm- und Einsatzplänen, Karten, Dienstvorschriften und Rechtsvorschriften.

Die Einsatzleiterin oder der Einsatzleiter muss den Informationsgehalt und die Grenzen der einzelnen Informationsquellen bewerten können. Hierbei ist wichtig zu wissen, welche Ergebnisse zu welchem Zeitpunkt erwartet beziehungsweise gefordert werden können. So müssen beispielsweise eine Meldung aus der Bevölkerung und der Bericht eines Erkundungstrupps unterschiedlich bewertet werden."

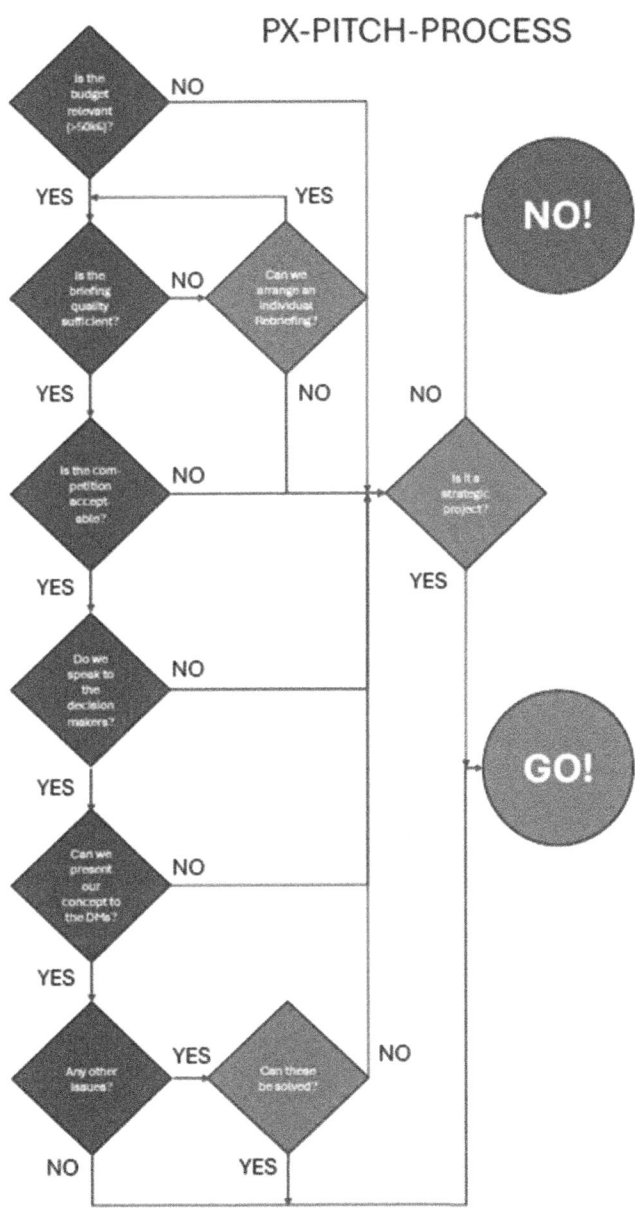

Abb. 4.3   Pitchprozess bei Planworx (Planworx)

Auch wenn da schon viele sinnvolle Quellen, die auch für uns als Agentur relevant sind (Informationen aus dem Einsatzauftrag, eigene Mitarbeiter, fachkundige Personen), erwähnt sind, scheint mir die FwDV diesmal ausnahmsweise etwas antiquiert, weil sie moderne Tools und Gadgets sogar nicht berücksichtigt. Einen Schritt weiter geht da mein digitaler Sparringspartner ChatGPT:

„Ein Einsatzleiter kann sich bei der Erkundung eines Einsatzortes verschiedenen Hilfsmitteln bedienen, um wichtige Informationen über die Situation zu sammeln und Entscheidungen zu treffen. Einige mögliche Hilfsmittel sind:

Funkgerät: Mit einem Funkgerät kann der Einsatzleiter in Kontakt mit anderen Einsatzkräften bleiben und wichtige Informationen über die Lage austauschen.

Karten und Pläne: Karten und Pläne können dem Einsatzleiter helfen, sich einen Überblick über die Einsatzstelle und die Umgebung zu verschaffen.

Thermografiekamera: Eine Thermografiekamera kann eingesetzt werden, um Wärmequellen zu erkennen, die mit dem bloßen Auge nicht sichtbar sind. Das kann zum Beispiel bei der Suche nach Brandherden oder vermissten Personen helfen.

Gaswarngerät: Ein Gaswarngerät kann eingesetzt werden, um gefährliche Gase oder Dämpfe zu erkennen, die bei einem Einsatz auftreten können.

Drohne: Eine Drohne kann eingesetzt werden, um aus der Luft einen Überblick über die Einsatzstelle und die Umgebung zu bekommen oder um bestimmte Bereiche genauer zu erkunden.

Es ist jedoch wichtig zu beachten, dass nicht alle Feuerwehren über alle diese Hilfsmittel verfügen und dass die Verfügbarkeit von Hilfsmitteln von der Größe und Ausstattung der Feuerwehr abhängig ist."

Auch hier fehlt mir mit der Internetrecherche eine der zumindest für unsere Agentur wichtigsten Informationsquellen. Wir recherchieren auf diese Weise z. B. Produktinformationen, Erfahrungs- berichte, potenzielle Destinationen und Locations, geeignete Lieferanten, Videodokumentation und vieles andere mehr. Auch bei dem Einsatzbeispiel der Herrschinger Feuerwehr zu diesem Kapitel war es eine intensive Google-Recherche, die schließlich die dringend benötigten Informationen lieferte und dem Einsatz eine dramatische Wende gab. Doch bevor wir uns einige Praxisbeispiele mit beeindruckenden Sichtungen ansehen, sollten wir noch einen kurzen Blick auf den Ablauf einer Sichtung im Einsatzfall machen, da wir uns meiner Meinung auch hier das ein oder andere Detail abschauen können.

Die Erkundung bei einem Einsatz ist ein strukturierter Prozess, der aus verschiedenen Phasen besteht. In der Literatur werden meistens folgende zwei Hauptphasen thematisiert:

Vorbereitungsphase, sehr häufig auch „Erkundung auf Anfahrt": Mit der oben beschriebenen Informationssammlung kann schon begonnen werden, auch wenn die Mannschaft noch nicht an der Einsatzstelle eingetroffen ist. Neben den externen Faktoren, also der Zeit, dem Ort und dem Wetter, sind das vor allem Information über die eigene Lage, also insbesondere Personalstärke, verfügbare Qualifikation und Materialien, die analysiert und bewertet werden können.

Erkundungsphase vor Ort: In dieser Phase werden vor Ort Informationen gesammelt, beispielsweise über die Lage und Art des Einsatzes, mögliche Gefahrenquellen und die Anzahl der Betroffenen. Das Feuerwehrlehrbuch des Herausgebers „BrandSchutz" empfiehlt dabei folgende chronologische Vorgehensweise:

- Frontalansicht des Schadensobjekts: Sehr häufig können erste Schlüsse zum Ausmaß der Bedrohung gezogen und gefährdete Personen erkannt werden.
- Befragung anwesender Personen: Nicht selten werden Einsatzleiter schon von Personen empfangen, die weitere Hinweise zur Schadenslage geben können und wollen.
- Innenansicht des Schadensobjekts: Ein Blick ins Innere des Gebäudes oder Fahrzeugs liefert oftmals weitere wertvolle Information
- Gesamtansicht: Die Betrachtung der Rückseiten und der gesamten Umgebung komplettiert die Eindrücke der ersten Phasen der Erkundung.

O-Ton Daniel dazu: „Bei der Feuerwehr sprechen wir von fünf Seiten der Erkundung. Damit gemeint sind z. B. bei einem Gebäude alle Außenseiten, die Innenansicht, wenn möglich, und die konkrete Befragung vom Meldenden, Bewohner etc."

Ich weiß nicht, wie es Ihnen geht, aber mich erinnert dieser Prozess sehr an die Vorgehensweise, wie sie bei uns im Idealfall praktiziert werden sollte: In der ersten Phase, also noch vor Erhalt des Briefings, unabhängig ob es sich dabei um eine Ausschreibung oder einen potentiellen Auftrag handelt, können wir uns über den Kunden informieren, die externen Faktoren abklopfen und uns Gedanken über unsere eigenen Ressourcen und Verfügbarkeiten machen.

In der zweiten Phase versuchen wir dann ebenfalls die an uns adressierte Aufgabe sukzessive besser zu verstehen: Wir befassen uns intensiv mit dem

Briefing (Frontalansicht), befragen die am Projekt beteiligten Personen, Experten oder Nutzer, versuchen Informationen zusammenzutragen, die in keinem Briefing stehen („Kann Euer GF eigentlich wirklich gut vor Journalisten sprechen?") und versuchen den Gesamteindruck mit Analysen zum Markt, zur Zielgruppe, zum Wettbewerb etc. abzurunden. Im Normalfall machen wir uns erst dann an die Umsetzung – ganz wie bei der Feuerwehr.

Mein Plädoyer für dieses Kapitel ist sehr klar: Wir als Führungskräfte sollten es der Feuerwehr gleichtun und eine detaillierte und umfangreiche Erkundung an den Anfang von allen Projekten stellen, zumindest bei all denen, die nicht standard sind. Nach einer sauberen Erkundung sind wir mit ziemlicher Sicherheit in der Lage, fundierte Entscheidungen zu treffen. Können wir es mit der Erkundung auch übertreiben? Aber sicher. Im Buch „Einsatztaktik für Führungskräfte" habe ich zu diesem Thema eine interessante Einschätzung gefunden:

> „Die Frage über die rechtzeitige Beendigung der Erkundung ist eine der schwierigsten Fragen, über die man immer diskutieren kann. [...] Der Einsatzleiter muss die Verhältnismäßigkeit seiner Maßnahmen unter Berücksichtigung seiner Ziele im Auge behalten und dabei auch mit Wahrscheinlichkeiten arbeiten. Dabei sind drei Parameter zu berücksichtigen:
>
> 1. Wie dringlich sind die Maßnahmen, die aufgrund der bereits gewonnenen Erkundungsergebnisse zu ergreifen sind?
> 2. Wie wahrscheinlich ist es, dass in dem noch nicht erkundeten Bereich eine Situation angetroffen wird, die [...] das Ausmaß und die Dringlichkeit des bereits erkannten Problems noch übertrifft?
> 3. Wie groß ist der Zeitbedarf für die Erkundung der übrigen Seiten des Objekts? [...]"

Überragt die Dringlichkeit von Punkt 1 der Wahrscheinlichkeit von Punkt 2 ist vermutlich ein Abbruch der Erkundungen und das Treffen erster Entscheidungen die richtige Wahl. Ich überlasse es an dieser Stelle wieder Ihnen, die Feuerwehrtheorie in Ihre spezifische Praxis zu übertragen, teile aber gerne ein Praxisbeispiel aus meiner Eventwelt: An einem schönen Sommerabend war ich als Projektleiter für die Abendveranstaltung eines IT-Unternehmens im Rahmen einer großen IT-Messe in München zuständig. Wir erwarten mehrere hundert Gäste, die nach einem langen Messetag vor allem mit großem Durst und Hunger bei uns einliefen. Den Durst konnten wir mit Begrüßungsdrinks und Bier vom Fass sehr schnell stillen, den Hunger wollten wir mittels „Flying Buffet" über den ganzen Abend hin besiegen. Als 10 min nach offiziellem Beginn des Services immer noch keine handlichen Köstlichkeiten bei den Gästen ankamen, begab ich mich auf „Erkundung", sprich Ursachenforschung. Die war sehr schnell gefunden: Spitzfindige und offensichtlich sehr hungrige Gäste haben herausgefunden, wo sich der „Auslass" der Servicekräfte befand und diesen „belagert", um sofort alle Speisen abgreifen zu können. Damit legten sie mehr oder weniger die gesamte Logistik lahm und sorgten für einen Stau der Servicekräfte im Küchenbereich. Für mich war damit definitiv der Zeitpunkt gekommen, meine Erkundungen abzubrechen und die Entscheidung zu treffen, dass herbeigerufene Sicherheitskräfte dafür Sorge tragen sollten, dass der Ausgang großzügig freigehalten wird. Problem (erstmal) gelöst.

Erkundung damit beendet und abgebrochen? Mitnichten. Die Antwort, warum nicht, liefert erneut die schon oben zitierte Literatur für Führungskräfte der Feuerwehr:

> „Abbrechen bedeutet dabei nicht, dass die Erkundung beendet wird. Sie wird nur innerhalb des laufenden Führungsvorgangs abgeschlossen, da es gilt zu einer Entscheidung zu kommen und erste Maßnahmen durch die Erteilung eines Befehls zu veranlassen. Danach wird die Erkundung im nächsten Durchlauf durch den Führungsvorgang fortgesetzt. Die angeordneten Maßnahmen […] laufen dabei bereits parallel."

Das Schaubild des Führungsvorgangs aus Kap. 3 lässt schön grüßen. Höchste Zeit, dass wir uns einigen Praxisbeispielen widmen, bei denen die Erkundung nicht nur vorbildlich durchgeführt wurde, sondern dem gesamten Einsatzverlauf jeweils eine überraschende Wende gegeben hat:

Praxisbeispiel 1

Am Freitag, dem 25.03.2022 um 08:24 Uhr wurde die Feuerwehr Herrsching nach Erling-Andechs zu einem BMA-Alarm gerufen. Es war der Anbeginn eines wundervollen Frühlingstages und ich bin etwas weniger als zwei Minuten vor der Alarmierung am Feuerwehrhaus vorbeigefahren – auf dem Weg zu einem Familienbesuch in meiner Heimat. Ich überlegte kurz, ob ich nicht kurz … aber meine Frau, die auf dem Beifahrersitz saß und normalerweise jedes Engagement meinerseits unterstützt, erstickte jeden Gedankengang auf den Alarm zu reagieren im Keim: „Vergiss es. Das kannst Du Deiner Familie nicht antun." Ich beruhigte mich mit dem Gedanken, dass es sich „nur" um einen BMA-Alarm handelte. Dazu muss man wissen, dass BMA für Brand-Melde-Anlage steht, welche in größeren Gebäuden, Fabrikgebäuden, Hotels, etc. vorschriftsmäßig verbaut werden müssen. Nicht selten werden solche Alarme durch technische Defekte, ungefährlich Staub- oder Dampfaustritt (z. B. Wasserdampf) oder einen angebrannten Kuchen im Ofen ausgelöst. Sie sind dann nach einem kurzen

Kontrollgang und der Zurücksetzung der BMA meistens nach sehr kurzer Zeit vorbei und erfreuen sich nicht der allergrößten Beliebtheit bei vielen Einsatzkräften. In diesem Fall sollte es allerdings ganz anders kommen, wie mir Daniel im Nachgang des Einsatzes erzählte. Schon die „Erkundung auf Anfahrt" und dabei insbesondere der Funkverkehr mit der Integrierten Leitstelle (ILS) ergab, dass die Gefahr real war und die BMA aufgrund der Dampfentwicklung von austretenden Gefahrstoffen ausgelöst hat. Gleich nach der Ankunft am Gelände eines der größten Industriebetriebe der Gemeinde wurde die Mannschaft rund um Daniel von Sicherheitskräften des Unternehmens zu dem betroffenem Produktionsgebäude geschickt. Dort wartete bereits eine Abordnung der ortsansässigen Feuerwehr, die allerdings nicht für ABC-Einsätze (Atomar – Biologisch – Chemisch) ausgerüstet und ausgebildet ist. Dementsprechend überließ man Daniel sehr gerne die Einsatzleitung. Eine erste Inaugenscheinnahme des Gebäudes von außen erbrachte keine neuen Erkenntnisse. Die konnte dafür ein Betriebsleiter des Unternehmens liefern, der, in einen weißen Kittel gekleidet, proaktiv auf Daniel zukam und einen völlig überfüllten DIN A4 Ordner in Händen trug. Laut seinen Informationen treten aktuell im Untergeschoss, wo sich die Lagertanks der Chemikalien befinden, „ganz geringe Mengen" bestimmter „Stoffe" aus, die normalerweise für automatisierte Reinigungsprozesse im Produktionsbetrieb verwendet werden. Daniel erzählt mir bei der Gelegenheit, dass es nicht selten vorkommt, dass Betroffene in diesen Situationen dazu tendieren, die Tatsachen herunterzuspielen und zu verharmlosen: Zum einen, weil sie sich natürlich in einer ungewohnten Ausnahmesituation befinden, zum anderen aber auch um möglichst schnell wieder „in den Alltag" übergehen und die Einsatzkräfte wieder entlassen zu können. Daniel versucht diese Situationen meistens dadurch zu lösen, dass er die Gesprächsführung übernimmt und den betroffenen Personen ganz konkrete Fragen zur Situation stellt: Sind noch Personen im Gebäude/im Gefahrenbereich? Welche Mengen genau sind ausgetreten? Um welchen Stoff handelt es sich? Welche (gefährlichen) Eigenschaften hat dieser Stoff? Im aktuellen Fall stellt sich schnell heraus, dass der Betriebsleiter, bedingt durch seinen weißen Kittel, zwar durchaus den Eindruck eines ausgebildeten Chemikers macht, tatsächlich aber mit der Materie nichts am Hut hat. Dementsprechend verweist er bei einschlägigen Fragen immer auf darauf, dass „alle Informationen dazu im Ordner stehen". Gemeinsam kann man schließlich eingrenzen, dass es sich bei dem ausgetretenem Stoff wohl um anorganisches Peroxid handelt, das für Menschen lebensgefährlich und ggf. hochexplosiv sein Da DER Ordner dazu nicht viel hergibt, beauftragt Daniel schon mal Juli (lernen wir später noch ausführlicher kennen), einen der anwesenden Gruppenführer mit einer tiefergehenden Stoff-Recherche (via Internet, Einsatzleiter-Tablett und „Nüssler" (der „Duden" für Gefahrstoffe)) und der Evakuierung/Absperrung des Gefahrenbereichs, sowie dem Aufbau einer Dekontaminationsschleuse der Stufe 2 (siehe Abb. 4.4).

Dass sich noch Personen im Gebäude befinden, kann zu der Zeit nicht hundertprozentig ausgeschlossen werden. Daher entscheidet sich Daniel einen Angriffstrupp mit der entsprechenden Schutzausrüstung (ja, die sehen genau so aus, wie man sie aus dem Fernsehen kennt) zur weiteren Sichtung und ggf. Personenrettung ins Gebäude zu schicken. Zur Dokumentation wird das Team mit eigens dafür produzierten A3 – Karten ausgestattet, auf denen man auch mit Schutzanzug schreiben und malen kann. Bis heute beeindruckt mich der Mut, den

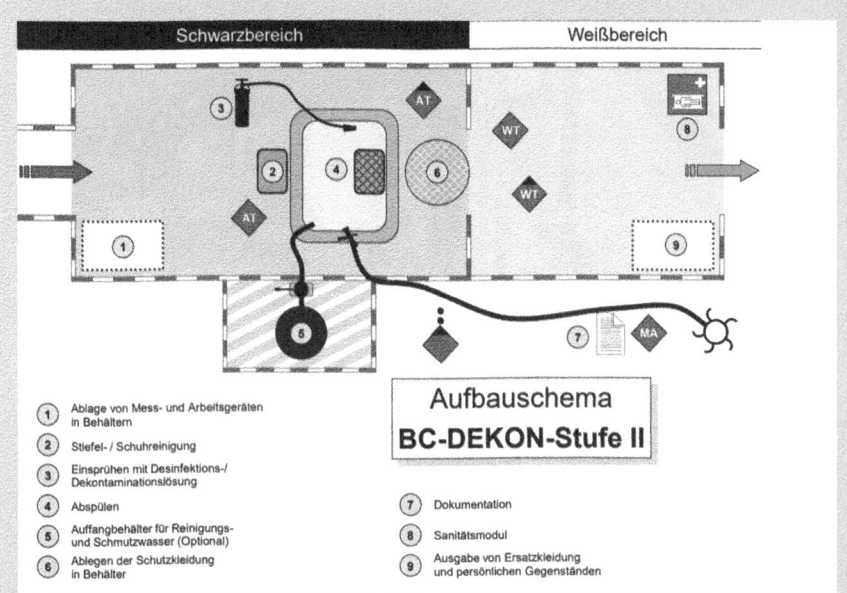

Abb. 4.4 Aufbauschema der Dekon-Stufe II (FwDV 500)

unser Angriffstrupp, bestehend aus Claus und Maxi, in dem Moment aufbringen du sich in den Untergrund begeben (Abb. 4.5). Die Sichtung ergibt, dass die Quelle des Gefahrstoffes ein 1000l IBC-Container ist, bei dem das auslaufende Peroxid die Unterkonstruktion teilweise zersetzt und in Schieflage gebracht hat. In unmittelbarer Nähe des Containers befindet sich zudem ein weiterer Container, gefüllt mit Salpeter-Säure. Weitere Personen konnten zum Glück keine gesichtet werden. Die ausgedehnte Stoffrecherche ergab, dass die beiden Gefahrstoffe keinesfalls in Kontakt kommen sollten, da es sonst zu einer verheerenden Explosion kommen könnte. Dementsprechend wurde das Einsatzstichwort erhöht, was zur Folge hatte, dass gefühlt alle verfügbaren Rettungskräfte des Landkreises nach Erling-Andechs beordert wurden, vom Gerätewagen Gefahrgut (GWG) bis hin zur Analytischen Task-Force (ATF) der Berufsfeuerwehr München. Letztere übernahmen auch die Kontrolle und Überwachung der Luftverhältnisse rund um den Einsatzort, um ggf. die Bevölkerung waren zu können – auch ein weiteres Element der mittlerweile extrem umfangreichen „Sichtung". (Kollegen erzählten mir im Nachgang: „Da waren so viele Einsatzkräfte und Autos: Das sah aus, wie auf einer Feuerwehrmesse!") Experten und Fachberater wurden immer wieder telefonisch zugeschaltet. Schließlich wurden mehrere Einsatzabschnitte gebildet, von denen Daniel und sein Team den Abschnitt Gefahrenabwehr übernahmen. Im Rahmen des 8-stündigen Einsatzes konnten die Stoffe schlussendlich separiert, die Gefahrstoffe abgepumpt, der gekippte Behälter wieder aufgestellt werden und eine weitreichende Katastrophe verhindert werden (Abb. 4.6).

Abb. 4.5   Briefing des Angriffstrupps durch Einsatzleitung (FFH)

Abb. 4.6   Provisorische Einsatzleitstelle am ELW (FFH)

Praxisbeispiel 2

Zu einem eher ungewöhnlichen Ereignis kam es am frühen Abend des 8. September 2020 im Ortskern der Stadt Geesthacht im Kreis Herzogtum Lauenburg. Anwohner der dortigen Otto-Zimmer-Straße bemerkten eine „massive Gaswolke", die aus einem geparkten PKW austrat und meldeten über den Notruf 112 den Vorfall, der bei der integrierten Leitstelle (ILS) in Bad Oldesloe auflief.

Der zuständige Disponent löste daraufhin um 18:58 Uhr Alarm für die Freiwillige Feuerwehr Geesthacht, die örtliche Rettungswache sowie die Polizei aus. Die Feuerwehr rückte neben anderen Fahrzeugen auch mit einem Gerätewagen Gefahrgut, Atemschutz und Strahlenschutz (GW-Gas) aus, der mit moderner Messtechnik ausgestattet ist. Die Erkundung auf Anfahrt ergab, dass sich der Einsatzort in einem Wohngebiet befand. Zudem gab es eine Kindertagesstätte, eine Grundschule und einen Sportplatz in nächster Nähe, die aber, wie man ebenfalls auf Anfahrt herausfand, aufgrund der fortgeschrittenen Uhrzeit nicht mehr geöffnet waren. Die erste Sichtung ergab, dass ein deutlicher Gasgeruch wahrnehmbar war, das Fahrzeug allerdings nicht als „für den Betrieb mit Gas" gekennzeichnet war. Die Befragung der Einwohner durch den Einsatzleiter und stellvertretenden Wehrführer der FF Geesthacht ergab, dass anfangs das Gas „in einer deutlich sichtbaren Wolke" aus dem Fahrzeug ausgeströmt sei. Noch vor dem Fortsetzen der Erkundung wurden daraufhin erste Maßnahmen eingeleitet: Die gesamte Straße wurde für den Verkehr gesperrt und der dreifache Brandschutz (Wasser, Löschschaum und Löschpulver) sichergestellt (Abb. 4.7). Zeitgleich wurde mit Hilfe der Polizei der Halter des betroffenen Fahrzeugs ausfindig gemacht, von den Feuerwehrleuten ganz in der Nähe zu Hause an-

Abb. 4.7   Gasaustritt in Geesthacht (FF Geesthacht)

getroffen und befragt. Dieser gab zwar zu Protokoll, dass der Wagen erst vor vier Wochen im Ausland auf Gas umgerüstet worden war, konnte aber ansonsten keine weiteren sachdienlichen Informationen beisteuern. Daraufhin wurde ein Atemschutztrupp zur weiteren Erkundung mit Messgeräten in die Nähe des Fahrzeugs geschickt. Tatsächlich stellte dieser Trupp auch ein explosives Luft-Gas-Gemisch fest, woraufhin die Polizei alle Anwohner informierte und bat die Fenster geschlossen zu halten und sich in von der Straße abgewandten Räumen aufzuhalten.

Die Einsatzleitung verzichtete zu diesem Zeitpunkt auf eine Sichtung des Innenraums, um keine elektrischen Reaktionen durch die Öffnung des Fahrzeugs auszulösen. Allerdings wurde der Befehl erteilt, das Luft-Gas-Gemisch mit Wasser zu verwirbeln, um die Explosionsgefahr zu mindern. Unterdessen fuhr Bruhn zu einem befreundeten Autohaus, das auch die Feuerwehr selbst für Reparaturen und Service in Anspruch nahm. Leider vergebens, da auch die Werkstatt nicht helfen konnte, weil es sich ja um eine nicht serienmäßig verbaute Technologie handelte. Die Erkundung wurde schließlich mit einem Anruf beim ADAC fortgesetzt in der Hoffnung, dort fachkundige Unterstützung zu erhalten – leider ebenfalls vergeblich. Nächste Anlaufstelle waren die Kollegen der Berufsfeuerwehr in Hamburg. Diese hatten zwar noch keinen vergleichbaren Fall, gaben aber den Tipp, den Tank mit einem Werkzeug zu öffnen, das keine Funken erzeugt, um ein Ausströmen des Gases zu beschleunigen. Glücklicherweise arbeitete der Einsatzleiter hauptberuflich bei der Werkfeuerwehr des Kernkraftwerkes Krümmel, die über ein solches Gerät verfügten. Die Zeit bis zum Eintreffen des Spezialwerkzeugs wurde dazu genutzt, um das Auto unter Atemschutz anzuheben, um im Anschluss einfacher an den Tank zu gelangen, der unter dem Beifahrersitz verbaut war. Nach dem Eintreffen des Schneidewerkzeugs konnte der Tank relativ schnell geöffnet, das Gas kontrolliert abgelassen und gegen 21:30 Uhr schließlich Entwarnung gegeben werden.

4.3 Führungsprinzip 2: „Die Zukunft antizipieren, bevor es brenzlig wird!"

Wie eine strukturierte Gefahrenanalyse auch in der Wirtschaft zum Erfolg führen kann.

Bei vielen meiner Einsätzen in den letzten beiden Jahren konnte ich feststellen, dass das Sprichwort „Ein Unglück kommt selten alleine", welches in anderen Ländern sogar „Ein Unglück kommt nie alleine" lautet, auch im Feuerwehreinsatz Bestand hat: Entweder, weil das ursprüngliche Schadensereignis, wie zum Beispiel ein Erdbeben, ein Sturm, oder ein Hochwasser mehrere Einsatzstellen hervorgebracht hat oder was viel häufiger vorkommt, weil aufgrund des Schadensereignisses im Laufe der Zeit neue „Baustellen" entstehen, wie zum Beispiel durch „Gaffer", die sich im Anschluss an einen Autounfall durch ihren Voyeurismus selbst in Gefahr bringen.

Was ich bei meinen Einsätzen nicht aktiv beobachten kann, sind die gedanklichen Abläufe in den Köpfen der Führungskräfte. In meinen Gesprächen mit Daniel habe ich allerdings versucht, diesen Vorgängen auf den Grund zu gehen und war auch bei diesem Thema beeindruckt von dem strategischen und gleichzeitig auch wieder sehr pragmatischen Vorgehen: Schon bei der Feststellung des Schadensereignisses/der Schadensereignisse wird versucht diese in die Zukunft zu interpolieren, um Aussagen über etwaige zukünftige Gefahren zu treffen. Klingt beim ersten Lesen deutlich logischer, als es sich dann vor Ort darstellt. Man stelle sich der Einfachheit halber nur mal eine Stallung im Vollbrand vor, bei der das Löschen NICHT automatisch im Vordergrund steht. Tatsächlich würden, immer den Idealfall vorausgesetzt, im Rahmen der Erkundung ALLE Gefahren der Einsatzstelle erkannt und zumindest gedanklich in die vollumfängliche Schadensfeststellung (Abb. 4.1) einfließen. Das Feuerwehrlehrbuch schreibt dazu: „Der Einsatzleiter hat all diese < Gefahren der Einsatzstelle > in der Lagebeurteilung und letztlich seinem Entschluss (dem Einsatzbefehl) zu berücksichtigen."[2] Dem Einsatzleiter hilft dabei das sogenannte „Gefahrenschema": AAAA – C – EEEE. Dabei handelt es sich nicht um einen Morsecode oder Ähnliches, sondern um die Anfangsbuchstaben der im Einsatzdienst gängigsten Gefahren:

A – Atemgifte
A – Ausbreitung
A – Atomare (radioaktive) Gefahren
A – Angstreaktion
C – Chemische Gefahren
E – Elektrizität
E – Einsturz
E – Explosion
E – Erkrankung/Verletzung

Das Schema ist hilfreich und sehr vielschichtig, erhebt aber keinen Anspruch auf Vollständigkeit (Daniel würde an dieser Stelle sicher sagen: „Es gibt nichts, was es nicht gibt!"). Gehen wir wieder vom Idealfall aus, könnten im Rahmen einer Erkundung und fachkundigen Analyse alle Gefahren erfasst und in ein Gefahrenschema eingepflegt werden, wie es z. B. das Feuerwehrhandbuch vorschlägt (Abb. 4.8):

---

[2] Jochen Thorns, „Das Feuerwehr-Lehrbuch", Kohlhammer, 2022, S. 248.

| WELCHE GEFAHREN ERKENNST DU?? | | | | | | | | | |
| GEFAHREN BESTEHEN: | | | | | | | | | |

durch ▷ / für ▽	ATEMGIFTE	ANGST-REAKTION	AUSBREI-TUNG	ATOMARE STRAHLUG	CHEMISCHE STOFFE	ERKRAN-KUNG	EXPLOSION	ELEKTRI-ZITÄT	EINSTURZ
	A	A	A	A	C	E	E	E	E
MENSCHEN									
TIERE									
UMWELT									
SACHWERTE									
MANNSCHAFT									
GERÄT									

Abb. 4.8 Matrix für die Gefahren der Einsatzstelle (Wikipedia)

Alleine bei der Betrachtung von Schlagwörtern wie „Ausbreitung" und „Atomare Gefahren" wird einem klar, wie weitreichend solche Gefahren sehr schnell sein können und welcher branchenspezifischen Erfahrungen es bedarf, um eine fundierte und verlässliche Einschätzung treffen zu können: Um welchen Gefahrstoff handelt es sich genau? In welcher Dosierung/Menge? Wie schnell kann er sich ausbreiten? Mit welch anderen Substanzen könnte er reagieren? Für wen kann er eine Bedrohung darstellen? Eine Bedrohung welcher Art? Wie reagiert der Gefahrstoff auf etwaige Eindämmungsversuche?

Bleiben wir der Einfachheit halber mal bei dem oben erwähnten Brand der Scheune und gehen wir mal davon aus, dass eine umfängliche Erkundung ergeben hat, dass neben dem Brand an sich folgende Lagen festgestellt werden konnten: Auf einer eingezäunten Weide hinter dem Stadl befinden sich ca. 50 Rinder, die panisch umherirren. Die Flammen drohen auf das benachbarte Bauernhaus überzugreifen, in dem sich im 2. Obergeschoss noch die bettlägerige Oma befindet und neben der Scheune parkt ein kleines, mobiles Tankfahrzeug mit 1000l Diesel. Demnach würde die Gefahrenmatrix so oder so ähnlich aussehen (Abb. 4.9):

Ich glaube, es ist offensichtlich, dass der Fokus der Rettungskräfte in diesem Fall nicht zwingend die Brandbekämpfung, sondern vorrangig die Menschen- und Tierrettung sowie die Vermeidung einer Explosion sein dürfte. Es könnte sogar eine Entscheidung sein, die Stallung bewusst aufzugeben, um sich auf die anderen Gefahren fokussieren zu können.

WELCHE GEFAHREN ERKENNST DU??									
GEFAHREN BESTEHEN:									
durch ▷ / für ▽	ATEMGIFTE	ANGST-REAKTION	AUSBREI-TUNG	ATOMARE STRAHLUG	CHEMISCHE STOFFE	ERKRAN-KUNG	EXPLOSION	ELEKTRI-ZITÄT	EINSTURZ
	A	**A**	**A**	**A**	**C**	**E**	**E**	**E**	**E**
MENSCHEN	✕	✕	✕		✕	✕	✕	✕	✕
TIERE	✕	✕	✕		✕	✕	✕	✕	✕
UMWELT	✕	✕	✕		✕		✕	✕	
SACHWERTE	✕		✕		✕		✕	✕	✕
MANNSCHAFT	✕	✕	✕		✕	✕	✕	✕	✕
GERÄT	✕		✕		✕		✕	✕	✕

Abb. 4.9 Gefahrenmatrix im Fall „Scheunenbrand" (Privat)

Die Analyse erfolgt immer kontinuierlich während des Einsatzes und basiert auf der Beobachtung der Umgebung sowie auf der Informationssammlung und -bewertung durch den Einsatzleiter und die Einsatzkräfte. Aus der Sicht von Daniel stellt sich das Ganze so dar: „Während ich also bei der Erkundung versuche, alle mir möglichen Informationen für einen raschen Einsatz zu sammeln, konkretisiere ich die Maßnahmen, die ich haben möchte, und beurteile gleichzeitig die vorherrschenden Gefahren für uns selbst, aber auch für alle beteiligten Menschen und Tiere. Meine Einschätzung als Einsatzleiter beherrscht also den gesamten Einsatz. Sie haben auch zur Folge, dass ich mir auch langfristige Gedanken machen muss und auch über den Tellerrand hinausschauen muss. Es geht ab gewissen Zeiten auch darum, Kräfte abzulösen oder mit Essen und Trinken zu versorgen. Das muss ich in meine Gesamtplanung mit einbeziehen, um dann zum richtigen Zeitpunkt handeln zu können."

Fassen wir mal zusammen: Die Gefahrenanalyse im Rahmen eines Einsatzes bei der Feuerwehr zielt darauf ab, eine strukturierte Risikoanalyse durchzuführen und mögliche Gefahren und Risiken zu erkennen, zu bewerten und entsprechende Maßnahmen zu ergreifen, um den Einsatz erfolgreich durchzuführen und die Sicherheit aller Beteiligten zu gewährleisten.

Jetzt haben Sie es vermutlich in Ihrer Führungsaufgabe im Normalfall selten mit Gefahren wie Explosionen oder panischen Rindern (auch wenn sich manche Menschen hin und wieder so verhalten) zu tun und fragen sich, warum wir an dieser Stelle diesen Ausflug in die Gefahrenanalyse machen?

Unserer Meinung nach kann dieser Ansatz auch auf die freie Wirtschaft übertragen werden, wenn Unternehmen bei neuen Projekten oder Strategien eine ähnliche strukturierte Risikoanalyse durchführen. Mit dem Ziel, mögliche Risiken und Hindernisse zu identifizieren und entsprechende Maßnahmen zu ergreifen, um diese zu minimieren oder völlig zu beseitigen.

Auch glauben wir, dass es im alltäglichen Projektgeschäft immer wieder sinnvoll und notwendig ist, Aufträge oder Anfragen nicht nur aufgrund von Dringlichkeit, verfügbaren Kapazitäten oder Gewohnheit anzunehmen, sondern eine etwas umfangreichere Analyse vorzuschalten.

Dazu ein ganz gewöhnliches Beispiel aus unserer Agenturarbeit: Nehmen wir mal an, ein Automobilkunde fragt uns an, den neuen XYZ Turbodiesel im Rahmen einer noch nie dagewesenen Inszenierung der Weltpresse vorzustellen. Klingt auf den ersten Blick herausfordernd und so mancher in der Agentur würde am liebsten sofort mit der Konzeption loslegen wollen („den Brand bekämpfen"). Jetzt sind wir als Führungskräfte gefordert, diese Anfrage weiterzudenken und unter anderem folgende Fragen zu stellen:

- Wie passt die Einführung eines Dieselfahrzeugs zu unserer eigenen Umweltstrategie?
- Wie reagieren andere Automobilkunden, wenn wir ein derartiges Prestigeprojekt betreuen?
- Können wir in Anbetracht des zu erwartenden Wettbewerbs mit dem Projekt Geld verdienen?
- Was macht so ein Großprojekt mit der Stimmung in der Agentur?

Wäre unser Business nicht so dynamisch und volatil, würde es uns mit etwas Mühe sicherlich auch gelingen, ein Gefahrenschema mit „Merkeffekt" analog zu AAAA-C-EEEE zu entwickeln.

Und mit Sicherheit ist diese „Gefahrenanalyse" auf fast jede Branche übertragbar, nehmen wir z. B. die Gefahr von Lieferengpässen und daraus resultierenden Verzögerungen in der Baubranche, die Gefahr von Informationsabfluss in Entwicklungsabteilungen oder Verletzungsgefahren beim Umgang mit gefährlichen Stoffen in Produktionsbetrieben.

Eine weitere, sehr passende Analogie zu unserem Business ist mir sofort in einem anderen Gespräch mit Daniel aufgefallen:

Daniel	*„Nicht immer ist der-/diejenige Person in der größten Gefahr, die am lautesten schreit!"*
Christian	*„Hast Du ein Beispiel?"*

Daniel   *„Sagen wir zum Beispiel Zimmerbrand im 3. OG. Aus der Zeugenbefragung, weiß ich, dass sich in der Brandwohnung noch eine ohnmächtige Person befindet. Wer aber am lautesten schreit ist der Typ, der in der Wohnung im 1. OG in Sicherheit auf dem Balkon steht und dringend mit der Drehleiter gerettet werden will."*

Christian   *„Oh, ja. Kenne ich. Die Sorte Kunde, die 5 Monate vor Veranstaltung schon das Menu für die Abendveranstaltung abstimmen will, obgleich die Destination/Location noch gar nicht feststeht."*

Daniel   *„Da haben wir offensichtlich die gleichen Kunden."*

Sobald, wie bei den genannten Beispielen, im übrigen Menschenleben in Gefahr sind, tritt ein ganz eigener, leicht nachvollziehbarer Grundsatz in Kraft: „Ist eine Gefahr für ein Menschenleben erkannt und liegen die notwendigen Informationen vor, um diese Gefahr abzuwenden, so ist die Erkundung abzubrechen." Auch das ist nur logisch und nahezu 1:1 aufs Projektgeschäft übertragbar: Sollten wir im Projektverlauf feststellen, dass ein Einzelereignis, wie zum Beispiel der Ausfall einer „gebuchten" Location aufgrund einer Doppelbuchung (Warum muss ich bei diesem Beispiel nur an Käfer's Wiesenschänke denken?), das Gesamtprojekt gefährden, müssen wir uns natürlich vorrangig diesem neuen „Brennpunkt" widmen.

Schauen wir uns dazu auch hier das ein oder andere Praxisbeispiel an:

Praxisbeispiel 3

Veronika Echtler, die von allen nur „Vroni" genannt wird, ist alles andere als die „Quotenfrau" unter den überwiegend männlichen Führungskräften der Feuerwehr Herrsching. Für sie ist Feuerwehr Beruf und Berufung zugleich: Sie kam im Februar 2009 zur Feuerwehr, durchlief die Ausbildungen zum Atemschutzgeräteträger, Maschinisten, Drehleitermaschinisten, Bootsführer, CSA, Notfallsanitäter und Gruppenführer und leitet seit 2018 den gesamten Atemschutz. Sie ist eine der vier festangestellten Kräfte der Feuerwehr Herrsching. Mich begeistert sie schon früh mit ihrer Aussage: „Feuerwehr geht für mich nur ganz oder gar nicht. Das gilt auch für mich als Frau und vierfache Mutter." Rumms. Eine Frau, ein Wort! Der Einsatz, den sie mit mir teilt, passt zu diesem Führungsprinzip wie die Faust aufs Auge. Zudem ist er brandaktuell und zeigt obendrein, wie auch oder gerade eine traditionelle Institution wie die Feuerwehr gezwungen ist, sich auf neue Technologien und Trends in der Gesellschaft einzulassen. Der Einsatz ereignete sich am Freitag, den 29.09.2023. Von den vier Festangestellten sind an diesem Tag nur drei anwesend, da der zweite Kommandant Peter Urlaub hat. Daniel hat zudem einen Termin im ortsansässigen Edeka-Markt wegen der dortigen Brandmeldezentrale. Er will gerade aufbrechen, als die Alarmierung mit dem Stichwort „THL 1 Wasser im Keller" bei uns allen aufläuft. Vroni übernimmt gerne die Einsatzleitung und stülpt sich die gelbe „Einsatzleiterweste" über. Zeitgleich atme ich, in meinem Home-Office gerade in einer wichtigen Präsentation gebunden, ebenfalls durch, da es sich „nur" um einen THL 1 handelt und mein „FOMO" (Fear of missing out) sinkt schnell wieder von Maximalwerten auf Normalniveau. Wie sollten wir beide uns doch getäuscht haben. Auf der etwa dreiminütigen Anfahrt geht Vroni schon mal gedanklich das Gefahrenschema durch und identifiziert relativ schnell die „E – Elektrizität" als potenzielle Gefahrenquelle, die gerade in Zusammenhang mit Wasser alles andere als ungefährlich sein kann. Als HLF und Rüstwagen nach der kurzen, dreiminütigen Anfahrt an der Einsatzstelle ankommen, entscheidet sich Vroni, meinen Ausbilder Andi zur Sichtung mitzunehmen. Empfangen werden sie von der Eigentümerin des Hauses und einem Nachbarn, die sie zum Haus führen. Das Haus ist aktuell unbewohnt und die Eigentümerin besucht das Anwesen nur sehr sporadisch, um die Post zu leeren und nach dem Rechten zu sehen. Dabei ist ihr an diesem Tag aufgefallen, dass Wasser aus dem Waschbeckenanschluss des Gäste-WCs in den Keller läuft und mittlerweile auch schon knöcheltief im Erdgeschoss steht (Abb. 4.10). Die Quelle ist schnell identifiziert und der Mannschaft gelingt es auch ziemlich zügig, diese mit einem Holzstopfen zu verschließen. Im Rahmen

Abb. 4.10   Wasserstand im Keller beim Eintreffen (FFH)

der weiteren Erkundung stellt Vroni fest, dass es im gesamten Haus extrem „modrig" riecht und sich Schimmelbefall schon nahezu überall breit gemacht hat. Damit wurde mit „A – Atemgifte" eine weitere Gefahr offensichtlich, gefolgt von der Ansage an die Mannschaft, bei den Arbeiten im Haus eine FFP-2-Maske zu tragen. Auch wenn das Wasser mittlerweile nicht mehr läuft, sollte vor dem Abpumpen des randvollen Kellers der Strom ab- und der Wasserhaupthahn zugedreht werden. Zu diesem Zweck wird die Erkundung weiter auf den Garten, die Garage und umliegende Gebäude ausgedehnt. Die Erkenntnisse sind aus zwei Gründen in höchstem Maße alarmierend: Erstens steigt aus einem der ebenfalls vollgelaufenen Lichtschächte weißer Rauch aus dem Wasser auf, was urplötzlich die Gefahr „A – Ausbreitung" aktiviert. Zweitens besteht der Keller aus zwei durch eine massive Wand getrennten unabhängigen Einheiten mit jeweils eigenem Zugang und einem Fehlboden als Decke, was eben mal schnell die Gefahr „E – Einsturz" mit ins Spiel bringt. Völlig ungläubig stehen Andi und Vroni vor dem rauchenden Lichtschacht und beschließen ihren Telefonjoker „Daniel" zu aktivieren. Dieser ist sich nach einer kurzen Beschreibung der Lage schnell sicher: „Da ist Strom im Spiel! Ich mache mich sofort auf den Weg!" Vroni und Andi nutzen die Zeit bis zu Daniels Eintreffen, um sich ein genaueres Bild vom Bereich „Strom" zu machen: Alle Zuleitungen, Verteilungen, etc. für die Stromversorgung des Hauses scheinen im Keller zu liegen und sind damit erstmal unerreichbar. Zudem gibt es eine großzügige PV-Anlage mit Solarpanelen auf dem Haus- und Garagendach. Die entsprechenden Zuleitungen können die beiden am Dachboden auch schnell orten. Was sie von außen allerdings nicht erkennen können, ist, ob die Anlage nach wie vor in Betrieb ist und Strom produziert und ins Haus einspeist. Die Messung der Leitung ist eine der ersten Aktionen, die Daniel nach seinem Eintreffen übernimmt und deren Funktionstüchtigkeit wenig später auch bestätigt. Auf seine Anweisung hin wird auch der Betreiber des Stromnetzes kontaktiert und zum Einsatzort bestellt, mit dem Ziel das Haus vom Netz zu nehmen. Die Eigentümerin des Hauses wird ebenfalls losgeschickt, um in der Zwischenzeit die Dokumentation der Solaranlage zu besorgen. Nach deren Sichtung versucht Andi den Installationsbetrieb der Anlage zu kontaktieren, hört aber nur ein „Kein Anschluss unter dieser Nummer" aus dem Telefon. „Mittlerweile dachte ich, ich bin hier im falschen Film" kommentiert Vroni heute rückblickend die Situation. Die Vertreterin des Netzbetreibers, die ca. eine Stunde nach ihrer Anforderung eintraf, bestätigte ebenfalls, dass die PV-Anlage aktiv ist und Strom ins Netz einspeist und machte sich an deren Abschaltung. Weil der Installateur der PV-Anlage auch nach ausgedehnter Internetrecherche nicht auffindbar war und auch sämtliche lokale Anbieter aufgrund des anstehenden Wochenendes nicht erreichbar waren, brachte Andi kurzerhand einen Privatkontakt ins Spiel, der bei ihm zu Hause kürzlich eine ähnliche Anlage installiert hatte. Dieser Kontakt war erreichbar und versprach ebenfalls schnell zur Einsatzstelle zu kommen. Dort angekommen, war er sich, nach kurzer Sichtung der Dokumentation, sicher, dass er die Panels von der Stromversorgung trennen konnte – allerdings nur, wenn diese keinen Strom produzieren. Kein leichtes Unterfangen an einem strahlenden Sonnentag. Weil man nicht bis zum Einbruch der Dunkelheit warten wollte, um die Anlage an der Stromerzeugung zu hindern, wurde kurzerhand entschieden, Panel für Panel mit einer Abdeckplane „arbeitslos" zu machen (Abb. 4.11).

Abb. 4.11 Abdeckung der Solarpanels (FFH)

Und rund eine Stunde später konnte der Keller „stromfrei" gemessen und mit dem Abpumpen begonnen werden. Um die Gefahr „E – Einsturz" gar nicht erst aufkommen zu lassen, wurden zwei Entwässerungspumpen parallel eingesetzt und die beiden Kellerräume gleichmäßig ausgepumpt. Als die Kellerräume ein paar Stunden später schließlich frei zugänglich waren, wurde einer unserer Kollegen, David, genannt „Bubu" zur weiteren Sichtung in den Keller geschickt. Der kehrte allerdings wenig später unverrichteter Dinge zurück und ließ seine Kollegen wissen: „Das ist so krass heiß da unten. Ein türkisches Dampfbad ist ein Vergnügen dagegen!" Kurze Zeit später unternahm er einen neuen Versuch, diesmal allerdings in völlig ungewöhnlicher Montur: In Wathose mit angelegtem Atemschutz. Und auch dieser Plan ging auf. So ausgerüstet könnte der Keller schließlich gelüftet, auf Normaltemperatur runtergekühlt und für alle zugänglich gemacht werden. Nach der Versiegelung des Hausanschlusses und den entsprechenden Aufräumarbeiten konnte die Einsatzstelle schließlich an die Eigentümerin übergeben und das „Einsatzende Feuerwehr" an die Leitstelle kommuniziert werden. „Definitiv ein THL 1 – Einsatz, an den ich mich bis an mein Lebensende erinnern werde", resümiert Vroni nach fast sechs Stunden im Einsatz.

Praxisbeispiel 4

Auch wenn Brandrat Christian Rieck auf seinem Weg zum Einsatzort in der Hard-straße in Fürth am frühen Abend des 8. Februar 2022 schon einen weithin sicht-baren Flammenschein wahrnehmen konnte, dürfte er wohl kaum vermutet haben, was ihn tatsächlich am Einsatzort erwarten würde. Alarmiert wurde er, neben einem erweiterten Löschzug der Berufswehr Fürth und der Freiwilligen Feuerwehr Fürth-Stadtmitte, dem Roten Kreuz und der Polizei auf einen „bren-nenden LKW". Tatsächlich vorfinden sollte er an diesem Abend eine mindestens 500 m lange Spur der totalen Verwüstung: Eine Vielzahl teilweise schwer be-schädigter Fahrzeuge auf beiden Seiten der Straße, teilweise übereinander lie-gend oder schwer verkeilt, vier davon bereits im Vollbrand; Ein LKW, bestehend aus Zugmaschine und Kofferauflieger, der an einer Hauswand stehend zu bren-nen begann (Abb. 4.12). Unzählige Anwohner, die mit persönlichem Hab und Gut unter den Armen hektisch die angrenzenden Wohnungen verlassen und von einem „explosionsartigem Flammenmeer" auf der Straße sprechen. Zunächst ist die Lage sehr unübersichtlich und eine erste umfangreichere Gefahrenanalyse liefert folgende Ergebnisse:

- *Aufgrund der Brandeinwirkung und enormen Hitzeentwicklung beginnen die Plastikverkleidungen der Fenster an einer Hausfassade zu schmelzen*
- *Völlig unbekannt ist, ob sich in oder schlimmstenfalls sogar unter den bren-nenden Autos Personen befinden*
- *An einem mehrgeschossigem, unter Denkmalschutz stehendem Wohngebäude brennt die*

Abb. 4.12   Eine Schneise der Verwüstung (FW Fürth)

- *Außenfassade und das Feuer droht auf das Innere des Gebäudes über-zugreifen*
- *Zur Beladung des Kofferanhängers des LKWs gibt es keine Informationen*
- *Die Anzahl der Personen, die sich noch in den angrenzenden Wohn- und Geschäftsgebäuden befinden, ist unbekannt*
- *Die aus den Fahrzeugen auslaufenden Betriebsmittel erhöhen die Gefahr an der Einsatzstelle und könnten für Explosionen sorgen*
- *Die zunehmende Flammen- und Rauchentwicklung erschwert zunehmend die Rettungsarbeiten*

In Absprache mit der Polizei und dem USK (= Unterstützungskommando für polizeiliche Sonderlagen) wurde entschieden, als erste Maßnahme den Gefahrenbereich großräumig abzuriegeln, um die Gefährdung weiterer Menschen zu verhindern. Zudem sollen die Gebäude der Straße, die nicht unmittelbar betroffen sind, von Polizisten abgesucht und evakuiert werden.

Zeitgleich beginnen vier Trupps unter Atemschutz mit den Löscharbeiten, während sich weitere Trupps ebenfalls unter Atemschutz in die unmittelbar betroffenen und teilweise schon brennenden Gebäude zur Personensuche begeben. Dieses zeitgleiche Vorgehen ist möglich, weil die Personalstärke dank Unterstützung der freiwilligen Feuerwehr entsprechend hoch ist.

Bei der Suche konnte dann tatsächlich eine Person gefunden und gerettet werden.

Der offenbar unverletzte Fahrer wurde mehr oder weniger zeitglich von Polizisten neben seinem Führerhaus liegend gefunden und vorläufig festgenommen.

Nachdem alle Erkundungen ergeben haben, dass keine Menschen mehr in den beschädigten Fahrzeugen und Gebäuden auffindbar sind, gilt alle Konzentration der Brandbekämpfung. Eine Erkundung des LKWs bringt die erfreuliche Erkenntnis, dass dieser nicht mit Gefahrgut, sondern mit Stahlträgern beladen ist und davon keine größere Gefahr ausgeht.

Dank einer Stärke von mittlerweile sechs Atemschutztrupps gehen die Löscharbeiten sehr schnell voran und nach 20 min ist das Feuer komplett unter Kontrolle.

Erst danach beginnen die umfangreichen Aufräumarbeiten, die eine eigene neue Gefahrenanalyse mit sich bringen und für die nicht mehr ausschließlich die Feuerwehr zuständig ist: Versorgung und Transport der leicht verletzten Personen, Überprüfung der Statik der Wohnhäuser, Außerbetriebnahme der beschädigten Heizungsanalgen, Absicherungen der betroffenen Wohnungen gegen unautorisiertes Eindringen, Reinigung der Kanalisation von eingetretenem Kraftstoff, Spurensicherung am Tatort usw.

Die Ermittlungen ergaben im Übrigen, dass der 50-jährige Fahrer unter Alkoholeinfluss stand und schon im Vorfeld des Ereignisses einen weiteren Unfall mit Fahrerflucht begangen hatte.

Praxisbeispiel 5

Das Intro zu einem von zwei „Einsatzberichten" des Feuerwehrmagazins, Ausgabe 06/2022 liest sich wie die Eröffnungsszene eines Hollywood-Blockbusters mit „Nervenkitzelgarantie":

„Montag, 9. August 2021. Gegen 6:50 Uhr verlässt ein Audi A7 mit hoher Geschwindigkeit die A5. Der Fahrer steuert das Auto auf die Tank- und Rastanlage Gräfenhausen Ost. Ohne die Geschwindigkeit zu verringern, rast die dunkle Limousine direkt auf die äußerste Zapfsäule der Tankstelle für PKW zu. An einem Stützpfeiler der Dachkonstruktion wird der Audi regelrecht zerfetzt. Trümmerteile fliegen bis zu 80 m weit. Die Ermittlungen der Kriminalpolizei ergeben später eine Aufprallgeschwindigkeit von etwa 150 km/h. Die Zapfsäule wird aus der Versenkung gerissen. Auslaufender Kraftstoff entzündet sich sofort. Innerhalb von Sekunden greifen die Flammen auf einen benachbarten Mercedes-Sprinter an der benachbarten Zapfsäule über. […] Um 6:52 Uhr geht der erste Notruf bei der Leitstelle in Darmstadt ein. Zahlreiche folgen in den nächsten Minuten."

Doch es ist kein Kinofilm, sondern Realität und statt in seine Popcorntüte zu greifen, springt der Einsatzleiter des B-Diensts Stephan Pietz auf das Alarmstichwort „Brennt Tankstelle" in seinen Einsatzleitwagen und macht sich auf den Weg zur Unglücksstelle. Schon auf der Anfahrt sieht er eine riesige, schwarze Rauchwolke über der Tankstelle aufsteigen und lässt weitere Einheiten nachalarmieren. Um 7:01 Uhr erreichen Stephan Pietz und der Löschzug der Berufsfeuerwehr Darmstadt die Einsatzstelle, die aussieht, wie nach einem Inferno.

Die Erkundung und Gefahrenanalyse dürften sich, noch bevor es zu irgendwelchen Rettungs- oder Löschmaßnahmen kam, chronologisch etwa wie folgt abgespielt haben:

- *Sind Menschenleben in Gefahr?*
  - *„Der PKW-Fahrer war tot, das war uns zu diesem Zeitpunkt schon klar"[3]*
  - *Der Fahrer des Sprinters war zum Zeitpunkt des Unfalls in der Tankstelle zum Bezahlen*
  - *Der Kassierer befand sich als einziger Mitarbeiter der Tankstelle ebenfalls im Verkaufsraum*
  - *Beide konnten nach dem Unfall durch eine zweite Türe Richtung LKW-Tankstelle fliehen*
  - *Andere Kunden oder Kollegen des Kassierers befanden sich zu dem Zeitpunkt nicht an der Tankstelle*
    - ⇨ *Offensichtlich keine Menschenleben in Gefahr*
- *Kann es zu Explosionen des Kraftstoffs kommen? Wie groß ist die Gefahr der Ausbreitung?*
  - *Kurz nach der Kollision konnte der Kassierer, wie im Notfall-Protokoll vorgesehen, den Not-Aus-Schalter der gesamten Anlage aktivieren und damit mechanisch den Zufluss von weiterem Kraftstoff aus den unterirdischen Depots unterbinden.*
    - ⇨ *Offensichtlich keine Explosionsgefahr und Gefahr einer größeren Ausbreitung*

---

[3] Jan-Erik Hegemann, Feuerwehr-Magazin 6/2022, S. 50.

- *Wie weit ist die Ausbreitung des Feuers schon fortgeschritten? Wie kann sie aufgehalten werden?*
  - *Der PKW und der Transporter stehen im Vollbrand*
  - *Die Flammen haben die Dachkonstruktion erfasst*
    - ⇨ *Die Ausbreitung soll verhindert werden*

In der Folge konzentrieren sich die Einsatzkräfte, nach dem Ausschluss weiterer Gefahren auf die Brandbekämpfung und löschen vermeintlich den Audi, den Sprinter, die betroffene Zapfsäule und das Dach der Tankstelle. Um 7:15 Uhr scheint das Feuer unter Kontrolle und damit alle Gefahren zumindest eingedämmt. Doch der Schein trügt. Die Dachkonstruktion aus Stahllamellen ist komplex und mit den verfügbaren Mitteln der Feuerwehr nahezu undurchdringbar (Abb. 4.13). Ein Öffnen quasi unmöglich. Der Brand weitet sich auf der Dachfläche innerhalb der Dachkonstruktion unaufhörlich aus. Die Einsatzkräfte löschen mittlerweile von allen Seiten und mit einer Löschwasserabgabe, die die Kapazität der verfügbaren Hydranten übersteigt. So wird das Löschwasser knapp und es wird durch weitere nachalarmierte Kräfte ein Löschwasser-Pendel-Verkehr aus einer benachbarten Gemeinde eingerichtet.

Abb. 4.13   Brennende Dachkonstruktion der Tankstelle (FW Darmstadt)

Eine erneute Gefahrenanalyse ergibt mittlerweile eine Gefährdung der Bevölkerung durch die inzwischen intensive Rauchentwicklung. Die Einsatzleitung steuert Radiodurchsagen und Infos über Warnapps zur Warnung der Bevölkerung ein.

Im Rahmen dieser rollierenden Gefahrenanalyse wird auch festgestellt, dass die Einsatzkräfte langsam, aber sicher an ihr Limit geraten und als Gegenmaßnahme durch das Deutsche Rote Kreuz eine Verpflegungsstelle aufgebaut.

Ab 12:30 Uhr trifft dann sukzessive schweres Gerät, vor allem in Form von zwei gewerblichen Baggern, ein, die mit dem Abriss und der dadurch bedingten Öffnung der Stahlkonstruktion die Wende einleiten. Um 16:28 Uhr ist das Feuer schließlich so weit unter Kontrolle, dass die ersten Löschfahrzeuge abrücken und der Pendelverkehr eingestellt werden kann. Nach fast 16 h, um 0:21 Uhr, sind dann auch die letzten Glutnester beseitig und die Einsatzstelle wird an einen privaten Sicherheitsdienst übergeben.

Der Unfall war im Übrigen ein Suizid, wie die Kriminalpolizei später ermittelte. Die Einsatzleiter hatten dies allerdings schon nach Ihrer Lagefeststellung vermutet: „Es mussten vom PKW-Fahrer bewusst zwei gegensätzliche Lenkbewegungen ausgeführt werden, um die Zapfsäule zu treffen. Wäre der Mann durch einen medizinischen Notfall am Steuer zusammengesackt, wäre der PKW dort nicht gelandet."[4]

---

[4] Jan-Erik Hegemann, Feuerwehr-Magazin 6/2022, S. 58.

5

Die perfekte Strategie: Beurteilen, planen und handeln im Business, wie im Einsatz!

Zusammenfassung Nachdem im ersten Schritt des Führungsvorgangs, der Lagefeststellung, im Idealfall alle wesentlichen und objektiven Informationen erfasst und die möglichen Gefahren für Menschen, Tiere und Sachwerte erkannt wurden, beginnt mit der Planungsphase die eigentliche „Denkarbeit" der Führungskräfte: Die gesammelten Informationen müssen nun beurteilt, eine Strategie entwickelt und schließlich ein weitreichender Entschluss getroffen werden. Die Planung kann durchaus als Herzstück des Führungsvorgangs bezeichnet werden. Auch aus diesem Teil des Führungsvorgangs haben die Autoren drei wesentliche Führungsprinzipien abgeleitet, auf die Anwendbarkeit in der freien Wirtschaft übertragen und schließlich mit passenden Praxisbeispielen aus dem Feuerwehralltag belegt.

5.1 Überlegt agieren: Einsatzplanung nach bewährten Feuerwehr-Prinzipien für eine effektive Führung in der Geschäftswelt

Die Kunst der Einsatzplanung nach Feuerwehrvorbild
Folgt man dem Kreislauf des Führungsvorgangs nach FwDV 100 startet nach Abschluss der Lagefeststellung die zweite wichtige Phase, die sogenannte Einsatzplanung, die laut FWDV 100 wie folgt definiert ist:

> „Planung ist die systematische Bewertung von Informationen und Fakten und daraus sich ergebendes Festlegen von Maßnahmen."

© Der/die Autor(en), exklusiv lizenziert an Springer Fachmedien Wiesbaden GmbH, ein Teil von Springer Nature 2024
C. Münch, D. Pleyer, *Führung mit Feuer und Flamme*,
https://doi.org/10.1007/978-3-658-44335-1_5

Mit der Planungsphase beginnt der eigentliche Denkprozess der Führungskraft bzw. Führungskräfte: Die gesammelten Informationen müssen nun beurteilt, eine Strategie entwickelt und schließlich ein weitreichender Entschluss getroffen werden. Diese Phase kann durchaus als „Herzstück" des Führungsvorgangs bezeichnet werden, entscheiden die gefassten Entschlüsse doch maßgeblich über Erfolg oder Misserfolg eines Einsatzes.

Laut Dienstvorschrift besteht diese zweite Phase aus zwei aufeinanderfolgenden Teilbereichen, nämlich der Beurteilung und dem Entschluss, was auch sehr anschaulich aus dem entsprechenden Diagramm der FwDV hervorgeht (Abb. 5.1):

Die Planung ist ein dynamischer Prozess, der kontinuierlich angepasst und aktualisiert wird, um auf veränderte Bedingungen und Entwicklungen während des Einsatzes zu reagieren. Eine gute Planung ermöglicht es, den Einsatz effektiv und effizient zu führen und die Ressourcen optimal einzusetzen.

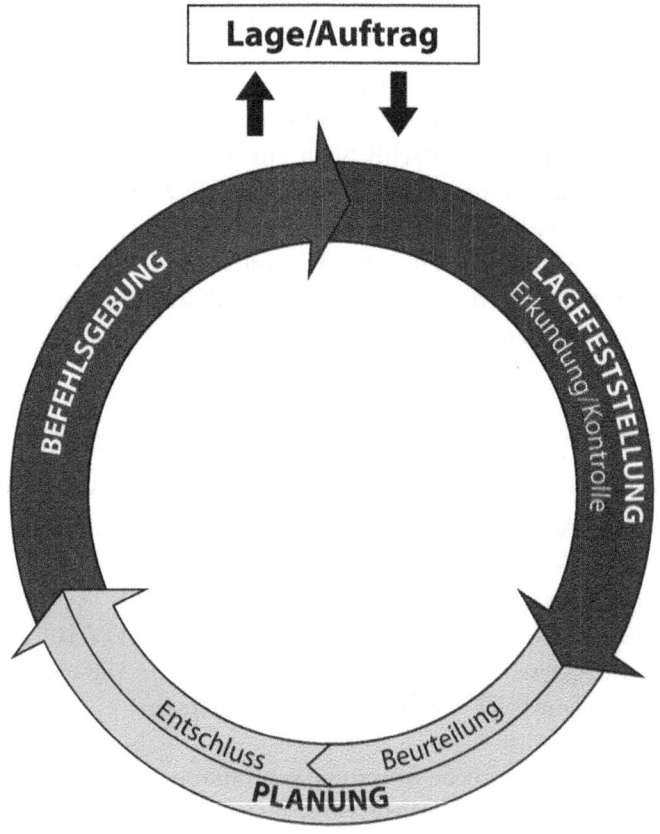

Abb. 5.1 Der Planungsvorgang laut FwDV 100

Wir haben aus der Planungsphase die folgenden drei Führungsprinzipien abgeleitet, die wir in den folgenden Kapiteln gerne vorstellen wollen:

- Führungsprinzip 3 – „Heldenhaft entscheiden: Richtige Beurteilungen auch unter Druck!": Im Rahmen des folgenden Kapitels schauen wir uns die Grundlagen einer guten Einsatzbeurteilung an und übertragen die wichtigsten Erkenntnisse auf Wirtschaftssubjekte
- Führungsprinzip 4 – „Die Feuerwehrtoolbox: Vier taktische Handlungsalternativen für jede Situation!": Um einen erfolgreichen Entschluss zu fassen, ist es von Vorteil, alle möglichen Alternativen zu kennen. Welche Alternativen es laut Theorie und Praxis im Einsatz gibt und was wir uns davon abschauen können, ist der Fokus von Abschn. 5.3
- Führungsprinzip 5 – „Vom Einsatzleiter-Instinkt zum Scrum-Master: Wie richtige Ressourcenplanung dabei hilft, dynamische Zeiten zu meistern.": Im Abschn. 5.4. widmen wir uns dem Thema Ressourcenplanung und welchen Einfluss die eigene Leistungsfähigkeit auf eine gute Entscheidung hat.

5.2 Führungsprinzip 3: „Heldenhaft entscheiden: Richtige Beurteilung auch unter Druck!"

Welche Vorgehensweise uns dabei helfen kann, die eigene Lage glasklar einzuschätzen

Bei einigen unserer Einsätze ist mir aufgefallen, dass sich unsere Führungskräfte nach der Lagefeststellung immer mal wieder einen winzig kurzen Moment nehmen – ich würde schätzen irgendwas zwischen 5–10 s, um dann mit einer klaren Entscheidung und eindeutigen Befehlen an die Mannschaft heranzutreten. In unseren Gesprächen hat mir Daniel dann auch tatsächlich bestätigt, dass er diese kurzen Momente nutzt, um bei „normalen" Einsätzen die Lage zu beurteilen, sich seine Taktik zurechtzulegen und über weitere Maßnahmen zu entscheiden. Mein Ausbilder Andi hat mir in dem Zusammenhang mal die „10 für 10-Regel" erklärt, auf die wir später noch genauer eingehen werden. Bei großen oder komplexen Lagen dauern solche Planungen entsprechend länger, werden auch mal im Team getroffen und nicht ausschließlich in den Köpfen durchdacht, sondern mit entsprechenden Mitteln (Flip-Chart, Magnetboard, etc.) am oder im Einsatzleitwagen „erarbeitet".

Aber lassen Sie uns diesen zweiteiligen Prozess gerne mal etwas genauer ansehen. Da steht am Anfang der Lage die Beurteilung. Diese ist laut FwDV 100 wie folgt definiert:

> „Die Beurteilung ist die Abwägung, wie der Auftrag zur Gefahrenabwehr oder Schadensbeseitigung mit den zur Verfügung stehenden Einsatzkräften und -mitteln unter den Einflüssen von Ort, Zeit und Wetter am besten durchgeführt werden kann."

Glasklar, pragmatisch, zielorientiert: Mit welchen Maßnahmen kann die Gefahr am effektivsten bekämpft und der Schaden beseitigt werden? Entscheiden Sie jetzt. Zur Bedeutung der vorausgegangenen Lagefeststellung heißt es weiter:

> „Die Beurteilung muss auf einer zielgerichteten Auswertung der Informationen aus der Lagefeststellung beruhen. Die Informationen müssen ausgewertet und es muss nach Möglichkeiten der Auftragserfüllung und des lagegerechten Handelns gesucht werden."

An die Beurteilung werden zusätzliche, wesentliche Voraussetzungen geknüpft, die auf der Lagefeststellung aufbauen und im Buch „Einsatztaktik für Führungskräfte" schlüssig aufbereitet werden:

> „Jede Gefahr, die im Rahmen der Erkundung erkannt wurde, ist grundsätzlich im Rahmen der Beurteilung zu betrachten. Es ist zu entscheiden, ob Maßnahmen gegen die Gefahr getroffen, ob die Gefahr mit Blick auf die Gesamtlage vernachlässigt oder deren Bekämpfung zurückstellt wird. Sofern die Bekämpfung einer erkannten Gefahr nicht aufgrund bestimmter Umstände bewusst verworfen, oder zurückgestellt worden ist, muss sie sich in irgendeiner Form auf den zu betreffenden Entschluss auswirken. Der gefasste Entschluss muss sich zu 100 % im Befehl, bzw. in der Lagemeldung wiederfinden."

> „Es können nur Gefahren beurteilt werden, die im Rahmen der Erkundung erkannt worden sind. Hinweise, die den Verdacht auf eine möglicherweise bestehende Gefahr begründen, reichen hierzu nicht aus. Es ist ein Fehler, wenn sich die Führungskraft im Rahmen der Beurteilung gedanklich mit Gefahren oder gefährdeten Objekten auseinandersetzt, obwohl die Erkundung keinerlei Hinweise auf eine solche Gefährdung geliefert hat. Sofern keine Gefahren für Menschen erkannt sind, gibt es keinen Grund und keine Rechtfertigung Maßnahmen zum Thema „Menschenrettung" in der Planung, im Entschluss, oder im Befehl zu thematisieren."

„Alle Lösungsansätze müssen auf Erkenntnissen aufbauen, die im Rahmen der Erkundung gewonnen wurden. Eine Einsatzplanung, die den Einsatz von drei Trupps unter Atemschutz (Anmerkung der Autoren: Dafür sind sechs Atemschutzgeräte erforderlich) vorsieht, ist fehlerhaft, wenn aktuell nur vier Atemschutzgeräte zur Verfügung stehen"

Die richtige bzw. fehlerhafte Beurteilung wird sehr plakativ und nachvollziehbar in den folgenden Abbildungen dargestellt (Abb. 5.2, 5.3, 5.4 und 5.5):

Um die Relevanz dieser Vorgänge im Rahmen der Beurteilung von Schadensereignissen für eine Beurteilung von Ausschreibungen, Anfragen oder anstehenden Projekten für unser Business herauszustellen, muss ich gar nicht viele Worte verlieren, sondern lediglich einige Begrifflichkeiten und Symbole in dem Diagramm austauschen (Abb. 5.6):

Und auch in unserem Business ist es unerlässlich, dass wir jeden Aspekt, den eine „Erkundung" ergeben hat, bei der Beurteilung berücksichtigen, egal, wie geringfügig er auch erscheinen mag, wenn wir das Gesamtergebnis nicht gefährden wollen. Dazu zwei einfache Beispiele aus der Planworx-Historie;

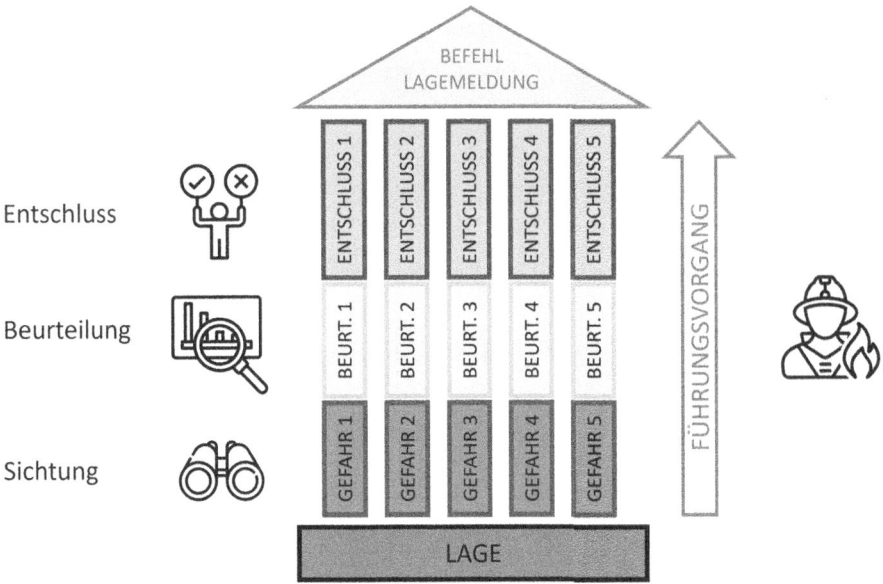

Richtiger Ablauf: Alle gesichteten Gefahren werden beurteilt und fließen in den Entschluss ein!

Abb. 5.2 Richtiger Ablauf von Erkundung & Beurteilung (Privat)

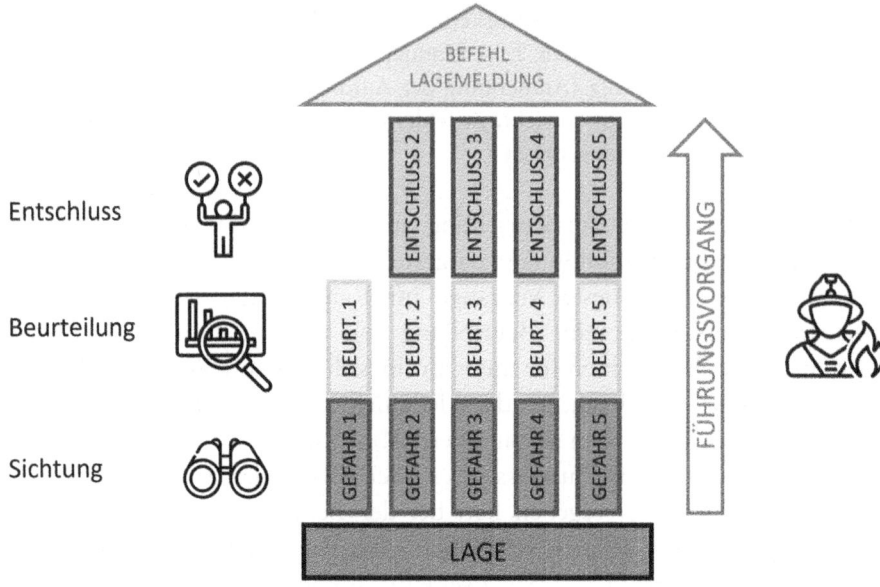

Ablauf mit Rückstellung: Alle gesichteten Gefahren werden beurteilt, bis auf eine. Solange dies mit Absicht (z.B. mangelnde Ressourcen) geschieht und die Gefahr zu einem späteren Zeitpunkt beurteilt wird, ist das problemlos möglich.

Abb. 5.3 Ablauf von Erkundung und Beurteilung mit Zurückstellung (Privat)

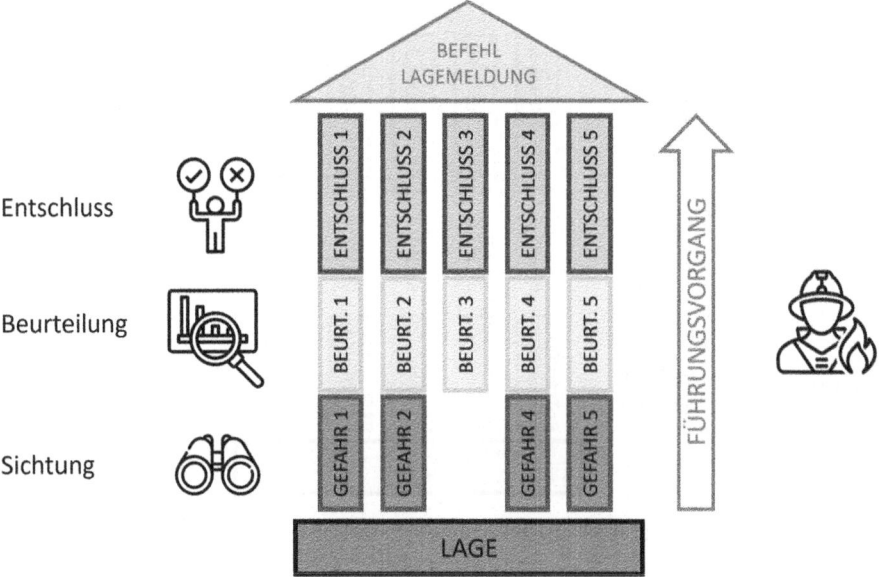

Falscher Ablauf: In diesem Fall wird eine Gefahr beurteilt, die gar nicht gesichtet wurde (vgl. Beispiel Planworx)

Abb. 5.4 Falscher Ablauf von Erkundung & Beurteilung I (Privat)

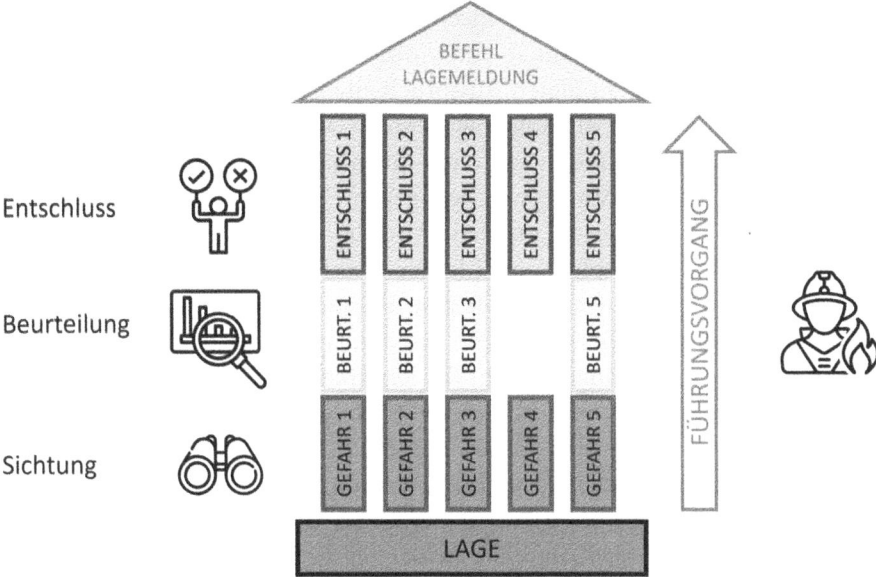

Falscher Ablauf 2: In diesem Fall wird eine erkundete Gefahr nicht weiter beurteilt.

Abb. 5.5 Falscher Ablauf von Erkundung & Beurteilung II (Privat)

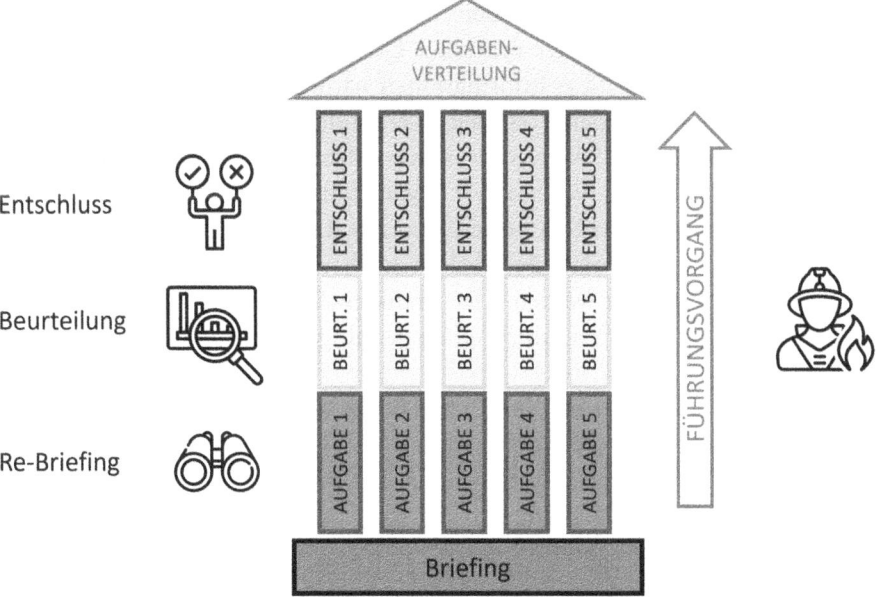

Abb. 5.6 Ablauf von Erkundung und Beurteilung im Business (Privat)

Beispiel 1: „Wir haben so gute Ideen und sind so kreativ, da werden die Entscheider doch nicht auf so ein winziges Detail Wert legen". Ich kann mich noch sehr gut an diesen Ausspruch einer Kollegin im Rahmen einer Ausschreibung erinnern. Angefragt wurden wir von einem ausländischen Automobilhersteller und es sollte um einen mehrjährigen Rahmenvertrag für alle Events der Marke weltweit gehen. Großes Business. Eigentlich passte die Anfrage ideal zu unserem Portfolio. Neben der Konzeption und Präsentation von Beispielevents (der kreative Part) wurden auch viele weitere Informationen abgefragt, wie zum Beispiel Größe und Besetzung des Teams, unsere Arbeitsweise, die Projektplanung usw. Und unzählige Referenzen wurden eingefordert. Wir konnten alles bedienen, alles liefern. Fast alles – die Referenzen für eine bestimmte Nische hat uns einfach gefehlt. Und wir haben die „Gefahr" ignoriert und nicht weiter betrachtet und trotzdem abgegeben. Das Ende war absehbar, die Begründung eine schallende Ohrfeige: „Wir waren begeistert von Ihrer Markenkenntnis, Ihren Ideen und Ihrer Kreativität. Leider hat die Referenz XYZ gefehlt und wir können Sie daher aus Wettbewerbsgründen im weiteren Prozess nicht berücksichtigen."

Beispiel 2: Für ein großes Unternehmen aus dem IT-Sektor dürfen wir schon seit vielen Jahren deren Sommerfest für 2500 Personen organisieren. Bei der Anmeldung fragen wir immer auch Allergene, Unverträglichkeiten etc. So auch in diesem Fall. Neben den „üblichen Verdächtigen" hatten wir eine Rückmeldung eines Gastes mit einer Unverträglichkeit gegen bestimmte Kräuter. Wir geben diese Informationen natürlich an den Caterer weiter. Dummerweise ignorierte er diese erkundete „Gefahr", erachtet die Eintrittswahrscheinlichkeit, dass seine Köche genau diese Kräuter benutzten, für zu gering. Es kam, wie es wohl kommen musste: Der weibliche Gast bediente sich am Salatbuffet, kam mit den entsprechenden Kräutern in Kontakt, reagierte allergisch, bekam höchste Atemnot und musste dringend ärztlich versorgt werden. Der Krankenwagen fuhr mit lautem Getöse vor und das Sommerfest erhielt einen gewaltigen Dämpfer.

Den Kunden haben wir zum Glück noch heute, aber den Caterer mussten wir aus unserem Lieferantenpool nehmen.

Auch für den Fall, dass Gefahren, die bei keiner Erkundung festgestellt wurden, in die Beurteilung eingeflossen sind, habe ich viele Beispiele – hier zwei exemplarische ausgewählt:

Beispiel 1: Für uns sehr überraschend wurden wir zur Ausschreibung für eine der größten und bekanntesten IT-Veranstaltungen in Deutschland eingeladen. Überraschend deswegen, weil die Agentur, die seinerzeit das Konzept dafür entwickelt hat, die Veranstaltung seit Jahren sehr erfolgreich betreut und umsetzt und quasi mit dem Event in einem Atemzug genannt wird. Obwohl unsere „Erkundung" keinerlei Hinweise darauf ergab, sahen wir die Gefahr, dass das Projekt auf Drängen der Einkaufsabteilung nach so vielen Jahren ausgeschrieben werden musste und man eigentlich gar keine neue Agentur sucht. Wir beurteilten die Gefahr so hoch, dass wir unsere Teilnahme absagten. Dumm gelaufen. Ein paar Wochen später erfuhren wir, dass die bisherige Agentur sich komplett zurückgezogen hat und das Projekt deswegen neu ausgeschrieben wurde.

Beispiel 2: Im Jahr 2010 brach der Vulkan Eyjafjallajökulls inmitten des gleichnamigen Gletschers rund 130 km südöstlich von Reykjavik mit heftigster Naturgewalt aus. Die darauffolgende kilometerhohe Aschewolke legte über mehrere Tage den internationalen Flugverkehr lahm und brachte sogar die Reisepläne unserer damaligen Kanzlerin massiv durcheinander: Frau Merkel konnte von einer Amerika-Reise nur über Umwege via Portugal und Rom und in einem Bus voller Journalisten ins Kanzleramt zurückreisen. Und natürlich sorgte der Ausbruch auch für einen nahezu kompletten Stillstand der Eventindustrie. Der Vulkan beruhigte sich schnell wieder und es kehrte wieder Normalität ein im Eventgeschäft. Eigentlich. Tatsächlich „erkundeten" einige unserer Kunden auch ein, zwei Jahre später noch den möglichen Ausbruch eines anderen Vulkans und ließen diese Tatsache in die Beurteilung bei Locationrecherche und -auswahl einfließen, oder ließen seitenweise Backuppläne für den Fall eines weiteren vergleichbaren Naturereignisses erarbeiten – die bis heute unbenutzt in den Schubladen liegen ....

Unabhängig von der Anwendung im Tagesgeschäft kann es bei Wirtschaftssubjekten zu speziellen Situationen kommen, wo es durchaus sinnvoll sein kann, auf Feuerwehrprinzipien bei der Beurteilung zurückzugreifen. Dazu einige Beispiele:

Marktanalyse Eine Marktanalyse in der Wirtschaft kann als Entsprechung zur Lagebeurteilung dienen. Es werden Informationen über den aktuellen Markt, Wettbewerber, Kundenverhalten, Trends und Chancen gesammelt und analysiert, um die aktuelle Lage des Unternehmens im Marktumfeld zu bewerten und darauf basierend Entscheidungen zu treffen.

Unternehmensanalyse Ähnlich wie bei der Erkundung in der Feuerwehr, bei der Informationen über das Einsatzobjekt gesammelt werden, kann eine

Unternehmensanalyse in der Wirtschaft Informationen über die internen Ressourcen, Prozesse, Stärken, Schwächen und Potenziale eines Unternehmens sammeln, um die aktuelle Lage des Unternehmens zu bewerten und Entscheidungen zu treffen.

Risikobewertung In der Feuerwehr werden Risiken und Gefahren bewertet, um geeignete Maßnahmen zu ergreifen. In der freien Wirtschaft kann eine Risikobewertung helfen, potenzielle Risiken und Herausforderungen für ein Unternehmen zu identifizieren und entsprechende Maßnahmen zu ergreifen, um Risiken zu minimieren oder Chancen zu nutzen.

Krisenmanagement Das Krisenmanagement in der Feuerwehr beinhaltet die Bewältigung von Notfällen und kritischen Situationen. In der freien Wirtschaft kann ein ähnlicher Ansatz angewendet werden, um auf unvorhergesehene Ereignisse oder Krisen zu reagieren und entsprechende Maßnahmen zu ergreifen, um die Auswirkungen zu minimieren und die Situation zu bewältigen.

Bevor wir auf passende, erfolgreiche Praxisbeispiele aus Einsatzberichten eingehen, möchte ich Ihnen noch, wie oben versprochen, die „10 für 10 Regel" vorstellen, die mir mein Ausbilder Andi mal erklärt hat und die ich seitdem sehr häufig anwende. Ausgeschrieben lautet die Regel übrigens „10 s nachdenken, 10 min gewinnen".

Es handelt sich dabei um eine Faustregel, die oft in der Feuerwehr und anderen Einsatzorganisationen verwendet wird, um die Wirkung einer schnellen, aber dennoch überlegten Entscheidungsfindung zu betonen.

Die Regel bedeutet, dass eine kurze Pause für eine schnelle, aber bewusste Lagebeurteilung und Entscheidungsfindung am Anfang eines Einsatzes oder einer Krisensituation dazu beitragen kann, Zeit zu gewinnen und letztendlich effizienter und effektiver zu handeln. Es ist wichtig, nicht impulsiv zu handeln, sondern einen Moment innezuhalten, um die Situation zu erfassen, relevante Informationen zu sammeln und eine fundierte Entscheidung zu treffen, bevor gehandelt wird.

Die Regel unterstreicht die Bedeutung von Besonnenheit, Überlegung und professioneller Einschätzung in stressigen Situationen, um Fehlentscheidungen oder überhastete Handlungen zu vermeiden, die zu weiteren Problemen oder unnötigen Verzögerungen führen können. Durch eine kurze Pause für eine bewusste Lagebeurteilung können wertvolle Minuten eingespart werden, um die Situation effektiv zu bewältigen. Und glauben Sie mir, das gilt nicht nur für Feuerwehren und Rettungskräfte.

Praxisbeispiel 6

Das erste Praxisbeispiel für dieses Führungsprinzip liefert mir Pascal, besser bekannt als „Bommel" – ja, genau der aus der 1. Staffel von „7 vs. Wild". Wir haben uns vor etwas mehr als zwei Jahren im Internet kennengelernt. Also, eher ich ihn. Er ist, wenn man so will, einer der Influencer unter den Feuerwehrleuten in Deutschland. Ich werde von Kollegen auf sein Profil aufmerksam gemacht. „Hey, hast Du den Post vom Bommel gestern gesehen? So cool!" bekomme ich öfters zu hören, bis ich irgendwann mal zurückfrage: „Mark van Bommel? Ist der nicht irgendwo Trainer in den Niederlanden?" – „Nein, nicht der. Der „Feuerwehr-Bommel!"" Ah, der! Ja, klar! Ok, ich glaub, ich muss mal nachsehen. Schnell finde ich den Kollegen auch auf Instagram und folge ihm seitdem. Ich mag seine Posts und Stories, vermutlich wegen seiner Bodenständigkeit und seinem trockenen Humor, aber richtig beindruckt mich sein Umgang mit den Krawallen gegen die Feuerwehr in der Silvesternacht 2022. Als das Buch hier Formen annimmt, ist uns schnell klar, dass ein oder zwei Beispiele von ihm eine echte Bereicherung wären. Also nehmen wir Kontakt auf und schon in der ersten gemeinsamen Videokonferenz Herrsching-Berlin sagt er zu. Sehr cool. Check.

Pascal ist auch ein „Jugendsünder". Eine Freundin seiner Mutter nimmt ihn im Alter von 10 Jahren mit zur Jugendfeuerwehr seiner Heimatgemeinde Bitterfeld-Wolfen und er ist sofort angefixt. Dort kann er auch sofort anfangen, weil das Mindestalter in Sachsen-Anhalt bei 10 Jahren liegt und nicht wie in Bayern bei 12. Wenn das mal Daniel, Juli oder Andi gewusst hätten. Bei der Jugendfeuerwehr „nimmer er alles mit was geht", wie er mir heute erzählt: Jugendpokal, Spiel ohne Grenzen, etc., und wird so langsam an die Aufgaben der Erwachsenen herangeführt. Mit 18 startet er dann als ehrenamtlicher Feuerwehrmann voll durch. Als ich ihn frage, welche Ausbildungen er alle absolviert hat, rattert er los, dass ich mit dem Schreiben kaum hinterherkomme: Natürlich Atemschutzgeräteträger, Maschinist, Gruppenführer, Zugführer, diverse Sonderausbildungen unter anderem im Bereich der Stabsarbeit „S5" als Fachberater für Presse- und Medienarbeit und die für den Standort sehr wichtige „CBRN" Qualifikation (chemische, biologische, radioaktive, oder nukleare Gefahren). „Das liegt daran, dass es dort so viele chemische Betriebe gibt, dass es eigentlich 16 (!) Werksfeuerwehren geben müsste, würden die das nicht an private Wehren auslagern" erzählt mir Pascal in einem Nebensatz.

In dem Einsatzbeispiel, das er mit mir teilt, hätte er allerdings besser eine MANV (Massenanfall von Verletzten) gebrauchen können. Das Unglück ereignet sich in der Nacht vom 12. auf den 13. Februar. In der Nacht schneit es immer wieder heftig und die Straßen sind teilweise spiegelglatt. Bei der Freiwilligen Feuerwehr Bitterfeld-Wolfen geht kurz nach 1 Uhr ein Alarm ein: Offenbar ist es zu einem Busunfall auf der A9 gekommen und die Feuerwehr Bitterfeld Wolfen soll die örtlich zuständige Berufsfeuerwehr Dessau vor allem mit Manpower bei dem zu erwartenden MANF unterstützen. Pascal ist einer der Ersten am Gerätehaus und rückt mit einem HLF als Gruppenführer aus. Gerade als das HLF auf die Autobahnauffahrt Richtung Dessau abbiegen will, geht der Funkspruch ein, dass der Unglücksort nicht Richtung Dessau, sondern in Richtung Leipzig liegt, etwa nur einen Kilometer von der Auffahrt entfernt. „In dem Moment war mir klar, dass wir die Ersteintreffenden am Unfallort sein würden."

*Durch die perfekt gebildete Rettungsgasse bahnen wir uns also unseren Weg."
mit diesen Worten nimmt Pascal mich mit zurück in diese Nacht. „Das meinst Du
ironisch, oder? Das mit der Rettungsgasse, oder?" entgegne ich. „Nein, die war
wirklich perfekt und ließ uns schnell vorankommen. Ich glaube die war zwar auf
der falschen Spur, aber das war mir in dem Moment egal, denn wir nährten uns
dem Unfallort. Das Erste, was ich dann sah, war die Unterseite eines richtig großen Busses, der auf der Seite liegend auf der betonierten Mittelleitplanke entlang geschlittert war und dort an einer Schilderbrücke jäh gestoppt wurde. Das
Nächste, was mir auffiel waren die vielen Menschen, die auf der Autobahn
umherirrten. Auf den ersten Blick war es unmöglich zu erkennen, wer hier Erst-
helfer oder Betroffener ist. Das war erstmal Chaos". Pascal ist sich zunächst unsicher, wo er und seine Mannschaft am besten anfangen sollen: Die umherirrenden Menschen beruhigen, sammeln, versorgen und Schlimmeres verhindern, oder sehen was und wer im Bus noch zu retten ist. Daher ist er erstmal
erleichtert, dass nur Sekunden später die besagte Berufsfeuerwehr aus Dessau
eintrifft und er die enorme Verantwortung der Einsatzleitung gleich wieder los
ist. Doch da sollte er falschen liegen: „Das ist Euer Zuständigkeitsbereich. Du
hast hier die Einsatzleitung". Nachdem das geklärt ist, läuft die Zusammenarbeit dann nahezu perfekt. Nahezu blind ist man sich einig, dass Bitterfeld-Wolfen die immer noch wild umherirrenden Menschen versorgt und sich
Dessau um die, wie mittlerweile bekannt, drei eingeklemmten Personen im Bus
kümmert – man bildet also zwei Einsatzabschnitte. Ein dritter Einsatzabschnitt
kommt wenig später hinzu, als der Wehrleiter von Bitterfeld-Wolfen eintrifft:
„Das wäre der Moment gewesen, in dem ich die Verantwortung dann wirklich
hätte abgeben können. Aber in dem Moment kam mir der geniale Gedanke,
dass uns der Wehrleiter und ausgebildeter Organisationsleiter Rettungsdienst
als Leiter eines dritten Einsatzabschnitts „Patientenversorgung" viel mehr
nützt." Gesagt, getan. Nun kann sich Pascal mit seinem Team endlich um das
Einsammeln der Unfallopfer kümmern. Dabei wird ihnen immer wieder zugetragen, dass so viele Kinder in dem Bus waren und sich jemand um diese Kinder kümmern muss. „Ich habe aber keine Kinder gesehen, nur viele Spuren von
Kindern im Schnee", erzählt mir Pascal. Die Verzweiflung und Ratlosigkeit kann
ich dabei heute noch in seiner Stimme spüren. Er fordert einen in Magdeburg
stationierten Polizeihubschrauber zur Unterstützung an und erklärt mir die
Maßnahme: „Wenn Du so wenig Manpower vor Ort hast, musst Du kreativ werden und alles irgendwie auslagern, was Du delegieren kannst." Die Suche nach
den Kindern treibt Pascals Kameraden in die perfekt gebildete Rettungsgasse
und sie sehen einen Großteil der Kinder … links und rechts in den warmen
Autos sitzen werden sie trotz Sprachbarrieren, der Reisebus kam aus Dänemark,
wie sich später herausstellen sollte, von den Passanten versorgt und betreut:
„Da krieg ich heute noch Gänsehaut! Das war so ein Gefühl von Solidarität und
Gemeinschaft. Unbeschreiblich." Pascal beschließt, die Kinder erstmal auch da
zu belassen und auch das Thema erstmal outzusourcen. Kurze Zeit später erfährt er von einem weiteren Akt der Solidarität: Ein Hotel in der Nähe hat sich
angeboten, alle Unfallbeteiligten aufzunehmen. Stunden später ist der Einsatz
abgearbeitet: 66 Insassen des Busses konnten dank des schnellen Eingreifens
und der perfekten Arbeitsteilung von Pascal und seinen Kameraden gerettet,
versorgt und betreut werden. Für die drei eingeklemmten Personen im Bus kam*

Abb. 5.7 Verunglückter Bus auf der A9

leider jede Hilfe zu spät. Ganz bescheiden denkt Pascal auch in diesen Momenten an seine Kameraden: „Ich erkläre den Jungs dann immer: Wir sind nicht verantwortlich für das, was wir da vorfinden. Wir haben die Ausgangssituation nicht verursacht. Wir kennen die Menschen nicht einmal. Aber wir werden immer unser Möglichstes tun, um denen zu helfen, denen noch zu helfen ist. Das ist das, wozu wir gerufen werden und bereit sind, einzustehen, jederzeit" (Abb. 5.7).

Praxisbeispiel 7

Mit dem Einsatzstichwort „TH2-Y", was für einen „Verkehrsunfall mit Beteiligung von LKW und Menschenleben in Gefahr" steht, wurde am 27. April 2022 die FF Leversen/Sieversen, die FF Tötensen und ein Fahrzeug der Feuerwehr Raden, neben vier Rettungswagen, einem Notarzteinsatzfahrzeug und einem Rettungshubschrauber alarmiert. Was war passiert? Infolge einer Großbaustelle auf der A7 hatte sich im Laufe des Vormittags auch ein Stau auf der A261 in Fahrtrichtung Hamburg entwickelt. Der Fahrer eines Autotransporters, der mit sechs neuen Elektroautos beladen war, übersieht das Stauende und fährt ungebremst auf den vor ihm stehenden Sattelzug auf. Der Aufprall ist so stark, dass das gesamte Führerhaus mehr oder weniger komplett in den Aufbau des vorderen LKWs hineingeschoben und der vor-

dere LKW selbst auf den davorstehenden Sattelschlepper aufgeschoben wurde. Eine umfangreiche Sichtung und Gefahrenanalyse liefern folgende Ergebnisse:

- Der Fahrer des letzten LKWs, also der Unfallverursacher, ist massiv eingeklemmt und schwer verletzt
- Der Fahrer des mittleren LKWs hat ebenfalls schwere Verletzungen erlitten, ist aber nicht eingeklemmt
- Die Fahrerin des vordersten LKWs ist nur sehr leicht verletzt
- Der Hund er Fahrerin, der mit in der Kabine war, ist unverletzt
- Zwei der Elektor-Neuwagen sind in den Auflieger des mittleren Sattelschleppers katapultiert worden
- Dieselkraftstoff, Motoröl und Kühlflüssigkeit waren an mehreren Stellen ausgetreten
- Neben dem mittleren LKW lag zudem „weißes Pulver" auf der Fahrbahn
- Der vordere LKW hatte Gefahrgut in geringen Mengen geladen, die nicht kennzeichnungspflichtig waren. Es handelte sich dabei um Natriumhydroxidlösungen, Chlortabletten und Weichspüler. Mehrere Verpackungen waren durch den Unfall undicht geworden und liefen aus
- Die Bergungs- und Rettungsarbeiten dürften mehrere Stunden dauern und die Einsatzkräfte an ihre Leistungsgrenzen bringen

Der Einsatzleiter trifft aufgrund der erfolgten Lagefeststellung und der entsprechenden Beurteilung die Einleitung folgender Maßnahmen:

- Mehrere Trupps werden abgestellt, um sich mit Hilfe von technischem Gerät Zugang zu dem eingeklemmten Fahrer zu verschaffen
- Weitere Trupps kümmern sich um die Bergung der beschädigten Elektrofahrzeuge
- Der Fahrer des mittleren LKWs und die Fahrerin des vordersten LKWs werden erstversorgt und dann zum Weitertransport an den Rettungsdienst übergeben
- Der Hund der Fahrerin wird an eine Polizeistaffel weitergegeben, die für den Umgang mit Tieren speziell ausgebildet ist
- Die ausgetretenen Betriebsstoffe werden mit Bindemitteln bestreut und anschließend zur Entsorgung aufgekehrt
- Zur Beseitigung des ausgetretenen Gefahrguts werden Spezialkräfte (Gerätewagen Gefahrgut) nachalarmiert
- Zur Versorgung der Einsatzkräfte wird eine der Versorgungskomponenten der Berufsfeuerwehr Hamburg (Gerätewagen Versorgung) nachalarmiert, die auch mobile Toiletten mit zur Einsatzstelle bringen

So wurden alle gesichtet und alle potenziellen Gefahren bei der Beurteilung berücksichtigt und abgearbeitet. Die Bergung der LKWs und der Elektrofahrzeuge dauerte mehrere Stunden und erst gegen 23:30 Uhr konnte die Unfallstelle an die Polizei übergeben werden (Abb. 5.8).

Abb. 5.8 Unglücksstelle auf der A 261 (FFW Tötensen)

Praxisbeispiel 8

Montag, der 9. Mai 2022 war ein herrlicher, entspannter Frühsommertag in Nürnberg mit Sonnenschein und angekündigten Höchsttemperaturen von 25 Grad – zumindest bis um 13:15 Uhr die Berufsfeuerwehr zu einem Brand in der Nürnberger Innenstadt alarmiert wurde. Mehrere Anrufer haben die 112 gewählt und hatten der integrierten Leitstelle gemeldet, dass auf einer Baustelle in der Grünewaldstrasse ein Feuer ausgebrochen war und Flammen in der kurz vor der Fertigstellung stehenden Kindertagesstätte zu sehen sind. Und tatsächlich war bereits auf der Anfahrt eine hohe Rauchsäule zu sehen. Eine erste Erkundung der Lage und davon ausgehende Gefahrenanalyse brachte folgende Ergebnisse:

- *Bei dem Brandobjekt handelt es sich um eine fast fertig gestellte Kindertageseinrichtung für 10 Gruppen in Holzbauweise. Das komplette Erdgeschoss stand mehr oder weniger im Brand, mindestens zwei Zimmer im Vollbrand. Das Feuer breitete sich über Treppen und geborstene Fenster zunehmend auch ins Obergeschoss aus.*

- *Die Rauchentwicklung war enorm und der Rauch breitete sich in nordwestlicher Richtung aus.*
- *Die benachbarten Gebäude waren sehr eng am Brandobjekt und die Gefahr der Beeinträchtigung dieser Gebäude durch Rauch oder gar überspringendes Feuer war sehr groß.*
- *Die Evakuierung in einem Kindergarten und Kinderhort, der sich südlich angrenzte, war bereits durch die dortigen Angestellten durchgeführt worden und abgeschlossen.*

Alle erkannten Gefahren wurden beurteilt und es wurden folgende Maßnahmen zur Gefahrenabwehr getroffen:

- *Mehrere Trupps wurden von unterschiedlichen Seiten zur Brandbekämpfung im Innenangriff geschickt, eine Drehleiter zum offensiven Löschangriff in Stellung gebracht*
- *Mit Hilfe einer weiteren Drehleiter wurde eine Riegelstellung zu angrenzenden Gebäuden aufgebaut, um einen Überschlag des Feuers zu verhindern*
- *Die angrenzenden Gebäude wurden im Zusammenspiel der Kräfte von Polizei und Feuerwehr evakuiert, anschließend kontrolliert und alle Bewohner auf der gegenüberliegenden Straßenseite registriert*
- *Die Bevölkerung wurde mittels Medien und des Warnsystems Katwarn vor der Rauchentwicklung gewarnt*

Damit wurden alle analysierten Gefahren vorbildlich betrachtet und Befehle zur entsprechenden Gefahrenabwehr erteilt. Neue Sichtungsergebnisse sollten allerdings den erarbeiteten Maßnahmenplan schon wenig später obsolet machen: Die Angriffstrupps im Inneren meldeten, dass die Träger der Stahltragekonstruktion zunehmend zu glühen und anfingen und ggf. einsturzgefährdet waren. Passend dazu ergab die Befragung von Baustellenmitarbeitern, dass sich auf dem Dach zwei Großlüfter mit einem Eigengewicht von jeweils mehreren Tonnen befanden. Weil mittlerweile auch gesichert feststand, dass sich außer den Rettungskräften keine Personen mehr in dem Gebäude befanden, wurde der Innenangriff konsequenterweise aus Sicherheitsgründen abgebrochen und der Fokus auf den Außenangriff gelegt. Anhand dieser lehrbuchartigen Vorgehensweise wird ersichtlich, wie wichtig es ist, den Führungsvorgang immer wieder zu durchlaufen und neue Erkenntnisse zu bewerten und in die Gefahrenanalyse einfließen zu lassen.

Aufgrund der komplexen Baustruktur des Gebäudes und der Notwendigkeit zur Beschränkung auf den Außenangriff konnte auch nach fast 24 h kein nennenswerter Löscherfolg erreicht werden. Um diesen zu gewährleisten, müssten hartnäckige Glutnester im Inneren mit schwerem Gerät durch die Öffnung der Fassade freigelegt werden, was allerdings zur kompletten Zerstörung des Gebäudes führen würde. Bauträger und städtische Bauleitung entschieden sich schließlich zu diesem harten Schritt und fortan unterstützte ein 40-Tonnen-Spezialbagger bei den weiteren Löscharbeiten, die erst nach mehr als 72 h nach dem Ausbruch des Feuers komplett abgeschlossen werden konnten (Abb. 5.9).

Abb. 5.9   Brand in unfertiger Kindertagesstätte in Nürnberg (FW Nürnberg)

5.3   Führungsprinzip 4: Die Feuerwehrtoolbox: Vier taktische Handlungsalternativen für jede Situation!

Wie sich (fast) jede Herausforderung im ersten Schritt auf vier Grundvorhergehensweisen reduzieren lässt

Wir wurden gerufen, wir haben umfangreich gesichtet und analysiert, wir haben potenzielle Gefahren, Chancen und Risiken identifiziert, haben diese beurteilt und sortiert bzw. priorisiert. Nun wird es langsam, aber sicher Zeit, Entscheidungen zu treffen und Maßnahmen einzuleiten. Sowohl im Einsatzgeschehen wie auch in der freien Wirtschaft gibt es oftmals unzählige Möglichkeiten, auf Gefahren oder Herausforderungen zu reagieren. Bevor wir uns aus der Vielzahl an Möglichkeiten auf eine festlegen, ist es meistens sinnvoll, sich für eine grundsätzliche Strategie/Taktik zu entscheiden. So wird es auch Führungskräften der Feuerwehr im „Feuerwehrlehrbuch" empfohlen:

> „Nachdem die Reihenfolge der Bekämpfung der Gefahreneinwirkungen festgelegt wurde, muss für jede einzelne identifizierte Gefahr geklärt werden, mit welchen Maßnahmen die Gefahr für das konkret bedrohte Objekt bestmöglich abgewendet werden kann. Für die gedankliche Sammlung der verschiedenen Möglichkeiten steht leider kein einheitliches Hilfsmittel zur Verfügung, wie es

beispielsweise die Gefahrenmatrix beim Sammeln der Gefahren darstellt. Hilfreich ist jedoch zunächst ein Reduzieren auf vier taktische Grundvorhergehensweisen. Diese Grundvoraussetzungen beziehen sich auf den Ausgangspunkt einer Gefahr, auf deren Gefahrenwirkung und auf das Bedrohte Gut."

Die vier taktischen Handlungsalternativen im Bereich Feuerwehr sind: Angriff, Verteidigung, in Sicherheit bringen oder Zurückziehen/Aufgeben. Anhand eines eingängigen Beispiels werden diese im Feuerwehr-Lehrbuch genauer vorgestellt. Man stelle sich eine Kfz-Werkstatt vor, die in voller Ausdehnung brennt. Gegenüber von der Werkstatt sind PKW auf der Straße geparkt. Das Lehrbuch erläutert die Handlungsalternativen, wie folgt:

> „ANGREIFEN: Bei dieser Grundvorhergehensweise wird die Gefahrenwirkung an ihrem Ausgangspunkt bekämpft. In dem Beispiel wird also die brennende Kraftfahrzeugwerkstatt schnellstmöglich gelöscht. Die Gefahr wird also ihrem Ausgangspunkt „ausgeschaltet". An den PKW (bedrohtes Objekt) werden keine Maßnahmen eingeleitet,
>
> VERTEIDIGEN: Bei dieser Grundvorhergehensweise wird das bedrohte Objekt durch geeignete Maßnahmen vor der Auswirkung der Gefahren geschützt. In dem Beispiel werden die geparkten PKW durch eine Riegelstellung geschützt, An der Kraftfahrzeugwerkstatt selbst werden keine weiteren Maßnahmen eingeleitet.
>
> IN SICHERHEIT BRINGEN: Bei dieser Grundvorhergehensweise wird das bedrohte Objekt aus dem Wirkungsbereich der Gefahr gebracht. In dem Beispiel werden die gefährdeten PKW aus dem unmittelbaren Gefahrenbereich verbracht, sodass der Brand nicht mehr auf sie übergreifen kann.
>
> ZURÜCKZIEHEN/AUFGEBEN: Diese taktische Grundalternative erscheint vielen Einsatzkräften zunächst als undenkbare Alternative. Aber es mag Situationen geben, bei denen nach gründlicher und sachlicher Abwägung keine direkten Aktionen, weder am Ausgangspunkt der Gefahr noch am bedrohten Objekt, möglich sind. Dies kann beispielsweise bei einer hohen Eigengefährdung durch Explosionen, etc. der Fall sein. In dem Beispiel würde ein Übergreifen des Brandes bewusst toleriert werden."

In einem Schaubild dargestellt sieht das Ganze dann wie folgt aus (Abb. 5.10):

Ich muss zugeben, dass das Anwenden und Übertragen dieser grundsätzlichen Handlungsalternativen aufs tägliche Projektgeschäft von Führungskräften in diesem Falle nicht ganz so offensichtlich ist. Und dennoch funktioniert eine entsprechende Ableitung in vielen Fällen ganz gut, wie ich zunächst einmal anhand eines von vielen Beispielen aus der Agenturpraxis erläutern möchte:

In unserer Agenturhistorie haben wir noch nie für Automobilkunden XYZ gearbeitet, obwohl wir die vielen, großartigen Eventprojekte bewundern. Und plötzlich kommt da eine Anfrage ebendieses Zielkunden rein. Ein Großevent

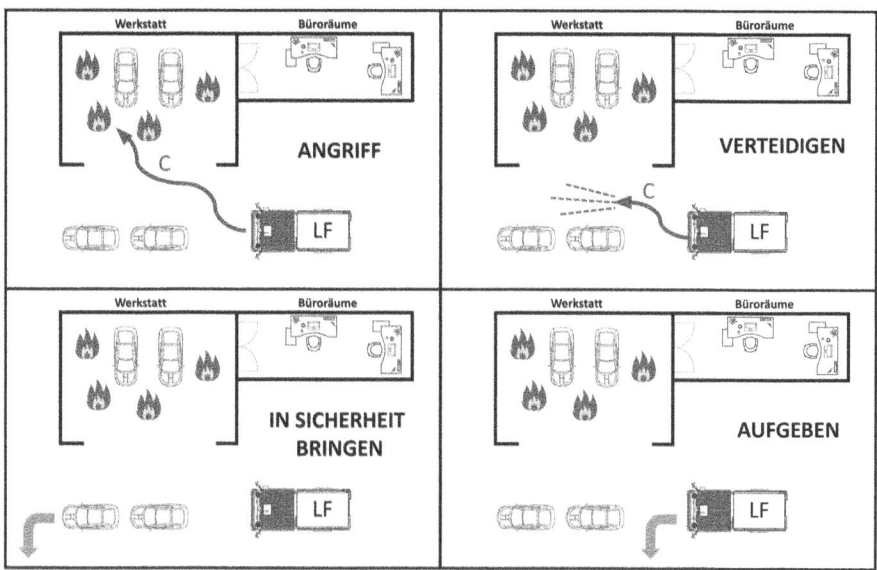

Abb. 5.10 Die Handlungsalternativen der Feuerwehr (Privat)

steht an und der Kunde hat uns ganz bewusst gescoutet und mit einer gewissen Erwartungshaltung in die Bieterliste aufgenommen. Aber die Anforderungen in der Ausschreibung sind immens. Wir müssten mit sofortiger Wirkung ein Projektteam für mindestens die nächsten drei Wochen abstellen. Bei Vollauslastung. Dies könnte erhebliche Auswirkung auf die Projekte unserer Bestandskunden und auf die Moral der Kollegen haben. Lt. „Feuerwehr-Toolbox" ergeben sich folgende Handlungsalternativen:

1. Angriff: Wir wollen den Job unbedingt holen und gehen „all in": Wir stellen das entsprechend große Projektteam zusammen, ziehen Kollegen von laufenden Projekten komplett oder zumindest teilweise ab, buchen Freiberufler dazu, schieben Überstunden und arbeiten auch am Wochenende. Dadurch gefährden wir zwar die Projektqualität der Bestandsprojekte und Gesundheit und Motivation der Kollegen, gehen aber davon aus, dass wir das langfristig wieder gut machen können – mit einem Neukunden mehr auf unserer Referenzwebseite.
2. Verteidigung: Wir wollen den Job, allerdings nicht um jeden Preis. Die Zufriedenheit der Mitarbeiter und der Kunden im Rahmen der aktuellen Projekte hat Vorrang. Daher konzentrieren wir uns zunächst mal darauf und versuchen bei dem potenziellen Neukunden XYZ eine Verlängerung der Abgabefrist zu erreichen. Die Zeit könnten wir dann nutzen, um Kapazitäten umzuschichten, die richtigen Freelancer auszuwählen und ein schlagkräftiges Team für die Ausschreibung aufzustellen.

3. In Sicherheit bringen: Wir konzentrieren uns (erstmal) auf unser Bestandsgeschäft und lassen die aktuelle Ressourcenplanung unangetastet. In der Folge versuchen wir mit einer Partneragentur zu kooperieren, um ggf. dennoch an der Ausschreibung teilnehmen zu können, ohne ins aktuelle Projektgeschäft einzugreifen.
4. Zurückziehen/Aufgeben: Wir schildern unserem Wunschkunden die aktuelle Situation und sagen mit Verweis auf unsere Vollauslastung freundlich, aber eindeutig ab. Die Gefahr, dass der Kunde uns in Zukunft nicht nochmals anfragt, nehmen wir schweren Herzens, aber bewusst in Kauf.

Wie gesagt eines von unzähligen Beispielen aus meinem Arbeitsalltag, bei dem eine grundsätzliche Festlegung der „Einsatztaktik" durchaus Sinn macht. Wir haben uns übrigens für die Variante der Verteidigung entschieden, einen ordentlichen Aufschub der Deadline bekommen und mit einem nahezu komplett externen Team den Auftrag an Land gezogen und einen tollen Kunden gewonnen.

Ausgehend von meinem Praxisbeispiel lassen sich die Alternativen fürs Projektgeschäft weiter verallgemeinern:

1. Angriff: In einem Projekt kann Angriff bedeuten, dass man offensiv auf mögliche Hindernisse oder Probleme zugeht, anstatt passiv auf sie zu warten. Das kann beispielsweise dadurch geschehen, dass man frühzeitig mit Stakeholdern kommuniziert, um mögliche Probleme zu identifizieren und anzugehen.
2. Verteidigung: Verteidigung in einem Projekt kann bedeuten, dass man sich gegenüber unvorhergesehenen Problemen oder Störungen absichert. Das kann zum Beispiel heißen, dass man Sicherheitsmechanismen und Backup-Pläne implementiert, um sicherzustellen, dass das Projekt trotz Hindernissen fortgesetzt werden kann.
3. In Sicherheit bringen: In der Projektarbeit kann „In Sicherheit bringen" bedeuten, dass man sicherstellt, dass das Projektteam und die Stakeholder geschützt sind, z. B. durch die Implementierung von Sicherheitsmaßnahmen oder durch die Umsetzung von Maßnahmen zur Einhaltung von Arbeitsgesetzen.
4. Aufgeben: In einem Projekt kann Aufgeben bedeuten, dass man das Projekt beendet oder zumindest Teile davon abbricht, wenn es nicht mehr möglich ist, die Ziele zu erreichen oder wenn das Projekt nicht mehr wirtschaftlich ist. Es kann auch dazu führen, dass man sich von bestimmten Ideen oder Strategien verabschiedet, die sich als nicht erfolgversprechend herausgestellt haben, um sich auf andere Lösungen zu konzentrieren.

Neben dem alltäglichen Projektgeschäft gibt es auch in der strategischen Unternehmensführung immer wieder Situationen, in denen eine der vier Handlungsalternativen sinnvoll sein kann, um den Erhalt oder das Wachstum des jeweiligen Wirtschaftssubjektes sicherzustellen:

1. Angriff: Ein Unternehmen erschließt aggressiv neue Märkte oder übernimmt Konkurrenten, um seine Position zu stärken. Ein Beispiel hierfür wäre die Übernahme von WhatsApp durch Facebook, um seine Präsenz im Bereich der mobilen Kommunikation zu erweitern.
2. Verteidigung: Ein Unternehmen verteidigt seine Position gegenüber Konkurrenten, indem es seine Produkte oder Dienstleistungen verbessert oder seine Marktposition durch gezielte Marketing- und Werbekampagnen stärkt. Ein Beispiel hierfür wäre, wenn ein Automobilhersteller auf eine aggressive Marketingkampagne seiner Konkurrenten reagiert, indem er seine eigenen Produkte verbessert und stärker bewirbt.
3. In Sicherheit bringen: In der Wirtschaft kann das In-Sicherheit-Bringen bedeuten, dass ein Unternehmen Maßnahmen ergreift, um sich gegen wirtschaftliche Risiken und Unsicherheiten abzusichern. Beispiele hierfür könnten eine Diversifikation der Produktpalette, eine Erhöhung der Liquidität durch den Aufbau von Rücklagen oder die Schaffung von Partnerschaften zur Risikominimierung sein.
4. Aufgeben: Aufgeben kann bedeuten, dass ein Unternehmen sich aus einem Markt zurückzieht oder seine Geschäftstätigkeit einstellt, wenn es nicht mehr wirtschaftlich tragfähig ist, oder wenn es sich auf andere, erfolgversprechendere Märkte konzentrieren möchte. Ein Beispiel hierfür wäre die Entscheidung eines Einzelhändlers, ein unprofitables Geschäft zu schließen und sich auf profitable Geschäftsbereiche zu konzentrieren.

Natürlich sind sowohl im Einsatz wie auch in der freien Wirtschaft Mischformen der genannten Taktikalternativen möglich. Markus Pulm schreibt in seinem Buch „Einsatztaktik für Führungskräfte" dazu: „Nicht selten führt eine gleichzeitige oder zeitlich versetzte Kombination mehrerer Möglichkeiten zum Erfolg. So kann beispielsweise zunächst eine Strategie gefahren werden, mit der das Objekt abgeschirmt wird, um Zeit zu gewinnen und die Lage zu stabilisieren. Parallel oder in einem zweiten Schritt erfolgt der Angriff, mit dem versucht wird, das Objekt aus der Gefahrenzone zu retten oder zu bergen."[1]

---

[1] Markus Pulm, „Einsatztaktik für Führungskräfte", Kohlhammer, 2019, S. 301.

Praxisbeispiel 9

Einige meiner Kameraden in Herrsching haben ihre Begeisterung für das Thema Feuerwehr zum Beruf gemacht und arbeiten Vollzeit bei Berufs- oder Werkfeuerwehren in der Umgebung. Ihre Erfahrungsberichte und die Einblicke in ihre Arbeit sind immer eine große Bereicherung für das Team in Herrsching. Einer davon ist unser 3. Kommandant Robert Echtler, der seit über zwanzig Jahren bei der BF München tätig ist und vor Erfahrung nur so strotzt. Seine Vita, die unglaublich beeindruckend ist, wird im späteren Verlauf des Buches, im Kapitel „Nachsorge" noch genauer thematisiert. Der Kerl kann Unmengen an Geschichten und Fallbeispielen erzählen, aber dieses Einsatzbeispiel hier gehört definitiv zu meinen Favoriten. Der Brand ereignet sich am Abend des 18. Septembers 2008. Robert arbeitet zu der Zeit bei der Feuerwehr- und Rettungswache 3 in München, die bis 2017 auch die Integrierte Leitstelle für München (ILS) beheimatete. Die Kollegen der Leitstelle arbeiteten dort im Schichtdienst mit drei Blöcken: Leitstelle betreuen, Sonderfahrzeuge besetzen, Ruhezeit. An dem Abend des Brandes ist Robert als Fahrzeugführer einer Drehleiter eingeteilt. „Das war eine DL18. Eine kleine, aber sehr wendige Drehleiter, die vor allem in schmaleren Straßen und Gassen Münchens ihre Stärken ausspielen konnte." erzählt mir Robert nicht ohne Stolz. Der Brand, der in einem Dachstuhl in der Clemensstraße ausbricht, ist an sich keine Besonderheit für die BF München. Ich finde dazu tatsächlich noch einen Artikel aus dem Münchner Wochenanzeiger: „Schwabing 120 Feuerwehrleute waren bei einem Dachstuhlbrand am Donnerstagabend, 18. September, in der Clemensstraße im Einsatz. Niemand wurde dabei verletzt. Ein Gast einer Pizzeria hatte starken Rauch auf dem Dach eines sechsgeschossigen Mehrfamilienhauses bemerkt und die Feuerwehr alarmiert. Die Feuerwehr stellte fest, dass die gesamte Dachstuhlkonstruktion unter dem Blechdach in Flammen stand. Der Einsatzleiter forderte für die aufwändigen Löscharbeiten weitere Kräfte an. Im weiteren Verlauf der Löscharbeiten öffneten die Feuerwehrbeamten das blechverkleidete Flachdach und die Dächer der baulich angrenzenden Häuser, um eine Brandausbreitung auf die benachbarten Wohnhäuser zu verhindern. Die Dächer der Gebäude wurden ständig von der Hubrettungsbühne aus kontrolliert und die kräftig aufflammenden Glutnester gelöscht. Nach rund dreieinhalb Stunden Einsatzdauer konnte der Einsatzleiter „Feuer aus!" melden. Die notwendigen Nachlöscharbeiten dauerten bis in die frühen Morgenstunden. Zu keiner Zeit waren die Hausbewohner in Gefahr. Sie konnten alle unverletzt das Gebäude verlassen und waren auf die Straße geflüchtet. Nachdem von der Feuerwehr sichergestellt war, dass sich der Brand nicht weiter ausbreitet, konnten die meisten Hausbewohner wieder in ihre Wohnungen. Ein paar Bewohner mussten jedoch für die Dauer der Löscharbeiten wegen der niedrigen Außentemperaturen in einem Großraumrettungswagen der Feuerwehr untergebracht werden. Vermutlich waren Bauarbeiten der Auslöser für das Feuer. Die Feuerwehr schätzt den entstandenen Sachschaden auf rund 300.000 €." So weit, so normal. Spannend dabei ist allerdings die Einsatztaktik des Einsatzleiters, die nicht in der Zeitung steht. Obwohl mit der Feuerwache 4, eine andere Einheit örtlich zuständig ist, wird Roberts DL 18, wegen der oben thematisierten Flexibilität, für den Einsatz „disponiert". An Ort und Stelle angekommen, treffen Robert und sein Maschinist auf den Einsatzleiter, um sich ihren Befehl abzuholen. Dieser ist kein geringerer als der Oberbranddirektor (Unmengen an Gold auf der Schulter), der seit 2005 die Branddirektion München leitet. Der ist normalerweise im Innendienst zu finden, fährt aber immer wieder aktiv Einsätze, um nicht den Kontakt zur Basis zu ver-

lieren. Was für ein geiler Typ. Gemeinsam stellt man fest, dass die DL 18 für diesen Einsatz keinen Zusatznutzen bietet, wohl aber die Manpower der beiden zusätzlichen Kräfte. Schäuble schickt sie, über das angrenzende Nachbargebäude zur Erkundung aufs Dach, während die Kollegen von Wache 4 versuchen das Feuer durch einen Innenangriff einzudämmen. Die Erkundung ergibt, dass auf dem Dach außer großer Rauch- und Hitzeentwicklung nicht viel zu sehen ist, der Dachstuhlbereich selbst nicht zugänglich ist, weil die Bitumenplatten vor sich hin brodeln. Nach der entsprechenden Rückmeldung schickt der Einsatzleiter den zweiten Zug zur Brandbekämpfung mit einer B-Leitung und Verteiler aufs Dach, und mittlerweile unter Atemschutz beginnt man das Dach mit massivem Wassereinsatz zu kühlen: „Alles war auf Angriff ausgelegt", wie es Robert heute formuliert. Das allerdings nur so lange, bis besagter Oberbranddirektor auf dem Dach erschien, um sich selbst ein Bild von der Lage zu machen. Die Konsequenz: Er ordnete einen vorübergehenden Rückzug an und bat alle Angriffstrupps, so lange abzuwarten, bis das Feuer durchs Dach zündet, und erklärte seine Maßnahme: „Außer Wasserverschwendung und Gefährdung der Statik können wir aktuell nichts ausrichten. Erst, wenn die Flammen durchbrechen, können wir das Feuer gezielt bekämpfen. Das Beste, was uns als Feuerwehr passieren kann, ist eine Dachstuhlbrand, weil sich das Feuer erstmal immer nach oben ausbreiten wird und nicht nach unten." Das Bild, das sich dadurch auf dem Dach ergab, war laut Robert völlig kurios: „Da waren etwa zwanzig Kollegen unter Atemschutz, drei angriffsbereite C-Rohre und wir warteten einfach ca. 15 min ab, bis das Feuer durchbrach." Danach war das Feuer in kurzer Zeit gelöscht. Roberts Fazit: „Die Entscheidung war 100 % die Richtige. Aber die Eier da einen vorübergehenden Rückzug anzuordnen, muss man erstmal haben." Sehe ich auch so (Abb. 5.11).

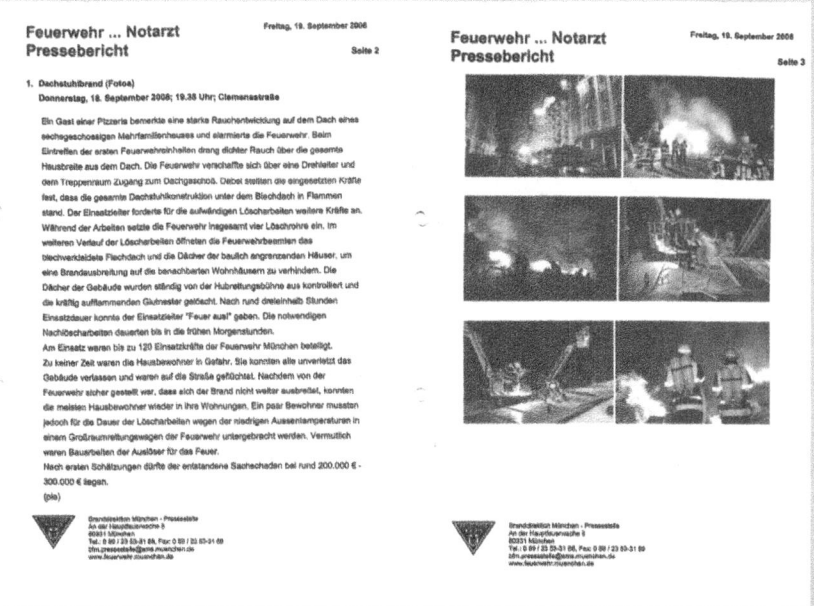

Abb. 5.11   Scan des Zeitungsberichts aus dem Jahre 2008

Praxisbeispiel 10

Ein Großeinsatz, bei dem sich die Einsatzleitung aller vier taktischen Handlungs-
alternativen bediente, ereignete sich am 30. September 2021. Betroffen dabei
war das Busdepot der Stuttgarter Straßenbahnen AG, das sich in unmittelbarer
Nähe zur Mercedes-Benz Arena befindet und eine Fläche von mehreren Fußball-
feldern einnimmt. Auf dem Gelände befinden sich neben der großen Halle, die
Platz für etwa 100 Linienbusse bietet, auch Werkstätten, Tankstellen und Ver-
waltungsgebäude. An jenem Donnerstag, um Punkt 20 Uhr, löst zunächst die
verbaute Brandmeldeanlage Alarm aus, bevor mehrere bei der Leitstelle ein-
gehende Anrufe von Mitarbeitern und Anwohnern den Sachverhalt bestätigen.
Zur gleichen Zeit legt der sich ausbreitende Brand schon einen Großteil der
Stromversorgung des Depots lahm, was im Nachgang auch dadurch ersichtlich
ist, dass alle Uhren exakt 20 Uhr anzeigen. Die alarmierten und sukzessive an der
Unglücksstelle eintreffenden Kräfte der ansässigen und umliegenden Berufs-
feuerwehren und Freiwilligen Feuerwehren stellen schnell fest, dass inmitten
der Halle bereits drei Busse im Vollbrand stehen und das Feuer auf weitere Busse
überzuspringen droht. Die dadurch entstehende Hitze- und Rauchentwicklung
war enorm (Abb. 5.12). Aufgrund der Größe und Vielfältigkeit des Geländes und
der Komplexität und Diversität der Gefahren macht die Einsatzleitung von allen
vier Handlungsalternativen an unterschiedlichen Einsatzorten Gebrauch:

1. *Angreifen: Das Feuer wird sofort und direkt mit zwei B- und zwei C-Rohren*
   bekämpft, allerdings zunächst von außerhalb der Halle, da der Einsatzleiter
   der Dachkonstruktion angesichts der hohen Temperaturen nicht vertraut.
   Leider ist der Löscherfolg daher zunächst nicht gegeben und das Feuer kann
   sich auf insgesamt 10 Busse ausbreiten. Im Verlauf des Abends werden die

Abb. 5.12   Brand im Busdepot in Stuttgart (FW Stuttgart)

Einsatzkräfte von einem ferngesteuerten Roboterfahrzeug unterstützt, das auch in die Halle vordringen und Busse löschen kann, die die Einsatzkräfte von außen nicht erreichen.

2. Verteidigen: Zwei Drehleitern mit Strahlrohren werden in unmittelbarer Nähe des Brandherds eingesetzt, allerdings nicht zur direkten Brandbekämpfung, sondern zur Kühlung der Stahlkonstruktion der Decke, die sich zunehmend verformte und einen unkontrollierbaren Einsturz zunehmend wahrscheinlicher werden ließ.

   Weitere Trupps werden abgestellt, um laufend besondere Gefahrenpunkte wie Wasserstoff-, Gas- und Dieseltankstellen sowie Batteriedepots zu kontrollieren und gegebenenfalls zu verteidigen. Diese geraten allerdings im Verlauf des Abends und der Nacht nicht in Gefahr.

3. In Sicherheit bringen: Gleich nach Ausbruch des Feuers beginnen noch anwesende Mitarbeiter und Busfahrer Fahrzeuge aus ungefährdeten Bereichen der Halle in Sicherheit auf den nur rund 1000 m entfernten Festplatz „Cannstatter Wasen" zu bringen. Unterstützt werden sie dabei zunehmend von herbeieilenden Kollegen, die durch die aufsteigende Rauchsäule alarmiert wurden. Da sich das Geschehen außerhalb des unmittelbaren Gefahrenbereichs abspielt, lässt der Einsatzleiter dies ohne Einwände zu, achtet aber strikt darauf, dass keiner davon gefährdete Bereiche betritt. Durch diese Gemeinschaftsaktion können am Ende 54 Fahrzeuge gerettet werden.

   Im Laufe des Abends erreicht die Einsatzleitung immer wieder die Information, dass sich Anwohner „vom Rauch eingeschlossen" fühlen und gerettet werden wollen. Daher werden Trupps abgestellt, um nach diesen Personen zu suchen und sie ggf. zu evakuieren. Dabei stellt sich heraus, dass diese Personen überreagiert haben und sich nicht in Gefahr befanden.

4. Aufgeben: Diese Handlungsalternative wird zum Thema, als ein paar der oben genannten Busfahrer zwei ihrer geschätzten Oldtimerbusse, die einen hohen ideellen Wert besitzen, aus dem Gefahrenbereich bringen wollen. Trotz intensiver Bemühungen und tränenreichen Plädoyers der Angestellten schätzt die Einsatzleitung die Gefahr zu groß ein und entscheidet sich fürs Aufgeben der beiden Busse.

Nach intensiven zwei Stunden ist der Brand dann eingedämmt und unter Kontrolle, die Löscharbeiten ziehen sich allerdings bis in die Morgenstunden, die Nachlöscharbeiten erstrecken sich noch über die nächsten drei Tage – vor allem auch, weil Elektrobusse vom Feuer betroffen waren, deren Akkus immer wieder zu brennen anfangen. Am Ende sind 25 Busse zerstört oder beschädigt, allerdings keine Personenschäden zu beklagen. Der entstandene Schaden wurde auf 10 Mio. € geschätzt.

Praxisbeispiel 11

Wie dynamisch sich Gefahrenlagen entwickeln können und dadurch eine schnelle Anpassung der gewählten Handlungsalternativen erfordern, kann sehr gut anhand dieses Praxisbeispiels aufgezeigt werden. Am Montag, dem 1. Februar 2021 wurden um 6:30 Uhr morgens mehrere freiwillige Wehren der umliegenden Gemeinden zu einem Verkehrsunfall auf der Kreisstraße K29, die die

Gemeinde Kordel mit dem Ortsteil Hochmark verbindet, alarmiert. Tatsächlich bot sich den Rettungskräften beim Eintreffen ein verheerendes Bild: Nachdem es die ganze Nacht heftig geregnet hatte, war die Straße, die durch ein steil abfallendes Waldgebiet führt, auf einer Länge von über 10 M komplett eingestürzt und teilweise mehrere Meter den steilen Abhang hinuntergerutscht. Mit der Straße wurde auch ein unbeladener Holztransporter mit Anhänger und ein PKW in die Tiefe gerissen. Der LKW steckte in einer etwa 3 m tiefen Grube, die sich durch den Erdrutsch unter der Straße aufgetan hat. Die Fahrerkabine war stark deformiert (Abb. 5.13). Der PKW befand sich etwa 10 m unterhalb der Straße in Hanglange und war ebenfalls an der Front strak deformiert. Während sich der Fahrer des PKW (im Übrigen ein Feuerwehrkamerad der alarmierten Feuerwehr, der am Vortag 18 Jahre alt geworden und zum ersten Mal mit dem eigenen Fahrzeug unterwegs war) selbst aus dem Fahrzeug befreien und in Sicherheit bringen konnte, war der LKW-Fahrer in seinem Führerhaus eingeklemmt. Aufgrund der Lage entscheidet sich der Einsatzleiter zunächst gleichzeitig für die Handlungsalternativen: Angreifen und Verteidigen. Während ein Teil der Einsatzkräfte mit Schere und Spreizer über Leitern in die Grube vorrückte, um den Fahrer aus der demolierten Kabine zu befreien (Angriff), sollte sich der andere Teil um die Sicherung des LKWs gegen weiteres Abrutschen (Verteidigung) küm-

Abb. 5.13   Verunglückter LKW auf der K29 (FW Trier-Land)

mern. Als sich im Verlauf der Rettungsmaßnahmen allerdings die Vitalwerte des Verunfallten zunehmend verschlechterten und auf eine sogenannte Crash-Rettung (um das Leben zu retten, werden mögliche Folgen, die durch eine nicht patientengerechte bzw. eine nicht schonende Rettung entstehen könnten, in Kauf genommen. Der zeitliche Verzug wird als schwerwiegender eingestuft als die möglichen Folgen einer nicht patientengerechten Rettung.), umgestellt werden musste, wurde die Verteidigung des LKWs zunächst aufgegeben und alle Einsatzkräfte konzentrierten sich auf die Personenrettung. Erst als der schwere Fahrer aus der Kabine befreit und an die Rettungskräfte übergeben werden konnte, rückte die Absicherung des LKWs schließlich in den Vordergrund! Im weiteren Verlauf des Einsatzes wurde der Gefahrstoffzug des Landkreises hinzugezogen, um eine Gefährdung durch etwaig ausgetretene Schadstoffe auszuschließen (Angriff). Weil der LKW nur mit schwerem Gerät, das erst am Folgetag am Einsatzort verfügbar sein konnte, geborgen werden konnte, stellten Einheiten der Feuerwehr über Nacht den Brandschutz sicher (Verteidigung). Eine beauftragte Spezialfirma kümmerte sich schließlich am Folgetag um die Bergung und den Abtransport. Der Pressesprecher wurde im Anschluss an den Einsatz mit folgenden Worten zitiert: „So einen Einsatz haben wir in der Verbandsgemeinde Trier-Land noch nie gehabt". Die beiden Fahrer erfreuen sich im Übrigen wieder bester Gesundheit.

5.4 Führungsprinzip 5: „Vom Einsatzleiter-Instinkt zum Scrum-Master: Wie richtige Ressourcenplanung dabei hilft, dynamische Zeiten zu meistern."

Warum Feuerwehr mehr mit Scrum zu tun hat, als man vielleicht denkt? Die Feuerwehr in Herrsching ist eine Freiwillige Feuerwehr. Das bedeutet, dass von ca. 60 aktiven Mitgliedern nur vier festangestellt sind. Zudem arbeiten wir in keinem Schicht- oder Alarmsystem. Das bedeutet, dass im Fall eines Feuerwehreinsatzes die Alarmmeldung an alle aktiven Kollegen rausgeht. Je nach Wochentag, Uhrzeit, Jahres- oder Urlaubszeit ist die Verfügbarkeit der angesprochenen Personen sehr variabel. So gehen beispielsweise viele Kollegen unter der Woche und tagsüber einer hauptberuflichen Tätigkeit außerhalb von Herrsching nach und sind noch nicht mal theoretisch in der Lage, rechtzeitig das Feuerwehrhaus zu erreichen. Andere sind vielleicht im Urlaub, liegen krank im Bett, oder sind gerade mit der Katze beim Tierarzt im Nachbarort. Nicht die beste Voraussetzung für eine fundierte Einsatzplanung, bei der es auch vorrangig darum geht, die richtige Anzahl an Kollegen mit der richtigen Ausbildung auf das richtige Equipment einzuplanen. So braucht es bei einem Brand in einem Gebäude vermutlich eher viele Atemschutzgeräteträger und mindestens einen Drehleitermaschinisten (als jemanden, der die Ausbildung hat, unsere Drehleiter zu fahren und zu bedienen), während es in einer Sturmnacht eher Kollegen braucht, die eine Motorsäge bedienen dürfen (auch dafür gibt es bei der Feuerwehr eine Spezialausbildung) – und vermutlich auch einen Drehleitermaschinisten.

In der Praxis sieht das bei uns so aus, dass die Kommandanten oder Zugführer unter einem riesigen Monitor (Abb. 5.14) stehen, auf dem zu sehen ist, welche Kollegen für den Einsatz zugesagt haben, welche speziellen Qualifikationen sie mitbringen und wie lange sie noch in etwas bis zum Eintreffen im Feuerwehrhaus benötigen. Dazu gibt es eine Anzeige, welche Fahrzeuge in welcher Reihenfolge von der Integrierten Leitstelle disponiert, also angefordert sind. Letzteres ist aber als reine „Empfehlung" der Leitstelle anzusehen, die der Einsatzleiter auch jederzeit überstimmen kann.

Die Gedankenarbeit, die unsere Vorgesetzten in diesen wenigen (ich würde mal sagen irgendwas zwischen 4 und 8 min) vollbringen, finde ich vorbildlich: Quasi laufend wird der Bedarf des Schadensereignisses, basierend auf der Alarmierung durch die Leitstelle, mit dem zur Verfügung stehenden Personal abgeglichen und gedanklich auf die Fahrzeuge verteilt: Wie viele Fahrzeuge müssen besetzt werden? Haben genug ausgebildete Fahrer zugesagt? Ist die

Abb. 5.14 Monitor zur Einsatzplanung der FFH (Privat)

Drehleiter angefordert/notwendig? Falls ja, ist unter den Zusagen auch ein Drehleitermaschinist? Jedes Fahrzeug braucht einen Gruppenführer. Haben ausreichend Gruppenführer zugesagt, um alle Fahrzeuge zu besetzen? Ist bei einer Wasserrettung unser Boot angefordert? Falls ja, haben wir Bootsführer verfügbar? Usw., usw.

Dabei kann jede neue Information, wie zum Beispiel eine unerwartete Absage, oder die physische Anwesenheit einer Person, die digital nicht zugesagt hat, die bisherigen Planungen verändern oder sogar obsolet machen. Für Daniel ist das, wie „Tetris auf Level 83 zu spielen, wenn alle Joker schon verbraucht sind".

Wie die Ressourcenplanung in der Theorie optimal ablaufen sollte, lehrt uns die FwDV 100:

- Die Einsatzkräfte und -mittel sind nach taktischen Gesichtspunkten optimal einzusetzen. Hierbei kann es sich um Einsätze handeln, bei denen eine Zusammenfassung von Einsatzkräften erforderlich ist, die sich von den im täglichen Einsatz üblichen Einheitsstärken sowohl zahlenmäßig als auch bezüglich der Ausbildung und Ausrüstung unterscheiden.
- Notwendige Informationen können fehlen, oder sind zum Zeitpunkt der Entscheidung nicht in ausreichendem Maße vorhanden, da sich die Gefahren und der Umfang eines Schadensereignisses oft erst nach längerer Einsatzzeit erkennen lassen oder sich das Schadensereignis fortentwickelt.
- Die Entscheidungen müssen oft unter Zeitdruck getroffen werden, damit die Gefahrenabwehr und Schadensbegrenzung beziehungsweise Schadenbeseitigung schnellstmöglich beginnen können. Das daraus resultierende Risiko belastet den Einsatzleiter umso stärker, je größer die Gefährdung der Einsatzkräfte ist."

Wie variabel und volatil die zur Verfügung stehende Leistungsfähigkeit in der Praxis ist und dass wir in Herrsching davon keine Ausnahme sind, können wir bei Markus Pulm nachlesen:

„Die Leistungsfähigkeit der Einsatzkräfte ist von verschiedenen Faktoren abhängig. Einige dieser Faktoren wie der Ausbildungsstand der jeweiligen Einsatzkraft sind zeit- und lageunabhängig, andere können jedoch von der Tagesform abhängig sein und sich sogar im Laufe des eines Einsatzes verändern.

Bei der Berufsfeuerwehr ist eine durchgängig hohe Qualifikation gegeben. Unterschiedliche Qualifikationen können bei der Gestaltung des Dienstplans berücksichtigt werden, sodass eine Einheit der Berufsfeuerwehr zumindest formal über eine relativ konstante Leistungsfähigkeit verfügt.

Im Vergleich dazu gibt es im Bereich der Freiweilligen Feuerwehr erhebliche Unterschiede in Bezug auf Qualifikation und Leistungsfähigkeit der Einsatzkräfte. Die Zusammensetzung einer Einheit ist von Zufälligkeiten abhängig und unterliegt mitunter erheblichen Schwankungen, die beispielsweise sehr stark von der Tageszeit abhängig sein können.

Die Führungskraft der Freiwilligen Feuerwehr muss sich demnach viel intensiver mit der tatsächlichen, aktuellen Leistungsfähigkeit der Einheit auseinandersetzen, als dies bei der Berufsfeuerwehr der Fall ist."

Bedauerlicherweise ist die zu Beginn eines Schadensereignisses festgestellte Leistungsfähigkeit keine Konstante, sondern ganz im Gegenteil zum Teil erheblichen Schwankungen unterworfen, wie wir auch bei Pulm weiterlesen können:

„Neben der fachlichen Qualifikation wirkt sich natürlich auch die momentane körperliche Verfassung in erheblichem Maße auf die Leistungsfähigkeit der Einsatzkraft aus. Mangelnde körperliche oder geistige Fitness, Müdigkeit, Überanstrengung, Stress, persönliche Betroffenheit, Witterungseinflüsse, Hunger und Durst bis hin zu Krankheit und Alkoholeinfluss können die Leistungsfähigkeit negativ beeinflussen und sind bei der Einsatzplanung zu berücksichtigen. Es gehört zu den Aufgaben der Führungskraft etwaige Schwächen rechtzeitig zu erkennen und dafür Sorge zu tragen, dass weder die Sicherheit noch der Einsatzerfolg hierdurch gefährdet werden. Einige Faktoren lassen sich im Einsatz positiv beeinflussen, um die Leistungsfähigkeit zu steigern. Als Beispiel hierzu sei auf den Spruch „Ohne Mampf kein Kampf" verwiesen.

Die Leistungsfähigkeit einer Einheit kann erheblich gesteigert werden, wenn es der Führungskraft gelingt, die Mannschaft entsprechend ihrer Fähigkeiten optimal einzusetzen. Von dieser Möglichkeit sollte insbesondere bei der Bewältigung von Spezialaufgaben Gebrauch gemacht werden"

Immer, wenn ich unsere Kommandanten oder Gruppenführer bei diesem Part der Führungsaufgabe, also der bestmöglichen Ressourcenplanung, beobachte, erinnert mich das sehr stark an meine Ausbildung zum Scrum-Master, die ich schon vor ein paar Jahren absolviert habe.

Das Scrum-Prinzip, das ursprünglich aus der Softwareentwicklung stammt und erstmals 1995 schriftlich festgehalten wurde, gilt heute als modernes Projektmanagement-Tool, das schon längst über die Softwareentwicklung hinaus beliebt ist und auch in Traditionskonzernen seinen Einzug gefunden hat. Das Ziel von Scrum ist es, komplexe Aufgabenstellungen in Teams produktiver und effektiver zu bewältigen. Dabei stehen insbesondere die schnelle Anpassung an veränderte Anforderungen und die kontinuierliche Verbesserung im Vordergrund – sehr ähnlich der oben beschriebenen Zielsetzung im Einsatzfall. In Wirtschaftssubjekten soll durch den Einsatz von Scrum eine höhere Qualität, eine schnellere Markteinführung sowie eine höhere Kundenzufriedenheit erreicht werden. Zudem soll Scrum auch dazu beitragen, dass Teams motivierter und zufriedener sind.

Der Scrum-Master spielt dabei wie der Kommandant eine besondere Rolle: Der Scrum Master ist verantwortlich für die Umsetzung von Scrum und unterstützt das Team dabei, effektiv zu arbeiten. Ein guter Scrum-Master sollte über folgende Fähigkeiten und Eigenschaften verfügen:

- **Facilitator:** Der Scrum-Master sollte in der Lage sein, das Team bei der Durchführung von Meetings und Prozessen zu unterstützen und sicherzustellen, dass sie produktiv sind.
- **Coach:** Der Scrum-Master sollte das Team coachen, um seine Fähigkeiten zu verbessern und Hindernisse zu überwinden, die die Produktivität beeinträchtigen.
- **Servant Leader:** Der Scrum-Master sollte dem Team dienen, indem er Hindernisse beseitigt und sicherstellt, dass das Team alle Ressourcen hat, die es benötigt, um erfolgreich zu sein.
- **Prozess-Experte:** Der Scrum-Master sollte ein tiefes Verständnis von Scrum und agilen Methoden haben, um das Team bei der Umsetzung von Best Practices und der kontinuierlichen Verbesserung zu unterstützen.
- **Kommunikationsfähigkeit:** Der Scrum-Master sollte in der Lage sein, effektiv zu kommunizieren, um sicherzustellen, dass das Team auf derselben Seite ist und Hindernisse schnell beseitigt werden können.
- **Konfliktlösung:** Der Scrum-Master sollte in der Lage sein, Konflikte innerhalb des Teams zu erkennen und zu lösen, bevor sie zu einem größeren Problem werden.
- **Agilität:** Der Scrum-Master sollte in der Lage sein, flexibel zu sein und sich schnell an Änderungen im Projekt anzupassen, um sicherzustellen, dass das Team erfolgreich bleibt.

Bis auf Punkt 4 alles Fähigkeiten, die auch ein Kommandant für seine Aufgabe braucht. Den „Prozessexperten" müsste man auch nur leicht abwandeln, damit auch der Punkt passt: Der Kommandant soll ein tiefes Verständnis von den Standardeinsatzregeln und deren agilen Adaption haben, um das Team bestmöglich zu unterstützen und anzuleiten. Die Standardeinsatzregeln und deren Adaption schauen wir uns im Übrigen im Abschn. 6.4 genauer an. Wer hätte gedacht, dass sich einer der ältesten „Berufe" und eine der modernsten agilen Projektmethoden so viele Gemeinsamkeiten haben?

Auch wenn ich persönlich viel von Scrum halte, muss man jetzt nicht gleich Scrum im Projektmanagement einführen, sondern kann sich auch einfach etwas die gemeinsamen Erfolgsfaktoren von Scrum und der Feuerwehr-Einsatzplanung abschauen, um von deren inhaltlicher Nähe zu profitieren. Im Folgenden haben wir die wichtigsten Gemeinsamkeiten aufgelistet:

1. **Fokussierung auf Prioritäten:** Scrum und die Feuerwehr konzentrieren sich auf die Priorisierung von Aufgaben, um sicherzustellen, dass die wichtigsten Probleme zuerst angegangen werden. Im Prinzip das Ergebnis aus der Lagefeststellung und der anschließenden Beurteilung.

2. **Schnelle Entscheidungsfindung:** Scrum und die Feuerwehr benötigen schnelle Entscheidungen, um effektiv zu sein. Beide Methoden setzen auf schnelle Entscheidungen auf der Grundlage von verfügbaren Informationen und einer klaren Vision.

3. **Effektive Planung und Priorisierung:** Eine effektive Planung und Priorisierung sind unerlässlich, um sicherzustellen, dass das Team seine Arbeit innerhalb des Sprints, bzw. Einsatzes erledigen kann.

4. **Klar definierte Ziele:** In beiden Disziplinen müssen die Ziele klar definiert und messbar sein und eindeutig kommuniziert, damit das Team weiß, was es erreichen soll. Der Kommunikation in der Feuerwehr und was wir uns davon abschauen können, haben wir ein eigenes Kapitel in diesem Buch gewidmet (6.3).

5. **Inkrementelles und iteratives Vorgehen:** In einzelnen Phasen (im Scrum = Sprints) werden Lösungen für die festgestellten und priorisierten Probleme erarbeitet. Dies wird so lange wiederholt, bis eine zufriedenstellende Problemlösung erreicht oder die Gefahr beseitigt ist. Der Prozess wird so lange fortgesetzt, bis alle festgestellten Probleme beseitigt sind. Die beiden unteren Rauten im oben gezeigten Diagramm verdeutlichen diese Validierung.

6. **Teamarbeit:** In Scrum und der Feuerwehr arbeiten Teams zusammen, um gemeinsam Ziele zu erreichen. Die Mitglieder des Teams haben klare Rollen und Verantwortlichkeiten, und jeder trägt zur Lösung des Problems bei. In der Feuerwehr heißen die Rollen Zugführer, Gruppenführer oder Truppführer, im Scrum eben Scrum-Master, Product Owner oder Entwicklungsteam.

7. **Flexibilität:** Sowohl Scrum als auch die Feuerwehr müssen schnell auf Änderungen reagieren können. Beide Methoden ermöglichen es, schnell und flexibel auf veränderte Umstände zu reagieren und sich anzupassen.

8. **Kontinuierliche Verbesserung:** Sowohl Scrum als auch die Feuerwehr setzen auf kontinuierliche Verbesserung. Nach jedem Einsatz oder Sprint werden die Ergebnisse analysiert, um zu sehen, was gut funktioniert hat und wo Verbesserungen vorgenommen werden können. Das ganze Thema „Nachsorge" betrachten wir eingehend in Abschn. 7.2.

An dieser Stelle kommen wir von der Theorie zur Praxis und schauen uns Einsätze an, bei denen die Führungskräfte ihre Ressourcen ideal verplant und hochflexibel orchestriert haben:

Praxisbeispiel 12

Das Beispiel für den Bereich Scrum-Master liefert mir mein Ausbilder Andreas (Andi) Dauber, den ich ja schon in Kap. 1 kurz vorgestellt habe. Obwohl wir uns mittlerweile schon mehr als zwei Jahre kennen und sehr regelmäßig austauschen, höre ich diese Geschichte im Rahmen des Interviews zu diesem Buch zum ersten Mal von ihm. Und das, obwohl es ein Fallbeispiel von unglaublicher Trag- und Reichweite ist und wie die „Faust aufs Auge" zu diesem Führungsprinzip passt. Aber das ist typisch Andi: Er macht einfach die krassen Sachen, ohne groß darüber zu reden. Als ich Andi zum ersten Mal im Einsatz erlebe, schneidet er in einer eisigen Winternacht einen Baum einhändig mit der Motorsäge aus der Drehleiter heraus von einer Stromleitung, während er selbst die Drehleiter fährt. Anderen wird da vom Zuschauen schon schwindlig. Zu der Qualifikation als Maschinist und Drehleitermaschinist gesellen sich weitere Ausbildungsabschlüsse als Notfallsanitär, Atemschutzgeräteträger, CSA, Bootsführer und Gruppenführer. Hauptberuflich arbeitet Andi seit Juni 2019 als Disponent für Feuerwehr und Rettungsdienst, zunächst in der ILS Oberland, seit September 2022 in der ILS in Fürstenfeldbruck (die auch für Herrsching zuständig ist). Dort sitzt er dann mit Headset auf dem Kopf vor fünf bis sechs Monitoren, nimmt Notrufe entgegen und koordiniert die dazu passenden Rettungsmittel. Am Freitag, den 3. Juni hat er „Frühschicht" und ist seit 6:30 Uhr in der Leitstelle. Es ist ein sonniger Wochenausklang und Andi verbringt gerade seine kurze Mittagspause auf der Dachterrasse, als ihn gegen 12:20 Uhr und damit 10 min vor Ende seiner Pause ein neuer, junger Kollege bittet, ihm bei „so einer Sache mit einem Zug" zu helfen. „Ich wollte dem Kerl natürlich schnell helfen, aber das mit dem Zug kam mir irgendwie komisch vor, ich dachte irgendwie, die Kollegen wollten mich ärgern. Daher habe ich erstmal in Ruhe meinen Teller weggebracht und in die Spülmaschine geräumt" resümiert Andi heute den Beginn eines sehr turbulenten Nachmittags. An seinem Arbeitsplatz öffnet er den Einsatz und ihm rutscht förmlich das Herz in die Hose. Was da schwarz auf weiß zu lesen ist, ist vermutlich das größte Schadensereignis in seiner gesamten Laufbahn: „Zug entgleist. Doppeldeckerwagons beteiligt." Gleichzeitig „explodiert" sein Anrufeingang. „Auf dem Monitor, wo normalerweise ein bis zwei Anrufe aufgelistet sind, waren es auf einen Schlag 40, oder gar 50. Da musste was richtig Massives geschehen sein" lässt er mich an der Situation teilhaben und ich kann noch heute die Anspannung dieses Moments in seiner Stimme spüren. Zu diesem Moment ist der Einsatz als

„RD 5" disponiert, was bedeutet, dass aktuell mindestens 5 Rettungstransport-wagen (RTW), mindestens drei Notärzte, ein Einsatzleiter Rettungsdienst (ELRD) und ein Organisatorischer Leiter Rettungsdienst (ORGL) alarmiert sind. Per Funk nimmt Andi Kontakt zum ersteintreffenden RTW an der Unglücksstelle in Gar-misch auf, der wie folgt berichtet: „1. Lage auf Sicht – Da sind mindestens zwei Doppeldeckerwagons umgefallen, mehrere Verletzte und Schwerstverletzte lau-fen auf mich zu." Gemeinsam beschließt man den Einsatz auf den Status „Massenanfall von Verletzten (MANV)" der Kategorie „26–50" (also zwischen 26 und 50 Verletzten) zu erhöhen. ILS-intern entscheidet man, aufgrund der zu er-wartenden Auslastung des Zuges an einem Freitag, in der Folge sogar auf die Kategorie „51–100" zu gehen. Ausgehend von dem gewählten Einsatzstichwort schlägt die Software dann dem Disponenten idealerweise zu alarmierende Rettungsmittel und Personen vor, die der Disponent so übernehmen oder indivi-duell anpassen kann. Andi beschreibt diesen Moment heute wie folgt: „Münni, diese Liste war so lange, das kannst Du Dir nicht vorstellen. Ich musste ewig nach unten scrollen, um irgendwann ans Ende der Liste zu gelangen. Da waren Heli-kopter aus dem Raum Hessen, z. B. der „Christoph Mittelhessen" auf der Liste, die nach Garmisch fliegen sollten." Als der Alarm ausgelöst wird, dauert es meh-rere Minuten, bis alle diese Funkschleifen abgearbeitet sind. Gemeinsam schät-zen wir, dass in diesem Zeitraum weit über 1000 Retter eine Alarmmeldung er-halten haben. Im Funk bricht „das totale Chaos" aus, weil ein Ereignis dieser Größenordnung absolute Seltenheit hat. In der Folge ordnet Andi sogar eine Funkstille an und ermahnt an die Funkdisziplin jedes Teilnehmers. Der Heli aus Mittelhessen geht ihm nicht aus dem Kopf und da kommt ihm ein genialer Ein-fall: „Aufgrund diverser Beschränkungen kann das Notrufsystem nicht auf Hilfs-mittel aus den Nachbarländern zugreifen. Der Unglücksort lag aber sehr nahe an Österreich, wo wegen der Vielzahl an Bergunfällen sehr viele Helikopter statio-niert sind". Er bittet einen Kollegen, Kontakt zur Leitstelle in Innsbruck aufzu-nehmen, und die Antwort sorgt für große Erleichterung in der ILS: „Na kloar. Wie vuil Helis brauchst denn? Glanga zehne?" Andi nimmt sie alle und disponiert die „Helis" händisch nach und gibt in der Folge den Krankenhäusern in der Ge-gend, wie Garmisch und Murnau Bescheid, dass sie bald viel zu tun haben. Er richtet Verfügungsräume für die Vielzahl der anreisenden RTWs nördlich und südlich der Unglücksstelle ein, koordiniert die Funkaktivitäten usw. „Den ersten Verletzten konnten wir bereits 15 min nach Alarmierung abtransportieren", er-zählt er heute nicht ohne Stolz. Als die Notärzte knapp werden, wendet er den „Heli-Trick" auch hier an. Diesmal kann die Bergwacht aushelfen, die nicht Teil der Primär-Alarmierung war, dazu die von Andi händisch disponierten Notärzte der umliegenden Landkreise. Alle diese Maßnahmen haben dafür gesorgt, dass die in solchen Fällen garantierte „Chaosphase" sehr kurzgehalten werden konnte und das Schadensereignis sehr schnell zügig und koordiniert abgearbeitet werden konnte. Andi berichtet, dass es auch „Glück im Unglück" gab: „In dem Zug waren viele Soldaten, die sofort bei der Bergung der Verletzten und Ko-ordination der Unverletzten halfen. Zudem ist im Moment des Unglücks der Kommandant der Feuerwehr Garmisch am Unglücksort vorbeigefahren und konnte sich persönlich darum kümmern, dass die Rettungsmaßnehmen geordnet anlaufen." Neben den Verletzten kümmert sich die ILS auch um die Unverletzten und organisiert Busse, die schon nach 15–20 min an der Unglücksstelle eintreffen und in ein Restaurant nach Farchant bringen. Dorthin werden dann wiederrum

weitere Rettungskräfte und Seelsorger koordiniert. Obwohl man ihm mehrmals anbietet, ihn abzulösen, will Andi erst aufhören, als er, bis auf drei unter den Wagons eingeklemmte Passanten, alle Verletzten versorgt und in Sicherheit weiß. Erst gegen 20 Uhr am Abend verlässt er die ILS und fährt nach Hause: „Das war sicher der krasseste Einsatz meines Lebens. Ich war den ganzen Nachmittag voller Adrenalin. Diese 6–7 h vergingen einfach so", sagt er und schnippt mit dem Finger. Dem schnellen und koordinierten Einsatz der Rettungskräfte ist es zu verdanken, dass es am Ende nicht mehr als 5 Todesopfer zu beklagen gab und die 78 Verletzten des Unglücks so rasant und zielführend versorgt werden konnten (Abb. 5.15).

Abb. 5.15   Zugunglück in Garmisch

Praxisbeispiel 13

Einen perfekt zu dem Kapitel passenden Einsatzbericht, der nahezu alle oben genannten Elemente des Scrum-Prinzips abdeckt, habe ich auf der Website der Freiwilligen Feuerwehr Schwaz in Österreich entdeckt:

„Am Sonntag, dem 22. August 2021 verursachte ein Blitzschlag im Bereich einer Berghütte den Brand eines Lagergebäudes. Durch die Lage der Hütte auf 2237 M Seehöhe und einer fehlenden Zufahrtsstraße musste der gesamte Einsatz mit Hilfe von Hubschraubern abgewickelt werden.

Das Kellerjoch ist der Hausberg der Silberstadt Schwaz. Sein 2344 m hoher Gipfel weist eine Besonderheit auf – ganz oben thront seit Jahrzehnten (eigentlich seit Jahrhunderten) eine aus Holz errichtete Kapelle. Unterhalb der Kapelle steht auf 2237 M Seehöhe die im Jahr 1908 errichtete und immer wieder sanierte und erweiterte Kellerjochhütte. Diese ist nur im Sommer bewirtschaftet und aus schließlich zu Fuß erreichbar. Zur Versorgung der Hütte besteht eine Material-seilbahn. Auf der Hütte besteht die Möglichkeit in Matratzenlagern zu über-nachten. Am Morgen des Brandes befanden sich 41 Gäste und 6 Mitarbeiter auf der Hütte.

40 m entfernt steht eine weitere, kleine Hütte, ca. 6 × 4 m groß. Diese wird als Lagerraum verwendet.

Am Sonntagmorgen zog ein Gewitter über das Kellerjoch. Ein Blitz schlug in die kleine Hütte ein und entzündete diese. Weiters setzte der Blitz die Stromver-sorgung der Hütte außer Kraft. Damit war ein Einsatz der Materialseilbahn nicht mehr möglich (Abb. 5.16).

Der Hüttenwirt setzte den Notruf bei der Leitstelle Tirol ab, die dann um 07:35 Uhr die örtlich zuständige Feuerwehr Schwaz alarmierte.

Eine der zahlreichen Stützpunktaufgaben der FF Schwaz ist der Feuerwehr – Flugdienst. Damit standen bei der Alarmierung auch mehrere Flughelfer zur Verfügung.

„Gleich beim ersten Funkkontakt mit der Leitstelle Tirol teilte uns diese mit, dass der Polizeihubschrauber „Libelle“ bei einem Einsatz in Osttirol gebunden und somit die nächste Stunde nicht verfügbar sei“, so der Einsatzleiter der FF Schwaz, Hilmar Baumann.

„Wenn eine Feuerwehr in Tirol bei Gefahr in Verzug einen Hubschrauber be-nötigt, so ist der Polizeihubschrauber die erste Wahl. Bei gewissen Einsatzstich-worten wie Waldbrand wird dieser sogar automatisch mitalarmiert. Ist dieser Hubschrauber nicht verfügbar, kann auch auf den nächstgelegenen Notarzthub-schrauber (NAH) zurückgegriffen werden“, führt Baumann weiter aus. Daher

Abb. 5.16   Brand auf 2237 Höhenmetern (FF Schwaz)

wurde der NAH „Heli 4", stationiert in Kaltenbach/Zillertal (quasi auf der „Rück-seite" des Kellerjoches) alarmiert. Dieser machte einen Überflug über das Brand-objekt und landete dann am Heliport der Feuerwache Schwaz.

Zwischenzeitlich hatte die Einsatzleitung mehrere Entscheidungen getroffen: Zwei Fahrzeuge, das singlebereifte Universallöschfahrzeug sowie das LFB (Lösch-fahrzeug mit Bergeausrüstung) auf Unimog sollten mit Mannschaft zur „Lacke" fahren, jenem Punkt, von wo auch die Materialseilbahn wegführt. Diese liegt auf ca. 1960 M Seehöhe, ist über eine Forststraße erreichbar und der „nächst-gelegene" Ort, von wo aufgestiegen werden kann. Wäre ein längerer Einsatz per Hubschrauber aufgrund des schnell wechselnden Wetters nicht möglich, sollte von dort aufgestiegen werden.

Als Ausgangspunkt für den fliegerischen Einsatz wurde der Speicherteich der Kellerjochbahnen ausgewählt. Dieser liegt auf ca. 1600 M, also gut 600 Höhen-meter unterhalb des Brandortes und ist Luftlinie ca. 2800 m entfernt. Dort ist ge-nügend Wasser sowie Platz vorhanden, um auch mehrere Hubschrauber starten und landen zu lassen. An diese Einsatzstelle wurde das WLF 2 mit dem Abroll-behälter „Flugeinsatz" sowie ein Lastfahrzeug entsandt.

Nachdem Heli-4 gelandet war, wurden im ersten Flug der Kommandant, der Gerätewart sowie ein voll ausgestatteter Feuerwehr-Flughelfer zur Einsatzstelle geflogen. Vor Ort stellte sich heraus, dass vorerst keine Gefahr der Brandaus-breitung bestand. Trotzdem sollte der Brand gelöscht werden, weil die weitere Entwicklung des Brandes (und des Wetters) nicht absehbar war. Daher wurde der Notarzthubschrauber leergeräumt, um mit mehreren Flügen Mensch und Mate-rial an die Einsatzstelle zu fliegen: Pumpen, Schläuche, Strahlrohre, Handwerk-zeuge, Löschwasserbehälter, Atemschutzträger.

Um sicherheitshalber einen weiteren Hubschrauber zur Verfügung zu haben, wurde über die Landeswarnzentrale eine Ausschreibung gestartet, wobei die Fa. Wucher den Zuschlag erhielt. Dieser Hubschrauber traf gegen 08:40 Uhr ein. Der Polizeihubschrauber hatte zwischenzeitlich auch seinen Einsatz in Osttirol be-endet, weshalb er ebenfalls die Löscharbeiten unterstützte. Weil 2 Hubschrauber ausreichten, konnte der NAH „Heli-4" aus dem Einsatz entlassen werden.

Mit der eingeflogenen Mannschaft wurde zuerst der 6000 L fassende Lösch-wasserbehälter aufgebaut. Mit einer Tragkraftspritze „Otter" wurde das Wasser angesaugt, die Hubschrauber befüllten mit Hilfe zweier „Bambi Buckets" den Behälter.

Der Brand wurde mit einem C-Rohr gelöscht, in weiterer Folge das Dach ab-gerissen und dann mit mehreren Abwürfen direkt vom Hubschrauber aus nach-gelöscht. Nach mehr als 6 h konnte der aufwändige Löscheinsatz beendet wer-den. Anschließend musste das gesamte Material mit mehreren Rotationen wie-der zurück ins Tal geflogen werden. Insgesamt wurden 15.000 L Wasser auf den Berg geflogen."[2]

Für mich ein perfektes Beispiel für eine erfolgreiche Priorisierung, eine schnelle Entscheidungsfindung über mehrere Instanzen, eine effektive Planung, vorbild-liche Teamarbeit, ein strukturiertes, inkrementelles und iteratives Vorgehen und vor allem für eine außergewöhnliche Flexibilität.

---

[2] https://www.ff-schwaz.at/2021/08/30/detailbericht-brand-nebengebaeude-kellerjochhuette/.

6

Die Macht des richtigen Kommandos: Wie klare Anweisungen und effektive Führung den Erfolg in Feuerwehr und Wirtschaft beeinflussen

Zusammenfassung Im ersten Schritt des Führungsvorgangs wurde gesichtet und erkundet und eine maximale Menge an Informationen zusammengetragen. Im zweiten Schritt wurden alle Erkenntnisse bewertet und ein Masterplan entwickelt. Dieser muss nun maximal effizient umgesetzt werden. Dafür hat der Kommandant seine Mannschaft, die es nun mit Hilfe von Befehlen und Kommandos anzuleiten und zu motivieren gilt. Dafür bedient sich der Kommandant unterschiedlicher Taktiken und Prozesse. Diese werden wir in diesem Kapitel kennenlernen, analysieren und auf die Eignung für Wirtschaftssubjekte hin untersuchen. Daraus leiten wir drei weitere Führungsprinzipien ab und erfahren dabei auch, warum ein Kommandant nicht löscht, selbst wenn es brennt.

6.1 Befehlsgebung und Führung: Vom Einsatzleiter zum strategischen Navigator in der Wirtschaftswelt

Warum auch in der Feuerwehr der Ton die Musik macht!
Nach einer ersten Lagefeststellung und der anschließenden Planung, bestehend aus Beurteilung und Entschluss, ist es nun höchste Zeit, ins Handeln zu kommen und die Mannschaft mit Arbeitsaufträgen anzuleiten. Das ist der Moment des Übergangs vom Denken zum Handeln, von der Theorie in die Praxis. Auch wenn sich der Prozess bis hierhin in der Theorie endlos anfühlt,

© Der/die Autor(en), exklusiv lizenziert an Springer Fachmedien Wiesbaden GmbH, ein Teil von Springer Nature 2024
C. Münch, D. Pleyer, *Führung mit Feuer und Flamme*,
https://doi.org/10.1007/978-3-658-44335-1_6

vergehen in der Realität manchmal nur Sekunden bis maximal wenige Minuten, bis eine Führungskraft in Stufe drei des Führungsvorgangs, der Befehlsgebung, angekommen ist. Meistens zu wenig oder gerade genug Zeit für die ausrückende Mannschaft, um sich selbst komplett auszurüsten und ggf. Zusatzausrüstung wie Taschenlampe, Funkgeräte, Pressluftatmer, Wärmebildkamera etc. anzulegen und einsatzbereit zu machen. Nach einem Verkehrsunfall hat mir Daniel einmal erzählt, dass er den kurzen Fußweg vom ELW (Einsatzleitwagen) bis zur Unfallstelle, etwa 250 m, genutzt hat, um wie ein Roboter die gesamte Umgebung zu scannen, relevante Elemente zu filtern und zu beurteilen und daher schon mit der Ankunft am Fahrzeug bereit war zur Stufe 3 überzugehen – ziemlich genau der Moment, in dem wir als Mannschaft, immer noch mit uns selbst beschäftigt, das Fahrzeug verlassen haben.

Laut FwDV 100 ist der Begriff der Befehlsgebung wie folgt definiert:

„Der Befehl ist die Anordnung an die Einsatzkräfte, Maßnahmen zur Gefahrenabwehr und zur Schadensbegrenzung auszuführen. Durch den Befehl wird der Entschluss in die Tat umgesetzt. […] Der Befehl muss den Willen der befehlsgebenden Führungskraft unmissverständlich und eindringlich zum Ausdruck bringen."

Auch das klingt wieder sehr unaufgeregt, aber eindeutig. Dazu werden ein paar weitere Anforderungen an Befehlsgeber, -empfänger und den Befehl selbst gestellt:

- **Klarheit und Präzision:** Befehle müssen klar und präzise formuliert sein, um Missverständnisse zu vermeiden. Jeder im Team sollte eindeutig verstehen, was von ihm erwartet wird und welche Aufgabe er zu erfüllen hat.
- **Eindeutige Hierarchie:** Die Befehlskette sollte klar definiert sein, um eine klare Kommunikation und effektive Zusammenarbeit sicherzustellen. Jeder im Team sollte wissen, an wen er sich bei Fragen oder Problemen wenden muss.
- **Delegation von Verantwortung:** Der Befehlshaber sollte Verantwortung delegieren und Aufgaben an die einzelnen Teammitglieder übertragen. Dadurch werden die Fähigkeiten und Erfahrungen jedes Einzelnen optimal genutzt.
- **Realisierbarkeit:** Befehle sollten den Anspruch haben, durchführbar zu sein, da Überforderung den Befehlsempfänger abstumpfen lässt oder zu Ungehorsam verleitet und damit das Vertrauen des Befehlsgebers untergräbt.

- **Klare Unterstellungs- und Befehlsverhältnisse:** DIE Voraussetzung für eine vertrauensvolle und reibungslose Zusammenarbeit. Dementsprechend sind Führungskräfte auch nur berechtigt, Befehle an ihnen direkt unterstellte Einheiten zu erteilen, und eine Befehlsgebung an nachgeordnete Personen oder Einheiten ist unbedingt zu vermeiden.
- **Kontrolle und Überwachung:** Der Befehlshaber sollte den Fortschritt des Einsatzes kontinuierlich überwachen und bei Bedarf Anpassungen vornehmen. Eine klare Kommunikation und Rückmeldung sind entscheidend, um den Einsatz effektiv zu steuern.

Das Beste kommt meiner Meinung nach aber zum Schluss:

- **Verpflichtung:** Die Befehlsgewalt beinhaltet nicht nur das Recht, sondern auch die Pflicht zu Befehlen. Ein „Aussitzen" oder „Abtauchen" ist damit in der Feuerwehr lt. FwDV100 nicht vorgesehen.

Für mich an dieser Stelle überraschend, aber absolut sinnvoll, regelt die FwDV auch, was der Befehlsempfänger im Falle eines unklaren Befehls zu tun hat, und verpflichtet (!) ihn zur Nachfrage:

> „Umgekehrt haben die Nachgeordneten die Pflicht, sich in die Absicht des Vorgesetzten hineinzudenken. Ist dies unklar, so sind die Nachgeordneten zur Nachfrage verpflichtet; entspricht der Befehl nicht der Lage, sind die Befehlenden darauf hinzuweisen."

Und auch an dieser Stelle ist es in meinen Augen wieder mal nur das „Wording", was eine unmittelbare Übertragbarkeit auf die Arbeit in der Wirtschaft verhindert. Ersetzt man lediglich den Begriff „Befehl" durch „Arbeitsauftrag" ist die Analogie sofort gegeben und 99 % der DV auch im betriebswirtschaftlichen Berufsalltag anwendbar.

Was wir in der Wirtschaft als „Statusberichte", „Reportings" oder schlicht und einfach „Feedback" zu einem erteilten „Arbeitsauftrag" bezeichnen, ist auch im Feuerwehrwesen ein wichtiger Bestandteil der Kommunikation und wird dort als Lagemeldung bezeichnet. Auch sie folgt (natürlich) klaren Vorgaben:

- **Zweck der Lagemeldung:** Die Lagemeldung hat das Ziel, alle relevanten Informationen über die Einsatzlage zu kommunizieren. Sie informiert über die Art des Einsatzes, die Lage vor Ort, die ergriffenen Maßnahmen und den aktuellen Stand der Arbeiten. Dadurch wird ein umfassendes Bild der

Situation geschaffen und ermöglicht eine effektive Koordination und Zusammenarbeit der Einsatzkräfte.

- **Struktur der Lagemeldung:** Die Lagemeldung folgt in der Regel einer festgelegten Struktur, um eine klare und einheitliche Kommunikation zu gewährleisten. Sie beinhaltet Informationen wie den Einsatzort, die Art des Einsatzes, die Anzahl der eingesetzten Kräfte, den aktuellen Stand der Maßnahmen, besondere Gefahren und weitere relevante Informationen.
- **Übermittlung der Lagemeldung:** Die Lagemeldung wird in der Regel über Funk oder andere Kommunikationsmittel an die Einsatzleitung oder andere beteiligte Einheiten übermittelt. Sie sollte klar und verständlich formuliert sein, um Missverständnisse zu vermeiden. Die Kommunikation sollte präzise, kurz und prägnant sein, um den Informationsfluss effizient zu halten.
- **Kontinuierliche Aktualisierung:** Die Lagemeldung sollte kontinuierlich aktualisiert werden, um den aktuellen Stand der Einsatzentwicklung widerzuspiegeln. Je nach Veränderung der Lage oder wichtigen Entwicklungen müssen regelmäßige Lagemeldungen abgegeben werden, um das gesamte Einsatzgeschehen transparent zu halten und eine zeitnahe Entscheidungsfindung zu ermöglichen.
- **Verständnis und Klarheit:** Eine gute Lagemeldung erfordert ein klares Verständnis der Lage vor Ort und der relevanten Informationen. Der Melder sollte in der Lage sein, die Lage objektiv und präzise zu beschreiben, ohne dabei wichtige Details zu vernachlässigen. Eine klare und verständliche Kommunikation ist entscheidend, um eine reibungslose Zusammenarbeit und einen effektiven Einsatz zu gewährleisten.

Logischerweise können die Prinzipien der Lagemeldung auch in der freien Wirtschaft auf Situationen angewendet werden, in denen ein aktueller Überblick und klare Kommunikation erforderlich sind. Hier sind einige Möglichkeiten, bei denen die Lagemeldung auf die Geschäftswelt übertragen werden kann:

1. **Projektmanagement:** In einem Projekt kann die regelmäßige Lagemeldung den aktuellen Stand, den Fortschritt, Herausforderungen und wichtige Informationen an alle Projektbeteiligten kommunizieren. Dadurch wird eine transparente und effektive Zusammenarbeit ermöglicht.
2. **Teammeetings:** Lagemeldungen können in regelmäßigen Teammeetings verwendet werden, um den aktuellen Status von Projekten, Aufgaben oder Initiativen zu teilen. Dies fördert eine bessere Koordination und ein gemeinsames Verständnis der Situation.
3. **Krisenmanagement:** In Krisensituationen ist die schnelle und klare Kommunikation von entscheidender Bedeutung. Eine strukturierte

Lagemeldung ermöglicht es, wichtige Informationen über die Krise, den aktuellen Stand der Maßnahmen und mögliche Auswirkungen zu teilen.

4. **Unternehmenskommunikation:** Lagemeldungen können auch in der internen und externen Kommunikation eines Unternehmens eingesetzt werden, um den Stakeholdern den aktuellen Stand von Projekten, Produktentwicklungen oder geschäftlichen Entwicklungen mitzuteilen.

5. **Risikomanagement:** Die regelmäßige Lagemeldung kann dazu beitragen, Risiken und Chancen frühzeitig zu erkennen und entsprechende Maßnahmen zu ergreifen. Durch eine klare und verständliche Kommunikation können Entscheidungsträger fundierte Entscheidungen treffen.

Die Übertragung der Lagemeldung auf die freie Wirtschaft ermöglicht eine transparente Kommunikation, einen aktuellen Überblick über wichtige Informationen und eine bessere Koordination in dynamischen Situationen. Sie fördert eine effektive Zusammenarbeit, erleichtert die Entscheidungsfindung und trägt zur schnelleren Erreichung von Zielen bei.

Natürlich haben wir uns aufgrund der vielen Analogien auch den Bereich der Befehlsgebung auch diese dritte Phase des Führungsvorgangs näher angesehen und drei Führungsprinzipien identifiziert, die wir im Rahmen der folgenden Kapitel vorstellen wollen:

• Führungsprinzip 6 – „Von Befehlstaktik zu Auftragstaktik: Flexibles Führen für erfolgreiche Ergebnisse!": Traditionelle Befehlstaktik mit Mikromanagement oder Auftragstaktik mit viel kreativem Freiraum für die Ausführenden? In Abschn. 6.2. schauen wir uns die beiden Führungstaktiken genauer an, beleuchten Vor- und Nachteile und geben Empfehlungen ab, wann welche Taktik die größten Aussichten auf Erfolg verspricht.

• Führungsprinzip 7 – „Feuerwehr als Vorbild: Die Kunst der Balance zwischen Standardisierung und kreativem Handeln in der Wirtschaft": In der Feuerwehr geben standardisierte Prozesse, die sogenannten Standardeinsatzregeln (SER) den Kollegen Halt und Sicherheit, während bei komplexen Lagen oftmals Kreativität und Ideenreichtum gefragt ist. In Abschn. 6.3. sprechen wir über die Daseinsberechtigung von SER und Prozessen, aber auch über die Notwendigkeit, diese auch mal außer Acht zu lassen.

• Führungsprinzip 8 – „Vom Taktiker zum strategischen Lenker: Die konsequente Entflechtung von operativen Aufgaben für Kommandanten in Feuerwehr und Wirtschaft!": Die Frage „Warum ein Kommandant nur ganz selten einen Schlauch in Hand nimmt und warum das auch gut so ist" beantworten wir in Abschn. 6.4. und erklären nebenbei, was das Ganze mit weißen Handschuhen und einem Feldherrnhügel zu tun hat.

6.2   Führungsprinzip 6: Von Befehlstaktik zu Auftragstaktik: Flexibles Führen für erfolgreiche Ergebnisse!

Vom Mikromanagement zur Empowerment-Kultur: Warum sich Führungstaktiken in Feuerwehr und Wirtschaft verändern?

In der Feuerwehr spielen die Art der Führung und Taktik sowie die daraus resultierende Befehlsgebung eine entscheidende Rolle für den Erfolg eines Einsatzes. Traditionell wurde in der Feuerwehr die Befehlstaktik angewendet, bei der klare Anweisungen und direkte Kontrolle im Vordergrund standen. Doch in den letzten Jahren hat sich ein Paradigmenwechsel vollzogen, hin zur Auftragstaktik, die mehr Eigenverantwortung und Initiative der Einsatzkräfte fördert. Diese Entwicklung spiegelt sich auch in der Feuerwehrdienstvorschrift (FwDV) wider, die den Einsatz von Auftragstaktik ausdrücklich unterstützt.

In diesem Kapitel werden wir uns mit dem spannenden Thema der Befehlstaktik und Auftragstaktik auseinandersetzen und die Vor- und Nachteile beider Ansätze beleuchten. Dabei werden wir uns nicht nur auf die Feuerwehr beschränken, sondern auch den Blick auf die freie Wirtschaft werfen, wo diese beiden Führungstaktiken ebenfalls von Bedeutung sind, und natürlich auch wieder auf praktische Beispiele und Erfahrungen zurückgreifen, um die Relevanz und Anwendbarkeit dieser Führungstaktiken zu verdeutlichen.

Der größte Unterschied der beiden Führungsprinzipien besteht im Ermessenspielraum, den der jeweilige Befehl den Befehlsempfängern zugesteht. Dies reicht von nahezu keinem oder nur sehr wenig Freiraum im Falle der Befehlstaktik bis hin zu theoretisch nahezu unbegrenzten Handlungsalternativen im Fall der Auftragstaktik, was sehr schön auch aus der folgenden Grafik ersichtlich wird (Abb. 6.1):

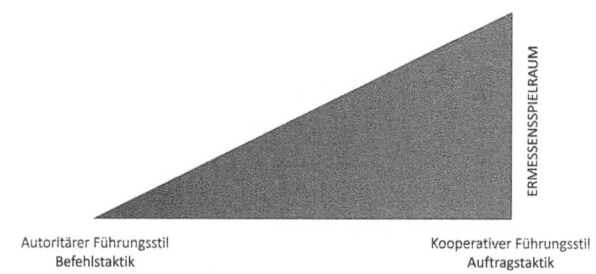

Abb. 6.1   Entwicklung des Ermessens-Spielraums (Privat)

Die gewählte Taktik spiegelt sich dann auch unmittelbar im Auftragsbefehl wider und sehr häufig lässt sich die vom Befehlsgeber gewählte Taktik schon an der Länge des Einsatzbefehls ableiten: Umso länger und detaillierter der Befehl ausfällt, umso weniger Spielräume werden dem Empfänger in aller Regel verbleiben. In der FWDV kann man dazu Folgendes nachlesen:

> „Der Inhalt jedes Befehls muss genau überlegt und kurz und klar formuliert sein. Er soll alles das, aber auch nur das enthalten, was die nachgeordneten Führungskräfte zur Erfüllung der ihnen gestellten Aufgaben wissen müssen. Die Abfassung des Befehls richtet sich nach dem Schema: Einheit – Auftrag – Mittel – Ziel – Weg. Der Befehl muss mindestens enthalten: Einheit – Auftrag"

In einem Blogartikel von Christof Layher, einem ehemaligen Soldaten, zum Thema „Befehl oder Auftrag" habe ich die folgende Gegenüberstellung gefunden, die mich immer wieder zum Schmunzeln bringt (Abb. 6.2):

Höchste Zeit, sich die beiden taktischen Alternativen etwas genauer anzusehen und jeweils deren Vor- und Nachteile zu beleuchten.

Die **Befehlstaktik** ist eine traditionelle Form der Führung, bei der klare Anweisungen von einer übergeordneten Autoritätsebene an die nachgeordneten Einsatzkräfte gegeben werden. Hierarchie und direkte Kontrolle stehen im Mittelpunkt dieser Führungsform. Der Einsatzleiter gibt detaillierte Anweisungen, wie die Aufgaben zu erfüllen sind, und überwacht deren Umsetzung.

Die Befehlstaktik ist daher sehr identisch mit dem aus der Wirtschaftslehre bekannten, autoritären Führungsstil.

In der Feuerwehr wurde die Befehlstaktik lange Zeit überwiegend angewendet und hat auch heute noch eine wichtige Daseinsberechtigung in bestimmten Situationen. Sie ermöglicht schnelle Entscheidungen und klare

1. Befehlstaktik	2. Auftragstaktik
Bei der Befehlstaktik werden dem Angewiesenen möglichst viele Details der Umsetzung definiert.	In der Auftragstaktik nennen wir dem Empfänder lediglich das Ziel und gegebenenfalls ein paar wenige Rahmenparameter.
Beispiel 1	**Beispiel 2**
Sie gehen von A nach B auf einer geraden Linie. Dabei setzen Sie abwechseln einen Fuß vor den anderen, bis das Ziel erreicht ist, mit einer Geschwindigkeit von 10 Schritten pro Minute um das Ziel bis 20 Uhr zu erreichen.	Erreichen Sie B bis 20 Uhr.

Abb. 6.2 Befehl oder Auftrag (Christof Layher)

Handlungsanweisungen, was in gefährlichen und dynamischen Einsatzszenarien von großer Bedeutung sein kann. Insbesondere in Situationen, in denen Zeit und Präzision entscheidend sind, kann die Befehlstaktik effektiv sein.

Als wir über Befehlstaktik sprechen, kann Daniel plötzlich nicht mehr aufhören, vor sich hinzugrinsen. Darauf angesprochen teilt er folgende Anekdote aus seinem Gruppenführerlehrgang mit mir, den er an der Feuerwehrschule in Regensburg absolviert hat: „Der Chef von der Kantine stand fast immer persönlich hinter der Theke und hat die gewünschten Speisen an uns ausgegeben. An einem meiner ersten Tage, fragte er mich nach meiner Auswahl, als ich nach längerem Anstehen an der Reihe war. „Ja, gerne was von der Wurst!", antwortete ich. Als hätte er auf diese „Schwäche" meinerseits gewartet, hielt er mir eine Lehrpredigt: „Junge, Junge, Junge. Du musst noch viel lernen. Vor allem in Sachen Kommunikation! Das Wichtigste hier ist es, klare und eindeutige Anweisungen zu geben! Welche Wurst? Wieviel „Radl" wovon? So wird aus Dir nie ein Kommandant!""

Die Befehlstaktik bietet mehrere **Vorteile**:

1. **Klarheit:** Durch klare und detaillierte Anweisungen wissen die Einsatzkräfte genau, was von ihnen erwartet wird. Dadurch wird die Ausführung der Aufgaben erleichtert und Missverständnisse werden minimiert.
2. **Effizienz:** Die Befehlstaktik ermöglicht eine effiziente Nutzung der verfügbaren Ressourcen. Der Einsatzleiter kann die Kräfte gezielt einsetzen und die Aufgaben koordinieren, um den Einsatz erfolgreich durchzuführen.
3. **Sicherheit:** In gefährlichen Situationen ist eine klare Führung und direkte Kontrolle wichtig, um die Sicherheit aller Beteiligten zu gewährleisten. Die Befehlstaktik ermöglicht es, schnell auf sich ändernde Bedingungen zu reagieren und potenzielle Gefahren zu minimieren.

Natürlich birgt diese Taktikform auch Nachteile:

1. **Mangelnde Flexibilität:** Die strikte Hierarchie und direkte Kontrolle der Befehlstaktik können die Flexibilität und Anpassungsfähigkeit einschränken. Es kann schwierig sein, auf unerwartete Situationen angemessen zu reagieren, wenn Entscheidungen ausschließlich von einer zentralen Autorität getroffen werden.
2. **Geringere Motivation:** Die rein befehlsbasierte Führung kann zu geringerer Motivation und Initiative der Einsatzkräfte führen. Ohne Raum für eigenständiges Denken und Handeln kann die Kreativität und Leistungsfähigkeit des Teams eingeschränkt werden.

3. **Abhängigkeit von der Führungsperson:** Bei der Befehlstaktik liegt die Entscheidungsgewalt und Verantwortung hauptsächlich bei der Führungsperson. Wenn diese ausfällt oder nicht verfügbar ist, kann dies zu Problemen führen und die Einsatzfähigkeit beeinträchtigen.

Die **Auftragstaktik** ist eine moderne Führungsform, die auf Flexibilität, Eigenverantwortung und dezentraler Entscheidungsfindung basiert. Anstatt detaillierter Anweisungen werden klare Ziele und Rahmenbedingungen vorgegeben, innerhalb derer die Einsatzkräfte eigenständig handeln und Entscheidungen treffen können. Die Auftragstaktik fördert die Initiative und Kreativität der Einsatzkräfte und ermöglicht eine schnellere Reaktion auf sich ändernde Bedingungen.

Die Auftragstaktik ähnelt daher sehr deutlich dem kooperativen Führungsstil, den wir alle aus der Wirtschaftslehre kennen.

Die Auftragstaktik bietet verschiedene **Vorteile:**

1. **Flexibilität:** Durch die Delegation von Verantwortung und Entscheidungsbefugnis an die Einsatzkräfte ermöglicht die Auftragstaktik eine schnellere Anpassung an sich ändernde Situationen. Die Einsatzkräfte können situativ auf neue Informationen reagieren und ihre Maßnahmen entsprechend anpassen, ohne auf klare Anweisungen von oben warten zu müssen.
2. **Eigenverantwortung und Motivation:** Durch die Eigenverantwortung und die Möglichkeit, eigenständige Entscheidungen zu treffen, fühlen sich die Einsatzkräfte motivierter und engagierter. Sie können ihre Fähigkeiten und Erfahrungen einbringen und das Gefühl haben, aktiv zum Erfolg des Einsatzes beizutragen.
3. **Schnellere Entscheidungsfindung:** Da die Entscheidungsbefugnis auf mehrere Schultern verteilt ist, können Entscheidungen schneller getroffen werden. Dies reduziert den Kommunikationsaufwand und beschleunigt die Umsetzung von Maßnahmen.

Trotz ihrer Vorteile hat die Auftragstaktik auch einige **Nachteile:**

1. **Koordination und Zusammenarbeit:** Bei komplexen Einsätzen kann die dezentrale Entscheidungsfindung und Eigenverantwortung zu Herausforderungen bei der Koordination und Zusammenarbeit führen. Eine klare Kommunikation und Abstimmung unter den Einsatzkräften sind entscheidend, um sicherzustellen, dass alle an einem Strang ziehen und die Ziele des Einsatzes gemeinsam verfolgen.

2. **Risiko von Fehlinterpretationen:** Ohne klare Anweisungen besteht das Risiko, dass die Einsatzkräfte die Ziele oder Rahmenbedingungen fehlinterpretieren und falsche Entscheidungen treffen. Eine sorgfältige Kommunikation und ein gemeinsames Verständnis der Ziele sind daher von großer Bedeutung.
3. **Vertrauen und Erfahrung:** Die Auftragstaktik setzt ein hohes Maß an Vertrauen in die Fähigkeiten und Erfahrung der Einsatzkräfte voraus. Wenn das Vertrauen oder die Kompetenz fehlen, kann dies zu Problemen führen und die Effektivität der Auftragstaktik beeinträchtigen.

Eine klare Vorgabe, welcher Führungsstil bei welchen Gelegenheiten anzuwenden ist, kann es natürlich im Feuerwehrwesen gar nicht geben, auch wenn die grundsätzliche Tendenz in Richtung des kooperativen Führungsstils geht, wie man auch in „Einsatztaktik für Führungskräfte" lesen kann:

> „Grundsätzlich ist es besser, den kooperativen Führungsstil, die Auftragstaktik zu verwenden. Der entscheidende Vorteil dieser Variante besteht darin, dass die Mitglieder der Gruppe sich mit ihren Fähigkeiten einbringen können. Hierdurch werden Potenziale erschlossen, die nur durch die aktive Einbindung der Gruppe in en Denk-, Entscheidungs- und Handlungsprozess nutzbar gemacht werden können. Die Gestaltungsmöglichkeit bei der Ausführung einer Anweisung unterstützt zudem das Grundbedürfnis des Menschen zur Selbstverwirklichung und steigert somit die Motivation der Mannschaft. [...] In Abhängigkeit der jeweiligen Lage ist allerdings kritisch zu hinterfragen, welcher Gestaltungsspielraum der Gruppe zugestanden werden kann. Geht es um die schnelle und präzise Umsetzung konkreter Vorstellungen der Führungskraft, so müssen diese im Auftrag konkret beschrieben werden. Einfach gesagt: Wer Äpfel haben will, der sollte kein Obst bestellen."

Bei der FF in Herrsching geht die Tendenz definitiv auch in Richtung Auftragstaktik, weil die Führungskräfte hier ein sehr großes Interesse daran haben, die Mannschaft permanent weiterzubilden und weiterzuentwickeln und kein Problem damit haben Verantwortung abzugeben. Aber selbstverständlich gibt es auch hier Sonderfälle. Ich kann mich beispielsweise an einen Einsatz erinnern, der schon in der Vergangenheit öfter vorkam und (eigentlich) keine große Herausforderung darstellt: Im Herzen von Herrsching gibt es in einem Geschäfthaus eine Art „WG" in der pflegebedürftige Menschen zusammen mit Krankenpflegerinnen leben. Weil diese Einrichtung nicht den Anspruch einer medizinischen Einrichtung erhebt, müssen Mindeststandards auch nicht erfüllt werden – so gibt es beispielsweise keinen Aufzug. Kommt es dort zu einem Notfall, muss die betroffene Person nicht selten von der Feuerwehr via Drehleiter aus dem 1. Stock auf Straßenebene verlegt werden. Das geschah in den zwei, drei Malen, wo ich dabei war, immer sehr zielorientiert und unaufgeregt. In dieser Nacht im Juli 2022 war es aber von Anfang anders. Daniel ging zum Sichten und schon anhand der Tonlage, mit der er seine Befehle ins Funkgerät diktierte, konnte man erkennen, dass es um ein Menschenleben ging – er wurde binnen Sekunden vom „Kumpel" zum „Bad Cop" – morgens um 3:15 Uhr. Die Befehle kamen stakkatoartig über den Äther und jedem von uns war ad hoc die Dringlichkeit der Lage klar. So konnte der Patient in Rekordzeit an den Rettungsdienst übergeben und schon wenige Tage später wieder aus dem Krankenhaus entlassen werden.

Exkurs: Die 2–5er Regel und ihre Bedeutung in der Auftragstaktik
Die 2–5er Regel besagt, dass ein Einheitsführer in der Regel zwischen zwei und fünf taktische Einheiten der niederen Führungsebene effektiv führen kann. Diese Einheiten können beispielsweise Züge oder Gruppen sein. Innerhalb dieser Grenze ist der Einheitsführer in der Lage, den Überblick zu behalten, die Einsatzkräfte zu koordinieren und die Aufträge gezielt zu erteilen.

Die Bedeutung der 2–5er Regel liegt darin, dass sie eine Orientierung für die Aufteilung und Koordination von Einsatzkräften in der Auftragstaktik bietet. Ein Einheitsführer kann effektiv mit einer begrenzten Anzahl von taktischen Einheiten arbeiten und ihre Aktionen koordinieren, ohne die Kontrolle zu verlieren. Dies ermöglicht eine flexible und schnelle Reaktion auf sich ändernde Einsatzbedingungen und Anforderungen.

Allerdings kann es in komplexen Einsatzszenarien vorkommen, dass mehr als fünf taktische Einheiten der niederen Führungsebene erforderlich sind. In solchen Fällen kann die Aufteilung auf zwei taktische Einheiten der höheren Führungsebene sinnvoll sein, um eine effektive Führung und Koordination sicherzustellen. Die nächsthöhere Führungsebene übernimmt dann die Verantwortung für die Führung und gibt klare Aufträge an die untergeordneten Einheiten.

Die 2–5er Regel bietet somit einen Leitfaden für die angemessene Verteilung von Führungsaufgaben und Entscheidungskompetenzen in der Auftragstaktik. Sie ermöglicht eine effiziente und flexible Einsatzführung, bei der die Führungskräfte Verantwortung ergreifen und eigenverantwortlich handeln können, ohne die Gesamtkontrolle zu gefährden.

Es ist wichtig anzumerken, dass die genaue Größe einer taktischen Einheit oberhalb der Zugebene nicht fest definiert ist und je nach Organisation und Einsatzszenario variieren kann. Die 2–5er Regel dient jedoch als allgemeine Richtlinie, um den Führungskräften eine Orientierung zu geben und ihnen dabei zu helfen, die Auftragstaktik erfolgreich anzuwenden.

Die Prinzipien der Auftragstaktik und Befehlstaktik können auf verschiedene Weise auf die Wirtschaft übertragen werden und beinhalten für uns Führungs-

kräfte einige wertvolle Lektionen. Hier sind einige Aspekte, die Führungskräfte aus beiden Führungstaktiken für ihre Arbeit in der Wirtschaft lernen können:
   Auftragstaktik in der Wirtschaft:

Delegation und Eigenverantwortung Führungskräfte können und sollten lernen, Verantwortung und Entscheidungsbefugnis an ihre Teammitglieder zu delegieren. Durch die Stärkung der Eigenverantwortung und das Vorgeben klarer Ziele und Rahmenbedingungen können sie die Motivation und das Engagement ihrer Mitarbeiter steigern.

Flexibilität und Anpassungsfähigkeit In einer sich schnell verändernden Geschäftswelt ist Flexibilität entscheidend. Wir alle können lernen, unseren Mitarbeitern den Freiraum zu geben, sich an veränderte Bedingungen anzupassen und eigenständige Entscheidungen zu treffen, um die Ziele des Unternehmens zu erreichen.

Vertrauen und Empowerment Die Auftragstaktik basiert auf dem Vertrauen in die Fähigkeiten und Kompetenzen der Mitarbeiter. Wir sollten unbedingt dazu übergehen, unseren Teams zu vertrauen, sie zu befähigen und ihnen den Raum zu geben, ihre Stärken einzusetzen und innovative Lösungen zu finden.

Befehlstaktik in der Wirtschaft:

Klarheit und Effizienz In bestimmten Situationen kann die Befehlstaktik effektiv sein, um klare Anweisungen und eine effiziente Umsetzung sicherzustellen. Wir können an dieser Stelle mitnehmen, klare Kommunikation und präzise Anweisungen zu nutzen, um die Leistung und Zusammenarbeit der Teams zu optimieren.

Sicherheit und Risikomanagement In sicherheitskritischen Umgebungen oder bei dringenden Entscheidungen kann die Befehlstaktik helfen, Sicherheit zu gewährleisten und Risiken zu minimieren. Führungskräfte können lernen, angemessen zu handeln, wenn es um die Sicherheit von Mitarbeitern oder die Bewältigung von Krisensituationen geht.

Koordination und Zusammenarbeit Die Befehlstaktik betont die Bedeutung einer klaren Hierarchie und direkten Kontrolle. Wir können nur davon profitieren, wenn wir eine effektive Koordination und Zusammenarbeit sicherstellen, indem wir klare Verantwortlichkeiten und Kommunikationswege etablieren.

Bei uns in der Agentur wird die Führungspraxis maßgeblich von der „Auftragstaktik" (wir nennen es intern nicht so) geprägt. Bei planworx haben wir erkannt, dass Flexibilität, Eigenverantwortung und dezentrale Entscheidungsfindung entscheidend sind, um in unserer beispiellos schnelllebigen und dynamischen Branche erfolgreich zu sein. Aus diesem Grund arbeiten wir zu 95 % mit der Auftragstaktik als Grundprinzip unserer Führungsphilosophie.

Die Auftragstaktik ermöglicht es unseren Mitarbeitern, ein hohes Maß an Eigenverantwortung zu übernehmen und eigenständig Entscheidungen zu treffen. Indem wir klare Ziele und Rahmenbedingungen vorgeben, geben wir unseren Mitarbeitern den Freiraum, ihre Fähigkeiten und Kreativität einzusetzen, um die gesteckten Ziele zu erreichen. Dies fördert nicht nur ihr Engagement und ihre Motivation, sondern auch ihre persönliche und berufliche Entwicklung.

Dennoch erkennen wir immer mal wieder, dass es Situationen gibt, in denen die Befehlstaktik ihre Berechtigung hat. Bei superwichtigen Entscheidungen, die beispielsweise die Sicherheit unseres Teams oder den Erfolg eines strategischen, wichtigen Projekts betreffen, greifen wir zur Befehlstaktik (auch ohne es ausdrücklich so zu nennen) zurück. In solchen Fällen wird eine klare Hierarchie etabliert und direkte Anweisungen werden gegeben, um eine effiziente Umsetzung sicherzustellen und Risiken zu minimieren.

Unsere Erfahrung hat gezeigt, dass die Kombination aus der überwiegenden Anwendung der Auftragstaktik und dem gezielten Einsatz der Befehlstaktik bei kritischen Entscheidungen ein effektives Führungsinstrument ist. Diese Herangehensweise ermöglicht es uns, die Vorteile beider Taktiken zu nutzen und unsere Teammitglieder zu befähigen, Verantwortung zu übernehmen und gleichzeitig klare Führung und Sicherheit zu gewährleisten.

Durch unsere starke Betonung der Auftragstaktik haben wir ein Umfeld geschaffen, in dem unsere Mitarbeiter ihre Fähigkeiten entfalten können und Innovation gefördert wird. Gleichzeitig wissen sie, dass sie bei wichtigen Entscheidungen auf unsere klare Führung und Unterstützung zählen können.

Die bewusste Entscheidung, überwiegend auf die Auftragstaktik zu setzen und nur in besonderen Fällen zur Befehlstaktik überzugehen, hat sich für planworx als effektive Führungsstrategie erwiesen. Sie trägt zur Entwicklung eines agilen, motivierten und leistungsstarken Teams bei und ermöglicht es uns, schnell auf Veränderungen zu reagieren und erfolgreich in einer dynamischen Agenturumgebung zu agieren.

Um die Anwendbarkeit und Wirksamkeit der Auftragstaktik und Befehlstaktik im Feuerwehrwesen zu verdeutlichen, werfen wir nun einen Blick auf einige spannende Praxisbeispiele. Diese Beispiele zeigen, wie die beiden Führungstaktiken in realen Einsatzszenarien eingesetzt wurden und welche

Auswirkungen sie hatten. Dabei werden wir sowohl Situationen betrachten, in denen die Auftragstaktik erfolgreich angewendet wurde und die Einsatzkräfte ihre Flexibilität und Eigenverantwortung demonstrierten, als auch solche, in denen die Befehlstaktik zur Sicherstellung klarer Anweisungen und direkter Kontrolle unverzichtbar war.

Diese Praxisbeispiele ermöglichen es uns, die Stärken und Schwächen beider Führungstaktiken zu erkennen und wertvolle Erkenntnisse für die Übertragbarkeit auf die freie Wirtschaft zu gewinnen. Wir werden sehen, wie die Auftragstaktik den Einsatzkräften ermöglicht, sich an unvorhergesehene Situationen anzupassen und innovative Lösungen zu finden, während die Befehlstaktik in sicherheitskritischen Situationen für klare Strukturen, schnelle Entscheidungen und effiziente Abläufe sorgt.

Praxisbeispiel 14

Das lokale Praxisbeispiel zum Führungsprinzip „Von Befehlstaktik zur Auftragstaktik" liefert mir Peter Saur. Auch Peter, von der Mannschaft oftmals liebevoll „Pe" genannt, ist mehr oder weniger im Feuerwehrhaus groß geworden. In seiner Jugend war sein Vater der 1. Kommandant der FFW Herrsching und hat das Feuerwehrdasein vorgelebt. Noch heute schwärmt Peter von den Samstagen, an denen man sich regelmäßig im Feuerwehrhaus getroffen und Fahrzeuge und Ausrüstung gewartet, kontrolliert und gepflegt hat. Natürlich tritt auch er im Alter von 12 Jahren sofort der Jugendfeuerwehr bei und nimmt alle Übungen mit, die der Dienstplan so hergibt – auch bei den Erwachsenen darf die Jugend zu der Zeit mit üben. Kaum 18 Jahre alt nutzt Peter die allererste Gelegenheit, um im Herbst 2009 die Ausbildung zum Atemschutzgeräteträger zu absolvieren. „Feuerwehr war für mich immer Atemschutz. Das drumherum ist alles auch schön, aber ich wollte immer in brennende Gebäude gehen und Feuer löschen" reflektiert er heute die damalige Situation. Es folgen unzählige weitere Ausbildungen: Maschinist, Drehleitermaschinist, Gerätewart usw. Als er mir sein Feuerwehrdienstbuch zeigt, finden wir kaum noch leere Seiten oder offene Ausbildungen. Seit März 2019 ist Peter unser 2. Kommandant. Für mich persönlich ist Peter aber auch der „Erklär-Bär" schlechthin. Mit einer Engelsgeduld erklärt er Neulingen (und nicht nur denen) technische Handgriffe, Hintergründe und Optimierungen – darum passt er auch so gut für dieses Beispiel. Dieses ereignet sich im Juni 2023 am späten Abend. Aufgrund eines Unwetters häufen sich an diesem Abend die wetterbedingten Einsätze, die alle der Reihe nach abgearbeitet werden, als die FFW zu einer akuten Wohnungsöffnung alarmiert wird. Peter, der im ELW unterwegs ist, übernimmt zusammen mit einem HLF und der Drehleiter den Einsatz. Vor Ort angekommen stellt sich die Lage wie folgt dar: Ein beatmungspflichtiger Patient ist alleine in einer Wohnung im 2. OG eingeschlossen. Ein Angehöriger, der normalerweise auch den Patienten betreut, hat sich beim Abpassen eines Lieferdienstes aus der Wohnung ausgesperrt. Im Gespräch berichtet er Peter, dass er allerdings glaubt, dass die Balkontüre offen steht. Da keine akute Gefahr und Zeitnot besteht, entschließt sich Peter dazu, möglichst ohne

Schaden zu verursachen in die Wohnung zu gelangen – und zwar auf zwei Wegen: Ein Teil der Besatzung des HLFs soll es „schonend" über die Eingangstüre versuchen. Die Besatzung der Drehleiter weist er an, es zusammen mit der restlichen Besatzung des HLFs über den Balkon zu versuchen. Klare Auftragstaktik. Er selbst überwacht die Maßnahmen an der Eingangstüre. Letztere erweist sich als sehr widerstandsfähig, und mehrere Versuche, die Türe schadenfrei zu öffnen scheitern. Allerdings erwartet Peter, dass die Tür ohnehin jeden Moment von innen vom Trupp „Balkon" geöffnet wird. Als sich seine Erwartung auch Minuten später noch nicht bestätigt hat, geht er im Hof nachsehen und ist überrascht von der Situation: „Weil aufgrund der Lage des Balkons zur Straße der Einsatz der Drehleiter nicht möglich war, wollte es die Mannschaft mit der Steckleiter versuchen. Aber da lagen, nach all der Zeit, gerade mal 2 Steckleiterteile im Gras, die vom Dach des HLFs heruntergebracht wurden. Auf den ersten Blick konnte ich jedoch sehen, dass es mindestens drei Teile braucht, um auf den Balkon zu gelangen." Das ist der Moment, in dem er zur Befehlstaktik wechselt und klare Anweisungen erteilt. Nach kurzer Zeit kann dann auch der Balkon erreicht und die Wohnung von innen geöffnet werden. Wichtig ist Peter am Ende des Gesprächs zu erwähnen: „Das war eine absolute Ausnahme! In 99 % der Fälle funktioniert bei uns die Auftragstaktik und ich kann mich zu 100 % auf die Mannschaft verlassen".

Praxisbeispiel 15

Am Freitag, dem 20. Mai 2022 wurde die Feuerwehr zu einem herausfordernden Einsatz in Heidelberg gerufen. Ein Brand hatte sich in einem Büro- und Geschäftsgebäude entlang der Fassade und auf dem Dach ausgebreitet (Abb. 6.3). Diese Art von Brand stellt eine besondere Herausforderung dar, da die Brandbekämpfung in der Höhe und an der Fassade schwierig ist und eine schnelle Ausbreitung droht. Angesichts dieser komplexen Einsatzlage wurde die Auftragstaktik angewendet und der Einsatzort in mehrere Einsatzabschnitte unterteilt, um die Einsatzkräfte effektiv zu koordinieren und die schwierigen Situationen erfolgreich zu bewältigen.

Einsatzabschnitt „Gebäudefront": In diesem Abschnitt wurde eine Riegelstellung mit einer Drehleiter aufgebaut, um eine weitere Brandausbreitung auf die intakte Fassade zu verhindern. Die Drehleiter wurde mittig am Gebäude platziert und erwies sich als effektive Maßnahme, um die Brandausbreitung auf weitere Teile der Fassade zu stoppen. Zusätzlich wurde die vermeintliche Brandausbruchsstelle an der südöstlichen Gebäudeecke zügig gelöscht, um das Feuer unter Kontrolle zu bringen.

Einsatzabschnitt „Innenhof": Um das Gebäudeinneren zu kontrollieren und nach Personen zu suchen, wurde der Einsatzabschnitt „Innenhof" gebildet. Ein Stoßtrupp begab sich unter Atemschutz in das Gebäude und richtete im vierten Obergeschoss ein Depotgeschoss ein. Die darüber liegenden Geschosse wurden systematisch kontrolliert, und Brandstellen konnten schnell abgelöscht werden. Eine Löschwasseranlage wurde „trocken" eingespeist, um die Einsatzkräfte mit ausreichend Wasser zu versorgen.

Abb. 6.3 Brand einer Fassade in Heidelberg (FW Heidelberg)

Einsatzabschnitt „Gebäuderückseite": Für die Kontrolle und Brandbekämpfung des südlichen Dachbereiches wurde ein weiterer Einsatzabschnitt an der Gebäuderückseite gebildet. Die Freiwillige Feuerwehr Walldorf war mit einer Hubarbeitsbühne (32-Meter-Klasse) und einem HLF 20 zur eigenständigen Wasserversorgung ausgestattet. Die Hubarbeitsbühne übernahm die Löscharbeiten bis zur Mitte des Dachbereiches und trug so erfolgreich zur Brandbekämpfung bei.

Einsatzabschnitt „Warnen und Messen": Aufgrund der starken Rauchentwicklung wurden frühzeitig verschiedene Warnmedien genutzt, um die Bevölkerung zu informieren. Zudem wurden umfangreiche Messfahrten im Stadtgebiet durchgeführt, um die Warninformationen zu konkretisieren und mögliche Schadstoffbelastungen zu dokumentieren. Es konnte keine erhöhte Schadstoffbelastung an den Messpunkten im Stadtgebiet festgestellt werden.

Führungsunterstützung: Die Einsatzleitung erhielt Unterstützung durch die Führungsgruppe der Freiwilligen Feuerwehr. Die Führungsgruppe aktualisierte die Lagekarte, führte die Einsatzmittel- und Kräfteübersicht, bereitete regelmäßige Lagebesprechungen vor und dokumentierte den Einsatzverlauf.

Presse und Öffentlichkeitsarbeit: Die Medien wurden frühzeitig und umfassend über den Einsatz informiert. Ein Pressesprecher der Polizei übernahm die

Erstbetreuung der Medienvertreter, um die Einsatzleitung zu entlasten. Die Lage wurde regelmäßig über die Einsatzleitung der Feuerwehr und das Amt für Öffentlichkeitsarbeit der Stadt Heidelberg aktualisiert.

Betreuung und medizinische Versorgung: Die Betreuung und medizinische Versorgung der betroffenen Personen wurden eigenständig durch einen Organisatorischen Leiter Rettungsdienst einer Hilfsorganisation in Zusammenarbeit mit einem Leitenden Notarzt koordiniert. Etwa 100 betroffene Personen wurden in einer nahegelegenen Rettungswache betreut. Es wurden keine Verletzten festgestellt.

Fazit: Dank der Anwendung der Auftragstaktik und der Aufteilung des Einsatzes in verschiedene Einsatzabschnitte konnte der Brand erfolgreich bekämpft werden. Die Riegelstellung an der Gebäudefront und die Kontrolle des Gebäudeinneren ermöglichten eine effektive Brandbekämpfung. Die kreative Lösung, die Hubarbeitsbühne an der Gebäuderückseite einzusetzen, trug ebenfalls zum Erfolg bei. Die frühzeitige Warnung der Bevölkerung und die umfangreichen Messungen sorgten für eine effektive Kommunikation und Überwachung der Einsatzlage. Die gute Zusammenarbeit der verschiedenen Einsatzkräfte, einschließlich der Feuerwehr, Polizei, Hilfsorganisationen und THW, sowie die schnelle Reaktionszeit der ersten Kräfte waren entscheidend für den positiven Verlauf des Einsatzes.

6.3 Führungsprinzip 7: Feuerwehr als Vorbild: Die Kunst der Balance zwischen Standardisierung und kreativem Handeln in der Wirtschaft

Strukturierte Prozesse oder improvisierte Lösungen? Warum beide Herangehensweisen für den Erfolg notwendig sein können?
Bei der Feuerwehr in Herrsching verbringen wir sehr viel mehr Zeit mit Regelübungen, Spezialausbildungen und Vorbereitung auf Leistungsabzeichen, als wir Zeit mit Einsätzen verbringen – sogar deutlich mehr: Im Jahr 2022 haben wir beispielsweise 2666,55 h geübt, wie die folgende Statistik aus unserem Jahresbericht zeigt (Abb. 6.4):

Dem gegenüber stehen „nur" 312,7 h in Einsätzen, also gerade mal etwas mehr als 10 % der Übungszeit (Abb. 6.5):

Inhalt der Übungen sind regelmäßig wiederkehrend der Umgang mit unserem Material und der Ausstattung der Fahrzeuge, wie Leitern, Hebekissen, hydraulischer Schere und Spreizer, Seilwinden, Strahlrohre, Wasserwerfer usw. Sehr viel Zeit verbringen wir allerdings auch mit der Theorie und Praxis von sogenannten Standardeinsatzregeln.

Regelübung Aktive	24	1354,75 h
Regelübung Jugend	29	474,0 h
Atemschutz	4	117,8 h
Bootsführer	6	96,0 h
First Responder	5	139,5 h
Führungsdienst	2	10,0 h
Maschinisten	4	68,0 h
Leistungsabzeichen	2	326,5 h
PHTLS	10	80,0 h
GESAMTSTUNDEN alle Ausbildungen		2.666,55 h

Abb. 6.4 Ausbildungsstunden im Jahr 2022 (FFH)

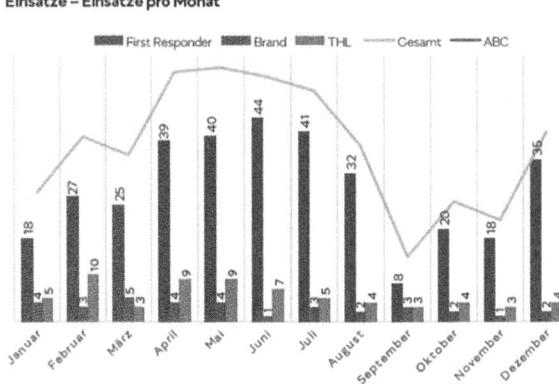

Einsätze – Einsätze pro Monat

First Responder ▪ Brand ▪ THL — Gesamt — ABC

Durchschnittliche Einsatzzeit und Anzahl der Einsätze

Monat	Einsätze	Einsatzzeit
01/2022	28	24,3 h
02/2022	40	2265,7 h
03/2022	36	29,8 h
04/2022	54	34,4 h
05/2022	55	35,3 h
06/2022	53	32,9 h
07/2022	50	35,4 h
08/2022	38	24,1 h
09/2022	14	9,9 h
10/2022	26	16,5 h
11/2022	22	15,2 h
12/2022	41	32,2 h

Gesamt Jahr: 26x Fehlalarmierung

Abb. 6.5 Einsatzzeiten im Jahr 2022 (FFH)

Standardeinsatzregeln (SER) sind vordefinierte Vorgehensweisen und Handlungsanweisungen, die in bestimmten Einsatzszenarien angewendet werden. Sie dienen dazu, die Einsatzkräfte bei wiederkehrenden Situationen schnell und effektiv agieren zu lassen. Standardeinsatzregeln basieren auf langjähriger Erfahrung, bewährten Taktiken und Erkenntnissen aus vergangenen Einsätzen. Sie ermöglichen eine standardisierte Herangehensweise und tragen zur effizienten Einsatzführung bei.

Die genauen Inhalte und Ausgestaltung der Standardeinsatzregeln variieren je nach Organisation, Einsatzbereich und Einsatzszenario. Sie können beispielsweise Regelungen für Brandeinsätze, technische Hilfeleistungen oder Rettungseinsätze umfassen. Typischerweise umfassen Standardeinsatzregeln Informationen zu folgenden Aspekten:

1. Lagebeurteilung: Anhand vordefinierter Kriterien und Indikatoren wird eine schnelle Einschätzung der Einsatzlage vorgenommen.
2. Aufgabenverteilung: Es wird festgelegt, welche Aufgaben und Funktionen den verschiedenen Einsatzkräften zugewiesen werden.

3. Vorgehensweisen: Es werden spezifische Handlungsanweisungen für den Einsatzverlauf gegeben, z. B. bei der Brandbekämpfung, der Personenrettung oder der technischen Hilfeleistung.
4. Kommunikation: Es werden klare Kommunikationsrichtlinien festgelegt, um eine effektive Kommunikation zwischen den Einsatzkräften zu gewährleisten.
5. Sicherheit: Es werden Sicherheitsmaßnahmen und Verhaltensregeln definiert, um das Wohl der Einsatzkräfte zu schützen.
6. Zusammenarbeit: Es werden Leitlinien für die Zusammenarbeit mit anderen beteiligten Organisationen oder Behörden festgelegt.

Standardeinsatzregeln sind in der Regel praxiserprobt und werden regelmäßig überprüft, aktualisiert und den sich verändernden Einsatzbedingungen angepasst. Sie unterstützen die Einsatzkräfte bei der schnellen und effektiven Bewältigung von Einsätzen und erhöhen die Sicherheit für Einsatzkräfte und Betroffene.

Ein gutes und einfaches Beispiel für eine Standardeinsatzregel (SER), das auch in der Praxis recht häufig vorkommt, ist der BMA-Alarm (Brandmeldeanlage-Alarm). Bei einem BMA-Alarm handelt es sich um einen Alarm, der durch das Auslösen einer Brandmeldeanlage ausgelöst wird. Hier ist eine mögliche Standardeinsatzregel für einen BMA-Alarm:

1. Erste Intervention: Beim Eintreffen an der Einsatzstelle überprüfen die Einsatzkräfte den Alarmstatus der Brandmeldeanlage und den genauen Einsatzort.
2. Lageerkundung: Die Einsatzkräfte erkunden den betroffenen Bereich, um mögliche Brand- oder Rauchentwicklungen festzustellen.
3. Kommunikation: Der Einsatzleiter informiert die Leitstelle über den aktuellen Einsatzstatus und fordert gegebenenfalls weitere Ressourcen an.
4. Erste Maßnahmen: Sofern kein offensichtlicher Brand oder Rauch festgestellt wird, wird zunächst eine Sichtprüfung und Kontrolle der relevanten Bereiche durchgeführt.
5. Zusammenarbeit mit dem Betreiber: Die Feuerwehr arbeitet eng mit dem Betreiber oder dem Sicherheitspersonal vor Ort zusammen, um Informationen über mögliche Gefahren oder Störungen in der Anlage zu erhalten.
6. Weiterführende Maßnahmen: Bei Feststellung von Rauch oder Brand wird ein Löschtrupp gebildet, der die Brandbekämpfung einleitet. Gleichzeitig wird die Evakuierung von Personen und gegebenenfalls die Räumung des betroffenen Bereichs eingeleitet.
7. Nachkontrolle: Nachdem der Einsatz abgeschlossen ist, wird die Brandmeldeanlage zurückgesetzt und auf ihre Einsatzbereitschaft überprüft.

Es ist wichtig zu beachten, dass Standardeinsatzregeln je nach Feuerwehr und örtlichen Gegebenheiten variieren bzw. deutlich detaillierter ausfallen können. Die SER für eine BMA in Herrsching enthält zum Beispiel noch Informationen zur idealen Ausrückordnung (welche Fahrzeuge rücken bei einer Alarmierung in welcher Reihenfolge aus), der Ausrüstung der einzelnen Trupps oder den zu benutzenden Funkfrequenzen.

Dieses standardisierte Vorgehen üben wir dann mind. zweimal im Jahr, um es im Einsatzfall nahezu „blind" abrufen zu können.

Ein zusätzlicher, wichtiger Aspekt von Standardeinsatzregeln (SER) im Feuerwehrwesen ist ihre Rolle bei der Ausbildung und Bewertung von Feuerwehrangehörigen. SER dienen nicht nur dazu, den Einsatzablauf zu strukturieren, sondern werden auch im Rahmen von Leistungsabzeichen verwendet. Leistungsabzeichen sind Prüfungen, bei denen Feuerwehrangehörige ihr Wissen und ihre Fähigkeiten in verschiedenen Einsatzszenarien unter Beweis stellen können. Dabei müssen sie die SER anwenden und ihre Aufgaben innerhalb eines festgelegten Zeitrahmens erfolgreich absolvieren. Diese Leistungsabzeichen dienen nicht nur der individuellen Weiterentwicklung und dem Training, sondern fördern auch den Teamgeist und die Zusammenarbeit innerhalb der Feuerwehreinheiten. Sie tragen dazu bei, dass Feuerwehrangehörige in der Lage sind, im Ernstfall effektiv und effizient zu handeln.

Der BMA-Alarm diente uns als anschauliches Beispiel für die Anwendung von Standardeinsatzregeln (SER) in der Feuerwehr. Doch was passiert, wenn die Realität von den erwarteten Standards abweicht?

Stellen wir uns vor, die Feuerwehr wird zu einem BMA-Alarm gerufen. Doch statt eines harmlosen Fehlalarms entdecken die Kollegen (wie im Praxisbeispiel 3), dass die Brandmeldeanlage ausgelöst hat, weil mehrere 1000 l Salpetersäure ausgelaufen ist, und eine echte Katastrophe droht. So wird schnell aus der statischen, eine sehr dynamische Lage, für die es weltweit keine passende SER gibt.

Spätestens hier kommt das Konzept der situativen Führung, bzw. des situativen Handelns, neudeutsch würde man wohl sagen des „Free-Flow", ins Spiel.

Dieses Konzept betont Flexibilität, Anpassungsfähigkeit und improvisatorisches Handeln in komplexen und unvorhersehbaren Situationen. Es ermöglicht den Einsatzkräften, von den starren Vorgaben der SER abzuweichen und situativ angemessene Entscheidungen zu treffen.

Der Fokus liegt dabei nun auf der bestmöglichen Bewältigung des Einsatzes unter Berücksichtigung der vorhandenen Ressourcen.

Die Balance zwischen Standardprozessen und dem Free-Flow ist hier entscheidend. Während Standardeinsatzregeln wichtige Leitlinien bieten, stoßen sie manchmal an ihre Grenzen. In solchen Momenten müssen die Einsatzkräfte in der Lage sein, flexibel zu handeln und sich an die spezifische Situation anzupassen.

Die Verbindung zwischen Standardeinsatzregeln und dem Free-Flow-Konzept verdeutlicht die Bedeutung von Struktur und Flexibilität in der Einsatzbewältigung. Eine ausgewogene Herangehensweise ermöglicht es der Feuerwehr, den Anforderungen und Herausforderungen eines Einsatzes gerecht zu werden und gleichzeitig eine effektive und sichere Vorgehensweise zu gewährleisten.

Der Unterschied zwischen Standardprozessen und dem „Free-Flow" liegt in der Balance zwischen Struktur und Flexibilität. Standardprozesse bieten klare Anweisungen und einen festgelegten Rahmen, der Wiederholbarkeit und Effizienz ermöglicht. Sie sind besonders nützlich in wiederkehrenden Situationen oder bei Aufgaben, die eine hohe Präzision erfordern. Der „Free-Flow" hingegen betont die Agilität, Kreativität und Anpassungsfähigkeit der Einsatzkräfte, um auf unvorhergesehene Ereignisse und komplexe Situationen zu reagieren.

Es ist wichtig anzumerken, dass in der Praxis oft eine Kombination von Standardprozessen und dem „Free-Flow" zum Einsatz kommt. Während Standardprozesse die Grundlage bilden und Struktur bieten, ermöglicht der „Free-Flow" den Einsatzkräften, ihre Fachkenntnisse, Erfahrungen und situativen Einschätzungen einzubringen, um bestmögliche Entscheidungen zu treffen. Die richtige Balance zwischen beiden Ansätzen ist entscheidend, um Effektivität und Flexibilität in Einsatzsituationen zu gewährleisten.

Und natürlich ist der Umgang mit und das Findern einer ausgewogenen Bilanz zwischen Standard und Free-Flow nicht auf die Feuerwehr beschränkt, sondern bietet auch für uns BWLer wieder einige Learnings:

Auch in der freien Wirtschaft spielen die Strukturierung von Prozessen und die Bewertung der Leistung eine entscheidende Rolle für den Erfolg von Unternehmen. Standardprozesse werden entwickelt, um den reibungslosen Ablauf von Geschäftsabläufen zu gewährleisten. Sie dienen als Richtlinien und Handlungsanweisungen, um Mitarbeitern klare Vorgaben zu geben und eine konsistente Arbeitsweise zu fördern. Im Arbeitsalltag sind solche Prozesse nicht immer gerne gesehen und oft als „Schikane" verschrien. Durch die Etablierung von Standardprozessen können Unternehmen jedoch ihre Effizienz steigern, Fehler minimieren und eine Grundlage für eine erfolgreiche Zusammenarbeit schaffen.

Darüber hinaus sind „Leistungsabzeichen" ein Instrument, um die individuelle Leistung von Mitarbeitern zu bewerten und anzuerkennen. Sie dienen als objektive Messgröße für Fähigkeiten, Kompetenzen und den Beitrag eines

Mitarbeiters zum Erfolg des Unternehmens. Leistungsabzeichen ermutigen Mitarbeiter, ihr Bestes zu geben, sich weiterzuentwickeln und ihre Fähigkeiten kontinuierlich zu verbessern. Sie fördern eine Kultur der Exzellenz und unterstützen die Motivation und Bindung der Mitarbeiter. Als Eventagentur dürfen wir immer wieder mal Firmenincentives als Belohnung für außerordentliche Leistungen von einzelnen Mitarbeitern oder ganzen Teams organisieren und dabei feststellen, für wie viel zusätzliche Motivation und Ansporn ein solches Programm sorgen kann.

In der modernen Geschäftswelt wird jedoch zunehmend erkannt, dass nicht alles in Standardprozessen und Leistungsabzeichen festgelegt werden kann. Unternehmen stehen vor ständig wechselnden Herausforderungen und müssen sich schnell an neue Bedingungen anpassen. Der „Free-Flow" – die Fähigkeit, flexibel und agil zu sein, kreativ zu denken und innovative Lösungen zu finden – gewinnt an Bedeutung. Unternehmen, die in der Lage sind, eine ausgewogene Balance zwischen Struktur und Flexibilität zu finden, sind besser gerüstet, um auf Veränderungen zu reagieren, Chancen zu erkennen und erfolgreich zu wachsen.

Ich bin der Überzeugung, dass uns, als Agentur, unsere vor der Coronakrise etablierten Prozesse durch die Krise getragen haben, wir durch ein starres Festhalten daran, diese jedoch nie so erfolgreich gemeistert hätten.

Für uns Führungskräfte in Wirtschaftssubjekten geht es heutzutage darum, die Vorteile von Standardprozessen zu nutzen, um eine solide Grundlage zu schaffen und gleichzeitig den Raum für Kreativität und Innovation zu ermöglichen. Es geht darum, eine Führungskultur zu schaffen, die sowohl klare Richtlinien als auch Freiraum für individuelle Entfaltung bietet. Indem Unternehmen ihre Strukturen und Prozesse kontinuierlich hinterfragen, neue Ideen fördern und die Fähigkeiten ihrer Mitarbeiter gezielt entwickeln, können sie den Wandel erfolgreich bewältigen und sich im Wettbewerbsumfeld behaupten.

Ein Paradebeispiel für ein ausgewogenes Zusammenspiel zwischen Prozessen und kreativem Freiraum ist ausgerechnet das moderne und bereits in Abschn. 5.4. thematisierte Management-System Scrum, das in der Softwareentwicklung weit verbreitet ist und zunehmend auch in anderen Bereichen Einzug hält: Auf der einen Seite bietet Scrum klare Strukturen und Regeln, die den Projektablauf definieren. Es gibt festgelegte Rollen wie den Product Owner, den Scrum Master und das Entwicklungsteam. Es gibt klare Meetings wie das Sprint Planning, das Daily Scrum und das Sprint Review. Es gibt Artefakte wie den Product Backlog und den Sprint Backlog. Diese Strukturen sorgen für Transparenz, eine klare Aufgabenverteilung und eine fokussierte Arbeitsweise. Auf der anderen Seite ermöglicht Scrum jedoch auch kreativen Freiraum und Flexibilität. Das Entwicklungsteam ist selbst-organisiert und eigenverantwortlich. Es entscheidet, wie die Aufgaben umgesetzt werden und wie es seine Arbeit organisiert. Innerhalb der festgelegten Sprint-Zeiträume kann das Team flexibel auf Änderungen und neue Anforderungen reagieren. Es gibt Raum für Experimente, Lernen und kontinuierliche Verbesserung.

Auch zu diesem Führungsprinzip haben wir wieder Praxisbeispiele aus dem aktuellen Einsatzgeschehen in Deutschland zusammengetragen:

Praxisbeispiel 16

Als ich mich mit unserem Gruppenführer und Leiter des Fachbereichs „First Responder" Julian Keller (von allen nur „Juli" genannt) per Videokonferenz zu diesem Praxisbeispiel austausche, befindet er sich gerade in Dresden und studiert Medizin. Das ist, wenn man seinen Lebenslauf bis hierhin betrachtet, nur konsequent und sicher von großem Nutzen für die Allgemeinheit. Ihm wurden die Themen Feuerwehr und Rettungsdienst, wie er selbst sagt, wortwörtlich „in die Wiege gelegt": Sein Vater, der einen Großteil seines Lebens Teil der aktiven Mannschaft der Feuerwehr Herrsching und viele Jahre 1. Vorsitzender des Feuerwehrvereins war, schleppt ihn schon mit 2 Monaten (!) zum ersten Mal mit ins Feuerwehrhaus. In seiner Kindheit und Jugend kann er immer wieder beobachten, wie sein Vater und 15 Jahre älterer Bruder immer wieder zu Einsätzen ausrücken oder gemeinsam den „First Responder" besetzen und so die Faszination Feuerwehr hautnah erleben. Ja, eigentlich hätte man Juli seinerzeit für „Wetten, dass???" anmelden müssen: Konnte er doch, wenn die sogenannten Alarmierungsschleifen aus dem analogen Piepsern der Familie ertönten (eigentlich nichts anderes als eine Abfolge von schrillen Tönen, ähnlich den früheren Modems), genau bestimmen, welche Feuerwehren des Landkreises gerade alarmiert worden waren. Als er endlich 12 Jahre alt wurde, war er wütend, dass sein Geburtstag auf einen Sonntag fiel und er deswegen erst am darauffolgenden Montag den Antrag zum Beitritt in die Jugendfeuerwehr unterschreiben konnte.

Im Alter von 16 Jahren überzeugt er seine Eltern, in seine medizinische Ausbildung zu investieren, die er in den Ferien absolviert. So wird er mit 16 Sanitätshelfer, mit 17 Rettungsdiensthelfer, mit 18 Rettungssanitäter und schon im Alter von 21 Notfallsanitäter. Wie gesagt, bis hierhin ein Leben für die Notfallmedizin.

Der Einsatz, um den es hier geht, startet ursprünglich als Feuerwehreinsatz. Es ist ein trister Herbsttag und Juli will gerade zu einem Freund aufbrechen, als Piepser und App einen Alarm kundtun: „THL 1 – Mann in Badewanne eingeklemmt". Klingt zunächst komisch, scheint aber in der Gemeinde Herrsching schon hin und wieder vorgekommen zu sein und ist von daher erstmal nichts Ungewöhnliches. Selbstverständlich eilt Juli zum Gerätehaus und rückt als Teil der Mannschaft mit zum Einsatz aus. Über Funk bekommen die Einsatzkräfte auf der Anfahrt mit, dass neben der Feuerwehr auch der Rettungsdienst und ein Notarzt angefordert werden, was dann doch nicht alltäglich ist. Als das HLF an den Bahnschranken (ja, genau die Bahnschranken, die ich schon im Intro thematisiert habe) jäh zum Stehen kommt, wird aus dem Funkverkehr zudem klar, dass der Patient reanimationspflichtig geworden ist. Eine Feststellung, die aus einem „Standard-Feuerwehreinsatz" ganz schnell einen akuten, medizinischen Notfall macht. Wenig später trifft das HLF als erstes Fahrzeug am Einsatzort ein und die Rettungskräfte werden in ein Mini-Bad geführt: „Das war maximal 3 × 2 m groß, die Badewanne entlang der gesamten Kopfseite, 30 cm daneben die Kloschlüssel, gerade mal ausreichend für eine Person", erinnert sich Juli heute an das Setting. Und weiter: „Die Badewanne hatte so eine Klapptür, die einen ebenerdigen Einstieg ermöglicht. Und halb in der Badewanne, halb aus der Tür ragend, den Kopf nah der Kloschüssel, lag, nein, klemmte unser Patient, den wir alle im Nachhinein auf mindestens 200 kg geschätzt haben." Das ist der Moment, in dem Julis „Masterplan" mitsamt seiner Standard-ToDo-Liste zusammenbricht: „Normalerweise steht an Position 1 immer, den Patienten flach auf den Boden zu legen und Platz zu schaffen für die Unmengen an Equipment, vom Beatmungsbeutel, über den Defi, bis hin zum EKG und die vielen Retter, die in einem solchen Fall am Patienten arbeiten. Mir war in dem Fall aber sofort klar, dass wir den Patienten niemals bewegt bekommen würden und uns den Platz im Laufe der Rea schaffen mussten. Zu allem Überfluss war der Patient nackt und nass. Immerhin war zu diesem Zeitpunkt zumindest die Wanne leer." Juli beginnt sofort mit drückenden Reanimationsbewegungen auf den Brustkorb, der Situation geschuldet breitbeinig neben dem Patienten stehend, statt kniend, wie sonst üblich – ein Fuß in der Badewanne, einer daneben. Für einen Beatmungsbeutel inkl. sinnvoller Beatmung ist zwischen Toilette und Kopf nicht wirklich Platz. Irgendwann gelingt es dem Team aber, eine sogenannte „i-gel-Maske" einzuführen und den Patienten darüber zu beatmen. Das medizinische Equipment wird bei Bedarf immer da abgestellt, wo sich gerade ein freier Platz findet, im Zweifel auf dem Waschbecken oder dem Klodeckel. „Platz können wir uns hier nur schaffen, indem wir das Bad mit Gewalt auseinandernehmen, es im Grunde genommen zerstören", denkt sich Juli kurz bevor ein Kollege mit einer Säbelsäge zwischen seinen Beinen hantiert und Teile der Badewanne absägt – eine Szene, die sich für immer in seinem Kopf eingebrannt hat. Danach wieder 100 % Konzentration auf die Reanimation: „Die Reanimation ist bei solch extrem adipösen Menschen ohnehin schon schwierig, wie sich auch jeder Laie vorstellen kann. Die beschriebenen Rahmenbedingungen haben daraus eine Mammutaufgabe gemacht." Juli arbeitet laut eigenen Worten „wie im Tunnel" und kann sich im Anschluss nicht mehr erinnern, ob Kollegen auch das Klo beseitigt haben und wenn ja, wie: „Ich glaub, es war dann weg, aber beschwören könnte ich das nicht." Nach einer Zeitspanne, die dem Team wie eine Ewigkeit vorkam, trifft schließlich der Notarzt ein. Dieser beschließt, nach weiteren 20 intensiven Minuten der Reanimation alle weiteren Bemühungen einzustellen und den Patienten schweren Herzens aufzugeben. „Wir hätten es trotz der Umstände schaffen können, aber der Zeitpunkt zwischen Vorfall und unserem Eintreffen, in dem sich niemand um die Reanimation gekümmert hat, war schlicht und einfach zu lang", lässt Juli zum Ende des Gesprächs seiner Enttäuschung freien Lauf.

Praxisbeispiel 17

Ich glaube, jede Feuerwehr ist bemüht, sich in Sachen Lage und Gestaltung der Feuerwache, Anzahl, Art und Ausstattung der Fahrzeuge, der Ausrüstung und durch die Beschaffung von Spezialequipment den jeweiligen Anforderungen des Einsatzgebietes anzupassen. Gibt es beispielweise kein Meer, See oder anderes Gewässer im Einsatzgebiet, dürfte ein Rettungsboot eher wenig Sinn machen. Als Vorbild für Innovation und Anpassungsfähigkeit im Feuerwehrwesen gilt sehr häufig die norwegische Stadt Bergen. Gründe für diese positive Entwicklung gibt es einige: Zum einen ist es die Lage zwischen einem Fjord und dem alpinen Bergland, was eine vielseitige und anspruchsvolle Umgebung für Feuerwehrein-sätze darstellt. Zum anderen ist Bergen bekannt für sein buntes Ensemble von Holzhäusern und zahlreiche historische Gebäude, die von der bedeutsamen Ver-gangenheit der Stadt zeugen, aber oft auch schon der Grund für gewaltige Großbrände in der Stadt waren. Bergen ist aber auch eine sehr moderne Stadt, die neue Technologien, wie E-Mobilität, Digitalisierung und neue Wohn-konzepte, sehr schnell adaptiert. Auf all diese Besonderheiten hat die orts-ansässige Feuerwehr versucht zu reagieren:

Fahrzeuge und Ausrüstung

- *Die Feuerwehr Bergen verfügt über ein hochmodernes Feuerlöschboot, an-getrieben von zwei Volvo Penta D13-Motoren, das eine Geschwindigkeit von 33 Knoten erreichen kann. Dieses Boot stellt eine bedeutende Ressource für Einsätze auf dem Wasser dar.*
- *Die Hauptfeuerwache, errichtet im Jahr 2007, liegt strategisch günstig am Rand der Altstadt. Ihre bemerkenswerte halbrunde Bauweise macht sie zu einem auffälligen Merkmal in der Stadtlandschaft.*
- *Direkt am Gelände der Hauptwache ist ein Rettungsboot stationiert, das dank einer hydraulischen Hebeanlage schnell ins Wasser gelassen werden kann, um bei Notfällen auf dem angrenzenden Hafenausläufer sofort reagieren zu können.*
- *Die Feuerwehr Bergen hat auch in Sachen Nachhaltigkeit und Umweltschutz Maßnahmen ergriffen. Für die Verwaltungsmitarbeiter stehen zehn Opel Corsa-e Elektrofahrzeuge zur Verfügung, komplettiert durch zehn eigene Ladestationen.*

Technologische Innovationen und Strategien

- *Die Feuerwehr hat innovative Ansätze in der Notrufabfrage implementiert. Der Disponent kann auf die Handykamera des Anrufers zugreifen, um sich ein direktes Bild von der Situation zu machen, was die Effizienz und Effektivität der Einsätze erheblich verbessert.*
- *Der vorbeugende Brandschutz ist ein Kernanliegen der Feuerwehr Bergen. Dies umfasst klassische Aufgaben wie brandschutztechnische Stellungnahmen und Risikoanalysen, aber auch innovative Ansätze wie die Verwendung von Social Media zur Aufklärung der Bevölkerung über Brandschutz.*

Spezialisierte Einheiten und Ausbildungseinrichtungen

- *Eine besondere Einheit innerhalb der Feuerwehr Bergen ist die USAR-Einheit (Urban Search and Rescue), die sich auf die Rettung in städtischen und alpinen Gebieten spezialisiert hat.*
- *Die Hauptfeuerwache verfügt über einen Übungsturm, eine Atemschutzübungsstrecke und eine Heißausbildungsanlage, die den Feuerwehrleuten vielfältige Trainingsmöglichkeiten bieten. Die Kräfte müssen daher nicht zur Fortbildung an die Feuerwehrschule ins weit entfernte Fjelldal (Abb. 6.6)*

Weitere Besonderheiten

- *Ein innovatives Rollcontainer-System ermöglicht es der Feuerwehr, ihre Ausrüstung effizient und geordnet zu halten. Diese Container sind spezifisch für verschiedene Einsatzsituationen vorgesehen.*
- *Für besondere Einsätze verfügt die Feuerwehr über spezialisierte Fahrzeuge, darunter einen Pick-up für Brände in Parkhäusern und ein Fahrzeug zur Restwertrettung, das dazu dient, die Schäden an Gebäuden nach Unglücken zu minimieren.*

Abb. 6.6   Zentrale der Feuerwehr Bergen (FW Bergen)

6.4 Führungsprinzip 8: Vom Taktiker zum strategischen Lenker: Die konsequente Entflechtung von operativen Aufgaben für Kommandanten in Feuerwehr und Wirtschaft!

Warum Kommandanten nicht löschen, selbst wenn es brennt?

Ich habe ja schon im ersten Kapitel von meinem ersten, richtigen Einsatz, aka „Der Arm" berichtet. Im Verlaufe des Einsatzes war ich viel zu beschäftigt mit mir, meinen Emotionen, meinem Adrenalin und auch mit den mir zugeteilten, ehrlicherweise sehr einfachen Aufgaben („Mach mal bitte Licht!", „Halte hier mal bitte!", „Räum das mal bitte weg"), dass ich keine Zeit und Nerven hatte, mir über irgendwelche Rollenverteilungen Gedanken zu machen. Weil wir bei diesem Einsatz sehr wenige Kollegen waren, kamen die Einsatzaufträge an diesem Nachmittag zum größten Teil nicht von einem Gruppenleiter, sondern vom Kommandanten Daniel direkt. Tatsächlich ist mir erst im Nachgang vor meinem inneren Auge bewusst geworden, dass ich im Verlauf des Einsatzes mehrmals Sätze dachte, wie „Das kann ich schon halten, aber eigentlich stehst Du doch viel besser!" oder „Klar, ich mach gerne Licht, aber ich mach das halt zum ersten Mal, während Du das schon vor 20 Jahren gelernt hast!". Was bin ich im Nachhinein froh, dass ich zu vorsichtig und „neu" war, um diese Sätze nur in Gedanken zu formulieren, statt sie laut auszusprechen. Denn bei allen, zumindest einigermaßen herausfordernden, zukünftigen Einsätzen (ich will hier mal die Ölspur nachts um 3 Uhr bewusst ausnehmen) konnte ich das gleiche Verhalten, nicht nur bei Daniel, sondern auch bei unseren stellvertretenden Kommandanten Peter und Robert beobachten: Sie kümmerten sich um ihre Führungsaufgaben, gaben Befehle und hielt sich konsequent aus der Umsetzung raus! Und je mehr Einblick ich in die Aufgaben eines Kommandanten bekam, umso klarer wurde mir auch, warum sie das taten und bis heute natürlich tun.

In der Feuerwehr spielt die strategische Führung eine entscheidende Rolle für den erfolgreichen Ablauf von Einsätzen. Als Kommandanten sind sie verantwortlich für die Planung, Koordination und Überwachung der gesamten Einsatzorganisation. Ihre Aufgabe ist es, den Überblick über die Gesamtsituation zu behalten und die strategischen Entscheidungen zu treffen, die den Einsatz effektiv und effizient gestalten. Sie nehmen eine übergeordnete Rolle ein und haben die Verantwortung, die richtigen Ressourcen zur richtigen Zeit am richtigen Ort einzusetzen. Und das sind erstmal nur die allerwichtigsten Aufgaben. Bei einem größeren Einsatz kommen schnell viele weitere, zusätzliche hinzu, die ebenso wichtig sein können:

Koordination Der Kommandant ist verantwortlich für die effektive Koordination aller Einsatzkräfte vor Ort. Er stellt sicher, dass alle Maßnahmen gemäß dem Einsatzplan durchgeführt werden, dass die Kommunikation zwischen den Einheiten reibungslos funktioniert und dass eine effiziente Zusammenarbeit gewährleistet ist: Haben alle Gruppenführer ihre Einsatzbefehle? Muss der Einsatz zur besseren Übersicht und Koordination ggf. in Einsatzabschnitte unterteilt werden?

Ressourcenmanagement Der Kommandant ist dafür verantwortlich, die verfügbaren Ressourcen effizient einzusetzen. Dazu gehört die Zuweisung von Einsatzkräften und Fahrzeugen an spezifische Aufgaben, die Gewährleistung ausreichender Ausrüstung und Materialien sowie die Koordination mit externen Hilfsorganisationen und anderen beteiligten Parteien: Ist jemand erschöpft und braucht eine Pause? Müssen ggf. weitere Einsatzkräfte nachgefordert werden?

Sicherheit Die Sicherheit aller Einsatzkräfte steht an erster Stelle. Der Kommandant muss sicherstellen, dass alle notwendigen Sicherheitsmaßnahmen getroffen werden, um Verletzungen und Gefährdungen zu minimieren. Dazu gehören die Einhaltung von Sicherheitsstandards, die regelmäßige Überprüfung der Einsatzumgebung auf potenzielle Gefahren und die Bereitstellung angemessener Schutzausrüstung für die Einsatzkräfte: Sind alle gefährdenden Stromquellen abgeklemmt? Hält das Wetter? Was passiert mit Einbruch der Dunkelheit?

Kommunikation Der Kommandant ist für die Kommunikation mit allen Beteiligten verantwortlich. Er muss klare Anweisungen und Informationen an die Einsatzkräfte weitergeben, um sicherzustellen, dass alle über ihre Aufgaben, Ziele und die aktuelle Lage informiert sind. Darüber hinaus ist der Kommandant auch für die Kommunikation mit externen Partnern, wie z. B. der Polizei oder anderen Hilfsorganisationen, zuständig. Auf welchem Kanal wird gefunkt? Gibt es übergeordnete Kommunikationsgruppen? Muss ggf. eine Nachrichtensperre verhängt werden?

Diese Liste ist nicht abschließend und kann je nach Art des Einsatzes und den örtlichen Gegebenheiten variieren. Ein Kommandant hat eine anspruchsvolle und vielseitige Rolle bei der Leitung eines Einsatzes und muss in der Lage sein, effektiv und flexibel auf sich ändernde Situationen zu reagieren.

Nur das konsequente Raushalten aus der Operative ermöglicht es den Kommandanten, sich ausschließlich auf ihre strategischen Führungsaufgaben zu konzentrieren. Sie können den Einsatz aus einer höheren Perspektive betrachten, frühzeitig mögliche Probleme erkennen und entsprechende Maßnahmen einleiten. Spricht man Daniel auf dieses Führungsverhalten an, erhält man umgehend eine Antwort: „Wer die Hände voll hat, hat keine Zeit zum Führen!"

Das gesamte Konzept des „Raushaltens" und der Entscheidungsfindung aus höherer Position ist übrigens keine Erfindung der Neuzeit, sondern ist schon viele hunderte Jahre alt. Es wurde schon unter dem Begriff „Feldherrnhügel" in vielen Kriegen erfolgreich praktiziert.

Der Begriff „Feldherrnhügel" stammt aus der Militärgeschichte und bezieht sich auf einen erhöhten Standort, von dem aus ein Feldherr oder Heerführer das Schlachtfeld überblicken konnte. Diese Position bot dem Feldherrn eine bessere Sicht auf die taktische Lage, die Bewegungen der Truppen und die Positionierung des Feindes.

Eine bekannte Anekdote, die den Einsatz eines Feldherrnhügels verdeutlicht, stammt aus der Schlacht von Waterloo im Jahr 1815. Der britische General Wellington hatte seinen Befehlsstand auf einem Hügel namens Mont-Saint-Jean eingerichtet, der ihm einen hervorragenden Überblick über das Schlachtfeld ermöglichte. Von dort aus konnte er die Bewegungen der französischen Truppen unter Napoleon Bonaparte beobachten und seine eigenen Entscheidungen treffen.

Wellington nutzte diese erhöhte Position, um seine Truppen strategisch zu positionieren und den Verlauf der Schlacht zu steuern. Durch seine klugen Entscheidungen und die bessere Übersicht über das Schlachtfeld konnte er letztendlich den Sieg erringen.

Bei einem größeren Einsatz fungiert sehr häufig der Einsatzleitwagen (ELW) als „Feldherrnhügel", weil er mit umfangreichen Kommunikations- und Koordinationsmaterialien ausgestattet ist.

Auch das Prinzip der „weißen Handschuhe" zielt auf die gleiche Führungsphilosophie ab und eine weitere Anekdote dazu verdeutlicht, wie wichtig es ist, dass auch in kritischen und herausfordernden Situationen ein Kommandant seine Rolle als strategischer Führer wahrnehmen sollte, anstatt sich direkt in die operativen Details einzubinden:

Während der Schlacht von Chancellorsville im Jahr 1863, bei der die Konföderierten unter der Führung von General Robert E. Lee gegen die Unionstruppen kämpften, wollte General Stonewall Jackson, einer von Lees wichtigsten Generälen, persönlich die Kampflinien inspizieren.

Da er jedoch erkannte, dass dies seine strategische Führungsfähigkeit beeinträchtigen würde, entschied er sich dagegen. Stattdessen sandte er seinen

Stab vor, um Informationen zu sammeln. Dabei soll er gesagt haben: „Schickt mir keine Berichte, solange ihr mit den Händen schmutzig seid. Kommt mit weißen Handschuhen zu mir zurück!"

Egal, ob wir es Prinzip „Feldherrnhügel", oder „weiße Handschuhe" nennen: Die Kernaussage bietet eine entscheidende Erkenntnis für Führungskräfte in der freien Wirtschaft, die offensichtlicher nicht sein könnte, aber deren Anwendung uns oft unglaublich schwer fällt: Auch in unternehmerischen Kontexten ist es von entscheidender Bedeutung, dass Führungskräfte sich nicht zu sehr in operative Aufgaben verstricken, sondern ihre Rolle als strategische Navigatorinnen und Navigatoren wahrnehmen! Das hilft nicht nur, den Überblick zu bewahren und die richtigen, wichtigen Entscheidungen zu treffen, sondern motiviert nebenbei auch noch die Mitarbeiter, weil sie dadurch fast automatisch mit mehr Verantwortung und Handlungsspielraum ausgestattet werden.

Im Gegensatz zur Feuerwehr bedeutet die Anwendung des Prinzips der „Weißen Handschuhe" in Wirtschaftssubjekten nicht, dass Führungskräfte sich komplett aus der operativen Ebene zurückziehen und die Kontrolle verlieren. Vielmehr geht es darum, die richtige Balance zwischen strategischer Ausrichtung und operativer Umsetzung zu finden. Führungskräfte müssen in der Lage sein, Informationen zu sammeln, zu analysieren und fundierte Entscheidungen zu treffen, während sie gleichzeitig ihren Teams genug Freiraum lassen, um ihre Fähigkeiten und Kreativität einzubringen.

Aber warum fällt es einigen von uns so schwer, loszulassen? Das Festhalten an operativen Aufgaben kann für Führungskräfte verschiedene Gründe haben. Einige der häufigsten Gründe sind:

Kontrollbedürfnis Führungskräfte möchten sicherstellen, dass alles reibungslos abläuft und nach ihren Vorstellungen umgesetzt wird. Indem sie sich selbst in die operativen Aufgaben einbinden, haben sie das Gefühl, die volle Kontrolle zu behalten.

Fachliches Know-how Führungskräfte haben oft einen starken Hintergrund in ihrem Fachgebiet und können es schwer loslassen, selbst aktiv in den operativen Prozessen mitzuwirken. Sie fühlen sich möglicherweise unwohl oder unsicher, wenn sie sich nicht direkt in die Arbeit einbringen können.

Mangelndes Vertrauen Einige Führungskräfte haben möglicherweise Schwierigkeiten, ihren Mitarbeiterinnen und Mitarbeitern zu vertrauen und ihnen Verantwortung zu übertragen. Sie befürchten, dass die Arbeit nicht ordnungsgemäß erledigt wird oder dass Entscheidungen getroffen werden, die nicht ihren eigenen Vorstellungen entsprechen.

Gewohnheit Manche Führungskräfte haben sich über die Jahre hinweg daran gewöhnt, in den operativen Aufgabenbereichen zu arbeiten und finden es schwierig, aus dieser Gewohnheit auszubrechen.

Der Faktor Zeit Oftmals ist es verlockend, eine Aufgabe selbst zu erledigen, da es auf den ersten Blick schneller erscheint, als sie jemand anderem zu erklären oder anzuleiten.

Die Konsequenzen daraus kennen wir alle und haben sie schon entweder selbst erlebt oder bei anderen Führungskräften beobachten können:

Mikromanagement Führungskräfte, die jede einzelne Aufgabe und Entscheidung kontrollieren und ihren Mitarbeitenden nicht genug Freiraum zur eigenständigen Arbeit geben. Dies kann dazu führen, dass Mitarbeitende sich entmündigt fühlen und ihre Fähigkeiten nicht voll ausschöpfen können.

Rückdelegation von Aufgaben Führungskräfte, die Aufgaben übernehmen, die eigentlich ihren Mitarbeitenden zugewiesen sind, weil sie der Meinung sind, dass diese die Aufgabe nicht so gut erledigen können wie sie selbst.

Unklare Delegation Führungskräfte, die Aufgaben delegieren, aber keine klaren Erwartungen und Ziele kommunizieren. Dies führt zu Unsicherheit bei den Mitarbeitenden und erhöhter Wahrscheinlichkeit von Missverständnissen und Fehlern.

Nicht-Delegation Führungskräfte, die aus Unsicherheit oder Kontrollbedürfnis Aufgaben nicht delegieren und stattdessen alles selbst erledigen.

Umso wichtiger ist es zu erkennen, dass das Festhalten an operativen Aufgaben langfristig kontraproduktiv sein kann. Führungskräfte sollten ihre Zeit und Energie darauf konzentrieren, die Vision und Strategie des Unternehmens voranzutreiben, Mitarbeitende zu motivieren und die richtigen Rahmenbedingungen für deren Erfolg zu schaffen. Indem sie die operative Ebene loslassen und ihren Mitarbeitenden Verantwortung übertragen, können sie ihre eigene Effektivität steigern und das Potenzial des gesamten Teams besser ausschöpfen.

Die kurzfristige Zeitersparnis durch das Selbstmachen führt langfristig zu einer Überlastung jeder Führungskraft. Indem sie sich immer wieder in operative Aufgaben involvieren, werden ihre Zeit und Energie auf Aufgaben verschwendet, die von anderen erledigt werden könnten.

Das erfordert jedoch meistens ein Umdenken und möglicherweise auch eine persönliche Entwicklung, um diese Veränderung vollständig umzusetzen. Führungskräfte müssen erkennen, dass sie nicht alles selbst erledigen müssen und dass sie durch Delegation und Vertrauen in ihre Mitarbeitenden langfristig erfolgreicher sein können.

Im Idealfall wird diese Form der Delegation und Führungskultur sogar Teil der Unternehmens-DNA und Firmenphilosophie, wie es einige Unternehmen erfolgreich vorgemacht haben:

Google Bei Google haben die Gründer Larry Page und Sergey Brin früh erkannt, dass sie als Führungskräfte ihre Zeit und Energie auf strategische Aufgaben konzentrieren müssen, um das Unternehmen voranzubringen. Sie haben ein System geschaffen, in dem sie sich bewusst aus der operativen Ebene heraushalten und talentierte Manager und Teams einsetzen, um die täglichen Abläufe zu übernehmen. Dies ermöglichte ihnen, sich auf die langfristige Vision von Google zu konzentrieren und neue innovative Ideen wie die Entwicklung von Google Maps, Gmail und Android voranzutreiben.

Toyota Toyota ist bekannt für seine effiziente Produktion und kontinuierliche Verbesserung. Ein entscheidender Erfolgsfaktor ist das Prinzip des „Gemba Walks", bei dem Führungskräfte regelmäßig die Arbeitsplätze und Produktionsstätten besuchen, um Probleme vor Ort zu identifizieren und Lösungen zu entwickeln. Obwohl sie aktiv an der Prozessverbesserung beteiligt sind, halten sie sich bewusst von der operativen Umsetzung fern. Stattdessen fördern sie die Eigenverantwortung der Mitarbeitenden und geben ihnen die Möglichkeit, ihre Expertise und Kreativität einzubringen.

Netflix Netflix hat eine innovative Unternehmenskultur entwickelt, die auf Vertrauen und Freiheit basiert. Das Unternehmen hat erkannt, dass eine klare Trennung von strategischen und operativen Aufgaben dazu beiträgt, eine dynamische und kreative Umgebung zu schaffen. Führungskräfte bei Netflix geben ihren Mitarbeitenden viel Entscheidungsfreiheit und befähigen sie, eigenständig Projekte voranzutreiben. Dadurch entsteht eine Kultur des „kreativen Freiraums", in der neue Ideen gefördert werden und innovative Lösungen entstehen können.

Auch bei Planworx haben wir schon vor Längerem erkannt, dass der Eventprojektleiter eine Schlüsselrolle spielt und sich von früheren Praktiken, in denen er viele Aufgaben eigenständig erledigt hat, weiterentwickelt hat. Früher waren Eventprojektleiter oft damit beschäftigt, verschiedene Aufgaben wie das Sortieren von Materialien, das Anbringen von Brandings oder das Verteilen von Dekorationen selbst zu erledigen. Heutzutage agieren sie jedoch eher wie Dirigenten eines Orchesters: Die Rolle des Eventprojektleiters besteht darin, ein reibungsloses Zusammenspiel verschiedener Dienstleister zu koordinieren. Wie ein Dirigent koordiniert er ein Team von Experten, darunter Messebauer, Technikfirmen, Caterer, Security-Anbieter, Hostessenagenturen und viele mehr. Anstatt diese Aufgaben selbst zu erledigen, ist der Eventprojektleiter verantwortlich für die sorgfältige Planung, die Organisation und die effektive Zusammenarbeit aller beteiligten Dienstleister. Darüber hinaus spielt die Kundenkommunikation eine zentrale Rolle. Der Eventprojektleiter fungiert als Ansprechpartner für den Kunden und sorgt dafür, dass dessen Bedürfnisse und Wünsche während des gesamten Projekts berücksichtigt werden. Eine klare und transparente Kommunikation ist dabei von entscheidender Bedeutung, um ein hohes Maß an Kundenzufriedenheit zu gewährleisten.

Die Delegation von operativen Aufgaben schafft zudem Freiräume für Krisenmanagement im Bedarfsfall: Als erfahrener Eventprojektleiter ist man darauf vorbereitet, mögliche Herausforderungen oder unvorhergesehene Ereignisse zu bewältigen. Hierbei geht es darum, schnell zu reagieren, effektive Lösungen zu finden und den Kunden über den Fortschritt und die Maßnahmen zur Problemlösung auf dem Laufenden zu halten. Das Krisenmanagement erfordert ein hohes Maß an Flexibilität, Entscheidungsfindung und die Fähigkeit, in turbulenten Situationen einen kühlen Kopf zu bewahren. Diese Weiterentwicklung der Rolle des Eventprojektleiters bei Planworx zeigt auch. dass eine klare Trennung von strategischen und operativen Aufgaben zu besseren Ergebnissen führt. Nur wenn sich der Eventprojektleiter auf seine Kernkompetenzen konzentriert, die Dienstleister koordiniert und gleichzeitig eine offene Kommunikation mit dem Kunden aufrechterhält, kann er eine erfolgreiche Veranstaltung durchführen und eventuelle Herausforderungen souverän bewältigen.

Innerhalb der Agentur liegt der Fokus der Führungskräfte dann hauptsächlich auf strategischen Führungsaufgaben wie der Weiterentwicklung des Unternehmens, der Mitarbeiterführung und der Steuerung der Gesamtprojekte. Sie übernehmen eine koordinierende Rolle und sorgen dafür, dass die Projektleiter und Teams optimal unterstützt werden, und sind nur selten als aktiv in Projekten beteiligt.

Praxisbeispiel 18

Das lokale Praxisbeispiel für dieses Führungsprinzip, den schweren Autounfall in der Silvesternacht 2021, habe ich bereits in meinem Intro kurz angerissen und der ein oder andere hat sich vielleicht auch Daniels Interview dazu im Internet angesehen. Er ist es auch, der in diesem Fall die Einsatzleitung hatte und mein „Pate" für dieses Praxisbeispiel. Er erzählt mir, dass das Wetter an diesem Silvesterabend recht unfreundlich und kalt war. Eine Tatsache, die ihn zunächst nicht weitere störte, da Corona-bedingt keine Feierlichkeiten geplant waren und er vorhatte Silvester „ganz in Ruhe" mit der Familie zu Hause zu verbringen. Aufgrund des „Böllerverbots" und der Kontaktbeschränkungen schätze er die Einsatzwahrscheinlichkeit als äußerst gering ein, was nicht zwingend normal für einen Silvesterabend war. Sollte es doch zu einem Einsatz kommen, würde er vermutlich auf viel Personal zurückgreifen können, da fast alle Kollegen den Abend zu Hause verbrachten. Bis zum späten Abend verlief auch alles sehr ruhig und es gab keine nennenswerten Einsätze. Das sollte sich um 23:21 Uhr ändern als FF-Agent und Pager mit dem Alarmstichwort „VU 3 – Ein, oder mehrere Personen im Fahrzeug eingeklemmt" auf sich aufmerksam machten. Mit seiner Prognose zur Personalstärke sollte Daniel Recht behalten: Über 20 Kameraden waren rechtzeitig im Feuerwehrhaus und so konnte die Feuerwehr mit dem kompletten Zug, bestehend aus Einsatzleitwagen, den beiden HLFs, dem Rüstwagen und der Drehleiter an Einsatzort im Herrschinger Ortsteil „Wartaweil" ausrücken. Über Funk erfährt Daniel auf Anfahrt, dass die Alarmmeldung durch den Rettungsdienst vor Ort bestätigt wurde und tatsächlich drei, teilweise schwer verletzte Personen im Fahrzeug eingeklemmt waren. Die Lage auf Sicht beschreibt Daniel heute wie folgt: „Das war eine Spur der Verwüstung! Auf mehreren Metern war der Randstreifen mehr oder weniger umgegraben, Dreck lag auf der Fahrbahn und am Ende lag auf dem Dach, in Schräglage der PKW." Der anwesende Rettungsdienst macht Daniel unmittelbare auf eine zusätzliche Herausforderung aufmerksame. Eine adipöse Jugendliche war nicht nur im Frontbereich des Fahrzeugs massiv eingeklemmt, sondern hatte auch ihren Arm aus dem Seitenfenster hängen unter der Motorhaube und der A-Säule des Fahrzeugs eingequetscht. Daniel wird sofort klar, dass die Mannschaft hier an beiden Seiten des Fahrzeugs angreifen muss, um die vom Rettungsdienst geforderte „Schnelle Rettung" wahr werden zu lassen. Dementsprechend lässt er auch die Fahrzeuge aufstellen. Ein HLF vor, eines hinter dem Fahrzeug, den Rüstwagen in der Mitte. Während die Mannschaft auf der Beifahrerseite das Fahrzeug anhebt, um mit Hebekissen den eingeklemmten Arm zu befreien, arbeiten die anderen Trupps an der Sicherung und der Unterbauung des Fahrzeugs. Zwei Vorgänge, die im Normalfall nacheinander abgearbeitet werden, passieren hier mehr weniger gleichzeitig – verbunden mit entsprechendem Kommunikations- und Abstimmungsaufwand. Nachdem der Arm befreit und das Fahrzeug gesichert ist, werden gleichzeitig beide Seiten mit Rettungsscheren entfernt. Man spricht in so einem Fall von der großen Seitenöffnung. „Ich habe mich gefühlt, wie ein Dirigent vor einem riesigen Orchester. Und es ist ja nicht nur die eigene Mannschaft, die es zu koordinieren gilt. *Als Einsatzleiter kommen alle erstmal zu Dir: Der Rettungsdienst, die Polizei, die Fotos machen will, der Hubschrauberpilot, die Presse usw. Und Du musst jedem zunächst einmal zuhören und die Informationen filtern und weitergeben!"* So beschreibt Daniel heute die Situation. Nach nur etwa 40 min sind alle drei Insassen befreit und können an den Rettungsdienst übergeben werden. Daniel sagt heute dazu: *„Das ist der erste Moment, in dem jeder an der Einsatzstelle mal durchschnaufen konnte. Da es zwischenzeitlich Neujahr geworden war, habe ich die Fahrzeugführer gebeten jedem in Wasser in die Hand zu drück und wir haben erstmal aufs neue Jahr angestoßen."* Für die Mannschaft eine große Geste und ein Weitblick, der vermutlich gefehlt hätte, wenn sich Daniel als Einsatzleiter um operative Kleinigkeiten gekümmert hätte. Weil Spurensicherung und Gutachter zur Einsatzstelle beordert werden, verzögern sich die Aufräumarbeiten und der Einsatz endet erst in den Morgenstunden. Zwei Jahre später, an Silvester 2023, bedankt sich die (wiedergenese) junge Frau mit einer persönlichen Karte und einem Geschenkkorb bei der Mannschaft. Beim Anblick des Korbs flüstert Daniel: *„Wenn es uns nicht gegeben hätte, wäre des Mädel vermutlich verstorben."* und nimmt sich einen Schokoriegel (Abb. 6.7 und 6.8).

Abb. 6.7 Arbeiten am verunglückten Fahrzeug in der Silvesternacht 2021 (FFH)

Abb. 6.8 Absicherung des verunglückten Fahrzeugs (FFH)

Praxisbeispiel 19

Am Montag, dem 05. April 2021kommt es am späten Nachmittag in Hückeswagen in Nordrhein-Westfalen zu einem alles andere als alltäglichen, aber schwerwiegendem Schadensereignis. Einer von zwei Monteuren, die gerade in etwa 100 m Höhe eine Windkraftanlage warten, wird von einem Blitz getroffen. Zum Zeitpunkt des Einschlags befindet er sich gerade auf der Propellernarbe an der Spitze des Rotors und wird durch den Blitzschlag erheblich stromverletzt und erleidet mehrere Verbrennungen. Die Lage ist denkbar ungünstig, denn er kommt rücklings auf der Propellernabe zu liegen und kann nur mühsam ein Abstürzen in den darunter liegenden, innen hohlen Propellerflügel verhindern. Zum Glück ist sein Kollege unverletzt und kann einen Notruf absetzen. Von der Leitstelle wird die Freiwillige Feuerwehr Hückeswagen, die Löschgruppe Herweg, der Rettungsdienst und die Berufsfeuerwehr Köln mit dem Gerätewagen Höhenrettung (GW-H) alarmiert, die allerdings eine Anfahrt von 40 km hat. Brandinspektor Arens von der FF Hückeswagen übernimmt die Einsatzleitung und fährt mit seinem ELW bei Wind und beginnendem Schneefall voraus zur Einsatzstelle. Weil es dort nur einen kleinen Parkplatz in wetterbedingt schlechten Zustand gibt, lässt er nur die wichtigsten Fahrzeuge (Rettungsdienst, Höhenretter und das eigene HLF) bis zur Windkraftanlage vorfahren und richtet für alle anderen einen Bereitstellungsraum in 1,5 km Entfernung, bei der Feuerwehr Herweg ein. Eine erste Sichtung ergibt, dass der Zugang zur Anlage mit einer massiven Stahltüre verschlossen ist. Nachdem die ersten Versuche mit Spezialwerkzeug scheitern, lässt Arens die Tür mit schwerem Gerät öffnen und wenig später ist ein Zugang geschaffen (Abb. 6.9). Weil mittlerweile auch ein Mitarbeiter des Betreibers der Anlage eingetroffen ist, können die Einsatzkräfte den im Inneren befindlichen Aufzug benutzen und Arens beordert zwei Höhenretter der BF Köln, die passenderweise auch als Notfallsanitäter ausgebildet sind, nach oben zur weiteren Erkundung. Sicherheitshalber lässt er auch einen Rettungshubschrauber für eine mögliche Rettungsaktion durch die Leitstelle nachbestellen. Den beiden Höhenrettern, die mittlerweile oben angekommen sind, gelingt es zwar, den Mann zu sichern, sie bitten aber den Einsatzleiter, auch den Notarzt zur medizinischen Versorgung nach oben zu schicken. Zur Bergung und Verlegung des Verletzten in die sichere Gondel ist zudem ein zweiter Trupp der Höhenrettung notwendig. Während die mittlerweile fünf Einsatzkräfte und der Monteurskollege den Patienten verlegen, bildet Einsatzleiter Arens schon mal vier Einsatzabschnitte: Höhenrettung, medizinische Versorgung, technische

Abb. 6.9 „Schwere" Türöffnung der Windkraftanlage

Unterstützung und Pressearbeit. Aufgrund des zunehmend schlechter werden Wetters und mittlerweile einsetzenden Sturm verzichtet man auf den Einsatz des mittlerweile eingetroffenen Hubschraubers und beschließt den verletzten Monteur mittels einer zu installierenden Seilrutsche auf den Boden zu transportieren. Da die Installation dieser Rutsche Zeit in Anspruch nimmt, schickt der Einsatzleiter Rettungsdienst und sein HLF zurück in den Bereitstellungsraum und ordert das ortsansässige THW zur Ausleuchtung der Einsatzstelle nach. Zudem fordert er vorsorglich einen Notfallseelsorger an, der ggf. den Kollegen des Verletzten betreuen soll. Kurz vor 21 Uhr ist die Seilrutsche schließlich eingerichtet und der Patient sicher auf der Rettungstrage fixiert und kann so sehr langsam (Dauer insgesamt 14 min) heruntergelassen werden. Nach einer kurzen Versorgung im RTW wird der Verletzte schließlich zusammen mit dem Notarzt mit dem Hubschrauber ins Universitätsklinikum Bergmannsheil in Bochum geflogen. Der Einsatzleiter Arens hat durch seine frühzeitige Einsatzabschnittsbildung, den Aufbau einer produktiven Kommunikation und durch das immer rechtzeitige Nachordern von Spezialkräften einen großen Teil zum Erfolg der Rettung beigetragen.

7

Vom Einsatzgeschehen zur strategischen Transformation: Nachsorge, Digitalisierung und die evolutionäre Führung

Warum die Notwendigkeit zum Wandel auch vor Traditionsunternehmen nicht Halt macht?

Zusammenfassung Haben wir uns in den bisherigen Kapiteln am Führungs-kreislauf der Feuerwehren orientiert und daraus Führungsprinzipien abgeleitet, schauen wir im aktuellen Kapitel über den Tellerrand des eigent-lichen Führungskreislaufs hinaus und befassen uns mit den Themen Nach-sorge und Technisierung/Digitalisierung in den Wehren in Deutschland. Die Nachsorge wird dabei sehr intensiv auf mehreren Ebenen praktiziert, von denen wir uns insbesondere der Wiederherstellung der Einsatzbereit-schaft von Material und Personal nach Einsätzen und Übungen sowie der grundsätzlichen Sorge um die „Resilienz" der Einsatzkräfte in Abschn. 7.1 herausgreifen und daraus Erkenntnisse und Learnings für die Wirtschaft ab-leiten. Neben der Nachsorge ist auch die Technisierung und Digitalisierung der Rettungseinrichtungen von immer größerer Bedeutung für den Einsatz-erfolg. Wir schauen uns in Abschn. 7.2 genauer an, auf welchen Ebenen diese Technisierung und Digitalisierung der Feuerwehren stattfindet, welche Vor-teile sie mit sich bringt und was Sie sich für Ihre tägliche Führungsaufgabe abschauen können.

In den vergangenen Kapiteln haben wir uns intensiv mit Führungsprinzipien auseinandergesetzt, die eng mit dem Führungskreislauf der Feuerwehr laut FwDV und damit meistens unmittelbar mit dem Einsatzgeschehen verbunden sind. Schon dabei wurde immer wieder deutlich, dass die Verantwortung eines Feuerwehrkommandanten über die unmittelbare Einsatzbewältigung hinaus-geht. Wenn wir die Feuerwehr Herrsching wieder einmal als Beispiel nehmen,

© Der/die Autor(en), exklusiv lizenziert an Springer Fachmedien Wiesbaden GmbH, ein Teil von Springer Nature 2024
C. Münch, D. Pleyer, *Führung mit Feuer und Flamme*, https://doi.org/10.1007/978-3-658-44335-1_7

haben die Kommandanten folgende wichtige Aufgaben und Verantwortlichkeiten:

1. Organisationsführung: Der Kommandant ist für die Organisation der
   Feuerwehr zuständig. Dazu gehört die Planung, Koordination und
   Überwachung der feuerwehrtechnischen und administrativen Abläufe. Er
   stellt sicher, dass die Feuerwehr jederzeit einsatzbereit ist und über aus-
   reichend Personal, Geräte und Fahrzeuge verfügt.
2. Personalmanagement: Der Kommandant ist verantwortlich für das
   Personalwesen in der Feuerwehr. Er sorgt für eine angemessene
   Personalbesetzung, führt Personalgespräche, fördert die Aus- und
   Weiterbildung der Einsatzkräfte und kümmert sich um die Motivation
   und Teambildung innerhalb der Feuerwehr.
3. Sicherheit und Gesundheitsschutz: Der Kommandant trägt die
   Verantwortung für die Sicherheit und den Gesundheitsschutz der
   Einsatzkräfte. Er stellt sicher, dass alle erforderlichen Schutzmaßnahmen
   ergriffen werden, um Unfälle und Gesundheitsschäden zu vermeiden.
   Dazu gehört auch die regelmäßige Überprüfung der Einsatzmittel und die
   Einhaltung von Sicherheitsstandards.
4. Öffentlichkeitsarbeit: Der Kommandant repräsentiert die Feuerwehr
   Herrsching in der Öffentlichkeit. Er pflegt den Kontakt zu den Medien,
   informiert die Bevölkerung über die Arbeit der Feuerwehr und trägt zur
   Aufklärung in Sachen Brandschutz und Prävention bei. Er ist
   Ansprechpartner für Bürgeranfragen und fördert das positive Image der
   Feuerwehr in der Gemeinde.
5. Finanzmanagement: Der Kommandant ist für die Verwaltung der finanziellen Ressourcen der Feuerwehr verantwortlich. Er erstellt den
   Haushaltsplan, überwacht die Ausgaben und sorgt für eine effiziente
   Nutzung der vorhandenen finanziellen Mittel. Dabei arbeitet er eng mit
   den zuständigen Behörden und der Gemeindeverwaltung zusammen.
6. Planung und Einsatzvorbereitung: Der Kommandant ist für die Planung
   von Übungen, Schulungen und Einsatzszenarien zuständig. Er entwickelt
   Einsatzpläne, definiert Alarm- und Ausrückeordnungen und stellt sicher,
   dass die Einsatzkräfte regelmäßig trainiert und auf mögliche Einsatzszenarien
   vorbereitet werden.

Diese Auflistung umfasst nur die wichtigsten und relevantesten Aufgaben,
und wir könnten problemlos viele weitere Führungsprinzipien davon ableiten. Wir wollen uns aber ganz bewusst auf zwei „Trendthemen" der Gesell-

schaft fokussieren und potenzielle Learnings aus moderner Feuerwehrarbeit ableiten:

- Führungsprinzip 9 – „Nachsorge im Brennpunkt: Das unsichtbare Rückgrat für Feuerwehr und Wirtschaft!“: In Abschn. 7.1 wird die essenzielle Bedeutung von Nachsorge für Material und Menschen sowohl in der Feuerwehr als auch in der Wirtschaft beleuchtet. Es werden Parallelen gezogen und die Notwendigkeit einer umfassenden Wiederherstellung der Einsatzbereitschaft nach Einsätzen oder Projekten herausgestellt, um langfristigen Erfolg zu gewährleisten.
- Führungsprinzip 10 – „Der transformative Einfluss von Technisierung und Digitalisierung in Feuerwehr und Wirtschaft: Innovationen für Effizienz und Fortschritt“: In Feuerwehr und Wirtschaft haben Technisierung und Digitalisierung einen entscheidenden Einfluss, indem sie innovative Lösungen für Effizienzsteigerung und Fortschritt bieten. Warum die Einführung moderner Technologien unvermeidbar ist und welche Vorteile sie mit sich bringt, schauen wir uns in Abschn. 7.2 an.

7.1 Führungsprinzip 9: Nachsorge im Brennpunkt: Das unsichtbare Rückgrat für Feuerwehr und Wirtschaft!

Nach dem Einsatz ist vor dem nächsten Alarm: Warum Nachsorge in Feuerwehr und Wirtschaft essenziell ist?

Egal, ob anstrengende Übung oder herausfordernder Einsatz – in der Regel kehren wir erschöpft und ausgelaugt zurück ins Feuerwehrhaus. Die Gesichter sind voller Schweiß, die Kleidung voller Dreck. Die Emotionen schwanken zwischen Erleichterung und Stolz auf die geleistete Arbeit und einer latenten Anspannung, denn man weiß nie, wann der nächste Alarm uns wieder herausfordert. Doch anstatt uns einfach auszuruhen und den Tag abzuschließen, steht uns noch eine der wohl anspruchsvollsten Aufgaben bevor: Das Feuerwehrfahrzeug und das gesamte Einsatzequipment wieder „einsatzklar“ zu machen. „Einsatzklar“ – ein Begriff, der für eine Vielzahl von Tätigkeiten steht und weit mehr bedeutet, als einfach alles nur zurückzuräumen: Zunächst gilt es, die Schutzkleidung abzulegen, die inzwischen durchgeschwitzt und verstaubt ist. Doch damit ist es nicht getan. Die Schutzkleidung muss auf ihre Funktionsfähigkeit überprüft werden. Sind Nähte oder Reißverschlüsse beschädigt? Gibt es Risse oder Abnutzungserscheinungen? Jede Kleinigkeit kann über Leben und Tod entscheiden, deshalb ist hier höchste Sorgfalt gefragt. Auch das Atemschutzgerät muss gründlich gereinigt und aufgefüllt werden. Die Atemluftflaschen werden ausgetauscht und auf den richtigen Druck gebracht. Die Schläuche, die bei den Löscharbeiten im Einsatz waren, müssen sorgfältig geprüft und gereinigt werden. Jeder Knoten muss aufgelöst, jeder Schlauch ordentlich aufgerollt und verstaut werden. Auch hier ist Präzision gefragt, denn beim nächsten Einsatz muss alles reibungslos funktionieren. Und dann sind da noch die zahlreichen Gerätschaften und Werkzeuge, die wir im Einsatz verwenden. Sie müssen gründlich gereinigt, geprüft und gewartet werden. Schließlich können wir uns nicht darauf verlassen, dass sie im nächsten Einsatz genauso funktionieren wie beim letzten. Die Liste der Aufgaben, die wir erledigen müssen, um wieder „einsatzklar" zu sein, scheint in diesem Moment schier endlos:

1. **Sichtkontrolle**: Nach einem Einsatz werden die Gerätschaften einer Sichtkontrolle unterzogen, um äußerliche Schäden oder Verschleißerscheinungen festzustellen.
2. **Reinigung**: Einsatzgeräte müssen nach dem Einsatz gründlich gereinigt werden, um Verschmutzungen und Rückstände zu entfernen.
3. **Prüfung und Wartung**: Die Gerätschaften werden regelmäßig auf ihre Funktionsfähigkeit überprüft und gewartet. Dies beinhaltet zum Beispiel die Überprüfung von Druckbehältern, Pumpen oder elektronischen Komponenten.
4. **Instandsetzung**: Wenn bei der Prüfung Mängel festgestellt werden, werden die Gerätschaften instandgesetzt oder repariert, um ihre volle Funktionsfähigkeit wiederherzustellen.
5. **Dokumentation**: Alle durchgeführten Nachsorgemaßnahmen werden dokumentiert, um eine lückenlose Nachverfolgung der Wartungs- und Instandsetzungsarbeiten zu gewährleisten.

Die Nachsorge der Gerätschaften ist von entscheidender Bedeutung, um ihre Lebensdauer zu verlängern und einen reibungslosen Einsatzbetrieb zu gewährleisten. Gut gewartete und einsatzbereite Geräte erhöhen die Sicherheit und Effizienz der Feuerwehr und sind unerlässlich für einen erfolgreichen Einsatzverlauf und erfordern einen immensen Zeitaufwand im Anschluss an Einsatz- oder Übungstätigkeiten. Doch irgendwie wissen wir alle, wie wichtig es ist, dass alles einwandfrei funktioniert. Trotz der Erschöpfung und des Wunsches nach Ruhe ziehen wir also gemeinsam an einem Strang, um alles wieder in den Zustand zu versetzen, der uns für den nächsten Einsatz bereitstellt.

Es ist eine Herausforderung, aber auch eine Pflicht, der wir mit intrinsischem Verantwortungsbewusstsein und zugeben, etwas Druck von unseren Kommandanten nachkommen.

Auch in der Wirtschaft ist die Wiederherstellung der „Einsatzbereitschaft" nach einem Projekt oder einer intensiven Phase oft „hartes Brot", aber sie ist für den Erfolg eines Unternehmens unerlässlich. Ähnlich wie bei der Feuerwehr ist es wichtig, dass alle eingesetzten Ressourcen und Arbeitsmittel nach getaner Arbeit wieder in einen optimalen Zustand gebracht werden, um für kommende Herausforderungen bestens gerüstet zu sein. Nach einem anspruchsvollen Projekt sind die Mitarbeiter und Teams häufig erschöpft und die Energiereserven sind aufgebraucht. Doch gerade in diesen Momenten ist es entscheidend, die letzten Kräfte zu mobilisieren und die notwendigen Schritte zur Wiederherstellung der Einsatzbereitschaft zu unternehmen. Es mag verlockend sein, die Materialaufbereitung und Dokumentation aufzuschieben und sich zunächst auf die nächste Herausforderung zu konzentrieren. Doch das kann langfristig zu Engpässen und ineffizienten Abläufen führen.

In der Wirtschaft umfasst die Nachsorge unter anderem die Aktualisierung von Software und IT-Systemen, die Pflege und Instandhaltung der Unternehmensinfrastruktur sowie die Dokumentation und Archivierung von Projektergebnissen und Erfahrungen. All diese Maßnahmen tragen dazu bei, dass das Unternehmen seine Arbeitsprozesse optimieren, Risiken minimieren und seine Leistungsfähigkeit langfristig aufrechterhalten kann. Erfolgreiche Unternehmen wissen um die Bedeutung der Nachsorge und nehmen diese Aufgaben genauso ernst wie die eigentlichen Projektphasen.

Diese Erfahrung hat mir verdeutlicht, wie wichtig die Nachsorge und Wiederherstellung der Einsatzbereitschaft ist, nicht nur in der Feuerwehr, sondern auch in der Wirtschaft. In meinem eigenen Unternehmen, der Agentur planworx, haben wir ähnliche Erkenntnisse gewonnen. Nach einem erfolgreichen Eventprojekt sind unsere Mitarbeiterinnen und Mitarbeiter einerseits hochmotiviert und stolz auf das Erreichte, aber andererseits auch müde und erschöpft nach den langen Vorbereitungen und den intensiven Eventtagen. Doch anstatt uns auf den Lorbeeren auszuruhen, steht noch eine wichtige Aufgabe bevor: die Nachbereitung und Wiederherstellung der Einsatzbereitschaft für kommende Projekte. Die Technik und das Equipment müssen gründlich geprüft und gewartet werden, um sicherzustellen, dass alles einwandfrei funktioniert. Die Erfahrungen und Erkenntnisse aus dem abgeschlossenen Projekt müssen reflektiert und dokumentiert werden, um daraus zu lernen und uns weiterzuentwickeln. Auch die Kundenkommunikation ist von großer Bedeutung. Die Zufriedenheit unserer Kunden steht bei planworx an erster Stelle, und deshalb ist es wichtig, dass eventuelle Rückmeldungen,

Anliegen oder Fragen zeitnah und professionell bearbeitet werden. Hier zeigen wir unsere hohe Serviceorientierung und Kundenfokussierung, die auch nach Abschluss eines Projektes weiterhin präsent ist.

Kommen wir vom „einsatzklar" von Fahrzeugen, Materialien und Bekleidung zur Wiederherstellung von „einsatzklar" von Menschen, den Feuerwehrleuten – auch dieser Aspekt ist in der Feuerwehr von entscheidender Bedeutung, in meinen Augen deutlich wichtiger als die Pflege von Material, Schutzkleidung und Fahrzeugen. Nach einem anstrengenden Einsatz, sei es bei einem Brand, einem Unfall oder einem anderen Notfall, stehen nicht nur die Ressourcen der Feuerwehr im Fokus der Nachsorge, sondern vor allem auch das Wohl der Einsatzkräfte selbst. Feuerwehrleute sind in ihrem Beruf oft hohen physischen und psychischen Belastungen ausgesetzt. Der Einsatz in Notsituationen kann traumatisierend wirken und emotional stark belasten. Die Sicherheit und das Wohlbefinden der Einsatzkräfte sind jedoch entscheidend für ihre Leistungsfähigkeit und ihre Bereitschaft, sich immer wieder aufs Neue den Herausforderungen zu stellen. Deshalb legt die Feuerwehr Herrsching großen Wert auf die Nachsorge der Einsatzkräfte. Die Gründe dafür sind vielseitig und für die Einrichtung „Feuerwehr" von immenser Bedeutung:

Psychische Gesundheit Einsätze in der Feuerwehr können mit starken emotionalen Belastungen verbunden sein, wie zum Beispiel das Auffinden von Verletzten oder Todesopfern. Diese Erlebnisse können bei den Einsatzkräften psychische Traumata oder Belastungsstörungen auslösen. Eine professionelle Nachsorge hilft dabei, frühzeitig Anzeichen für psychische Belastungen zu erkennen und den Einsatzkräften die nötige Unterstützung zukommen zu lassen.

Prävention von Folgeproblemen Ohne angemessene Nachsorge können sich psychische Belastungen nach einem Einsatz verstärken und zu Folgeproblemen führen, wie zum Beispiel Schlafstörungen, Angstzuständen oder depressiven Verstimmungen. Durch eine frühzeitige und professionelle Nachsorge können solche Folgeprobleme vermieden oder rechtzeitig behandelt werden.

Teamzusammenhalt Die Nachsorge stärkt den Teamzusammenhalt innerhalb der Feuerwehr. Indem die Einsatzkräfte die Möglichkeit haben, ihre Erfahrungen und Gefühle nach einem Einsatz zu teilen, entsteht eine offene Kommunikationskultur und ein unterstützendes Umfeld.

Prävention von Burnout Die Arbeit in der Feuerwehr ist anspruchsvoll und belastend. Eine regelmäßige Nachsorge trägt dazu bei, dass die Einsatzkräfte nicht überlastet werden und frühzeitig Anzeichen von Burnout erkannt und behandelt werden können.

Dazu stehen bei der Feuerwehr in Herrsching einige Maßnahmen im Fokus, die auf die körperliche und psychische Gesundheit der Feuerwehrleute abzielen:

Körperliche Regeneration Nach körperlich anstrengenden Einsätzen ist es wichtig, dass die Einsatzkräfte ausreichend Zeit zur Erholung haben. Dazu gehört auch die Bereitstellung von Verpflegung und Getränken, um den Flüssigkeitshaushalt und die Energiezufuhr wiederherzustellen.

Psychische Betreuung Feuerwehreinsätze können belastende Erlebnisse und traumatische Erfahrungen mit sich bringen. Daher ist es wichtig, dass die Einsatzkräfte die Möglichkeit haben, über ihre Erfahrungen zu sprechen und psychologische Unterstützung zu erhalten, wenn nötig.

Reflektion und Debriefing Nach einem Einsatz sollten Einsatzkräfte die Möglichkeit haben, den Einsatz zu reflektieren und in einem Debriefing über ihre Erfahrungen zu sprechen. Dies ermöglicht es ihnen, das Erlebte zu verarbeiten und mögliche Belastungen frühzeitig zu erkennen.

Bereitstellung von Ressourcen Die Feuerwehr sollte ihren Einsatzkräften Zugang zu Ressourcen wie Beratungsangeboten, psychologischer Betreuung und Weiterbildungsmöglichkeiten bieten, um ihre Gesundheit und Einsatzbereitschaft langfristig zu unterstützen.

Präventive Maßnahmen Neben der akuten Nachsorge ist auch die präventive Förderung der Einsatzkräfte von großer Bedeutung. Dazu gehören regelmäßige Schulungen zu Themen wie Stressbewältigung, Selbstfürsorge und Resilienz, um die psychische Widerstandsfähigkeit der Einsatzkräfte zu stärken.

Mich haben nach meinem ersten Einsatz, dem „Arm", so viele Führungskräfte und Kollegen angesprochen und ihre Unterstützung bei der Aufarbeitung angeboten, dass ich schlicht und einfach überwältig war. Wenn Sie jetzt denken, das machen die doch sicher nur beim allersten, kritischen Einsatz, muss ich Sie enttäuschen. Nach jedem etwas „heiklem" Einsatz wird mir vielfach angeboten, das Erlebte aufzuarbeiten, oder auf externe Hilfsangebote verwiesen. Vorbildlich. Die Wiederherstellung der „einsatzklaren" Einsatzkräfte ist somit ein zentraler Aspekt in der Feuerwehrarbeit. Nur wenn die Feuerwehrleute sowohl körperlich als auch psychisch in guter Verfassung sind, können sie ihre Aufgaben sicher und effektiv erfüllen. Die Feuerwehr Herrsching hat erkannt, dass die Fürsorge für ihre Einsatzkräfte ein wesentlicher Beitrag zur Sicherheit der Gemeinde ist. Das oberste Ziel dabei ist, um ein „buzz-word" aus der freien Wirtschaft zu zitieren: **Resilienz**.

Resilienz umfasst verschiedene Faktoren und Eigenschaften, die dazu beitragen, dass Menschen besser mit Herausforderungen umgehen können. Dazu gehören unter anderem:

Optimismus und positive Einstellung Resiliente Menschen haben eine optimistische Grundhaltung und glauben daran, dass sie auch schwierige Situationen bewältigen können.

Soziale Unterstützung Eine starke soziale Unterstützung durch Familie, Freunde oder Kollegen kann dabei helfen, schwierige Zeiten zu überstehen und sich von Rückschlägen zu erholen.

Problemlösungskompetenz Resiliente Menschen verfügen über die Fähigkeit, Probleme aktiv anzugehen, Lösungen zu suchen und sich nicht von Schwierigkeiten entmutigen zu lassen.

Flexibilität und Anpassungsfähigkeit Resiliente Menschen sind flexibel und können sich an veränderte Situationen und Bedingungen anpassen.

Selbstwirksamkeit Resiliente Menschen haben ein hohes Maß an Selbstvertrauen und glauben daran, dass sie Einfluss auf ihr Leben und ihre Umstände haben.

Emotionsregulation Resiliente Menschen können ihre Emotionen angemessen wahrnehmen, ausdrücken und regulieren, was ihnen hilft, mit Stress und Belastungen umzugehen.

Resilienz ist natürlich nicht nur in der Feuerwehr von großer Bedeutung und ein Trendthema der heutigen Gesellschaft, sondern auch in der freien Wirtschaft ein entscheidender Faktor für den langfristigen Erfolg von Unternehmen. In der Unternehmenswelt beschreibt Resilienz die Fähigkeit eines Unternehmens, sich flexibel an Veränderungen anzupassen, Krisen zu bewältigen und gestärkt aus herausfordernden Situationen hervorzugehen. Die Feuerwehr Herrsching zeigt uns eindrucksvoll, wie wichtig es ist, die Resilienz nicht nur bei den Einsatzkräften zu fördern, sondern auch als Organisation selbst resilient zu sein. Denn ähnlich wie in einem Einsatzszenario kann es auch in der Wirtschaft zu unvorhergesehenen Ereignissen, Störungen oder Krisen kommen, sei es durch wirtschaftliche Herausforderungen, technologische Veränderungen oder auch externe Einflüsse. Unternehmen, die über eine hohe Resilienz verfügen, sind besser in der Lage, mit solchen Situationen umzugehen und diese als Chancen zur Weiterentwicklung zu nutzen. Sie zeichnen sich durch eine offene und lernfähige Unternehmenskultur aus, in der Mitarbeiterinnen und Mitarbeiter ermutigt werden, innovative Lösungen zu entwickeln und Veränderungen als Chance zu begreifen. Wie die Feuerwehr Herrsching ihre Einsatzkräfte stärkt, können Unternehmen ihre Mitarbeitenden durch gezielte Schulungen, Trainings und Programme unterstützen, um ihre psychische und physische Widerstandsfähigkeit zu stärken. Ebenso wichtig ist es, eine offene Kommunikationskultur zu pflegen, in der die Herausforderungen gemeinsam besprochen und Lösungswege erarbeitet werden können.

Vorbildlich auf diesem Gebiet agieren einige unserer Kunden, wie zum Beispiel Cisco und Microsoft:

Cisco ist ein global agierendes Unternehmen im Bereich der IT- und Netzwerktechnologie. Das Unternehmen hat erkannt, dass die Gesundheit und das Wohlbefinden seiner Mitarbeitenden einen maßgeblichen Einfluss auf deren Leistungsfähigkeit und Produktivität haben. Deshalb bietet Cisco seinen Mitarbeitenden ein umfassendes Gesundheitsprogramm, das neben Fitnessangeboten auch psychologische Unterstützung und Beratung zu Stressbewältigung beinhaltet. Zudem werden regelmäßige Schulungen und Workshops angeboten, um die Resilienz der Belegschaft zu stärken und sie auf den Umgang mit Herausforderungen im Berufsleben vorzubereiten. Cisco bietet seinen Mitarbeitenden spezielle Freistellungen oder flexible Arbeitszeitregelungen an, damit sie sich ehrenamtlich engagieren können. Das Unternehmen unterstützt auch verschiedene gemeinnützige Projekte und Initiativen finanziell, in denen die Mitarbeiterinnen und Mitarbeiter aktiv involviert sind. Darüber hinaus gibt es bei Cisco ein sogenanntes „Matching Gifts"-Programm, bei dem das Unternehmen die Spenden seiner Mitarbeitenden an gemeinnützige Organisationen verdoppelt oder erhöht. So wird letztendlich soziales Engagement gefördert und die persönliche Resilienz gestärkt.

Auch Microsoft, einer der weltweit führenden Anbieter von Softwarelösungen, legt großen Wert auf die Nachsorge und die Resilienz seiner Mitarbeiterinnen und Mitarbeiter. Das Unternehmen bietet verschiedene

Programme zur Gesundheitsförderung an, darunter ergonomische Arbeits-
platzgestaltung, Gesundheitskurse und -vorsorgeuntersuchungen. Zusätzlich
werden Maßnahmen zur Work-Life-Balance und zum Stressmanagement
unterstützt, um die Belastbarkeit der Mitarbeitenden zu stärken und langfristige Arbeitszufriedenheit zu gewährleisten.

Und schließlich wird auch bei Planworx Resilienz als wichtiger Bestandteil
der Unternehmenskultur betrachtet und gezielt gefördert. Resilienz bezieht
sich in diesem Kontext auf die Fähigkeit der Agentur, sich den Herausforderungen und Veränderungen des Marktumfelds anzupassen, Rückschläge
zu bewältigen und gestärkt daraus hervorzugehen. Wir setzen auf eine offene
Kommunikationskultur, in der die Mitarbeitenden ermutigt werden, Herausforderungen und Probleme offen anzusprechen und gemeinsam nach Lösungen zu suchen. Regelmäßige Feedbackgespräche und transparente Kommunikation sind dabei wichtige Elemente, um das Vertrauen und die Widerstandsfähigkeit innerhalb des Unternehmens zu stärken. Natürlich investieren wir
auch in die kontinuierliche Weiterbildung und Entwicklung der Mitarbeitenden, um ihre Kompetenzen und Fähigkeiten auszubauen. Durch gezielte Schulungen und Trainings werden die Mitarbeitenden befähigt, sich
neuen Anforderungen und Aufgabenstellungen flexibel anzupassen und sich
weiterzuentwickeln. Zudem fördern wir eine gesunde Work-Life-Balance und
unterstützen die Mitarbeitenden dabei, Stress zu reduzieren und ihre Belastbarkeit zu stärken. Flexible Arbeitszeiten und die Möglichkeit zur Home-
Office-Arbeit tragen dazu bei, dass die Mitarbeitenden ihre persönlichen Bedürfnisse besser mit den beruflichen Anforderungen in Einklang bringen
können. Auch legen wir großen Wert auf Teamarbeit und Zusammenhalt.
Gemeinsame Aktivitäten und Teamevents stärken das Wir-Gefühl und fördern den Austausch unter den Mitarbeitenden, was wiederum die Resilienz
des Unternehmens insgesamt stärkt.

Praxisbeispiel 20

*Das „lokale" Praxisbeispiel für das Führungsprinzip „Nachsorge" teilte unser ak-
tueller 3. Kommandant Robert Echtler mit mir – ein Kamerad und Vorgesetzter,
von dem ich es vermutlich am allerwenigsten erwartet hätte: Ein gestandenes
„Mannsbild", fast mein Alter, über 30 Jahre Feuerwehr auf dem Buckel, davon
mehr als 20 Jahre bei der Berufsfeuerwehr, 4-facher Familienvater, ein „echter
Kerl", der sein Haus selber baut und sein Holz selber macht, meistens die Ruhe
selbst (als während des Gesprächs zu diesem Einsatzbeispiel der Alarm ertönt*

und ich Hals über Kopf aus seinem Haus stürze, geht er erst nochmals in Ruhe auf die Toilette, bevor er mir aus dem Haus folgt).

Das Unglück, um das es geht, ereignete sich am Abend des 26.01.2009. Es ist einer dieser bedrohlichen Winterabende, der gezeichnet ist von Kälte, schlechtem Wetter und Blitzeis auf den Straßen. Robert sitzt zusammen mit seiner Frau Vroni im Wohnzimmer, wo irgendwo der Feuerwehrfunk im Hintergrund läuft. Vroni, die damals noch nicht bei der Feuerwehr war, kann sich bis heute an diesen Abend erinnern: „Es lag was in der Luft ... irgendwie war die ganze Stimmung angespannt ..." Über Funk können Sie hören, wie der Rettungstransportwagen, der in Seefeld stationiert war, zu einem Verkehrsunfall auf dem Andechser Berg bestellt wird. Eine nicht uninteressante Information für das Ehepaar, da zwei gute Bekannte (einer davon war sogar ein Feuerwehrkamerad) an diesem Abend den RTW besetzen. Der Funkspruch ist der letzte Kontakt zu diesem Rettungsfahrzeug an diesem Tag. Nur wenige Minuten später werden Vroni und Robert von Zuhörern zu aktiven Beteiligten: Die Feuerwehr Herrsching wird auf einen Unfall mit der Beteiligung eines RTWs alarmiert. Robert, der in diesem Jahr schon 18 Jahre bei der Freiwilligen Feuerwehr und davon mehr als 5 Jahre als Rettungsassistent tätig ist, zögert keine Sekunde und macht sich sofort auf den Weg zum Feuerwehrhaus. Vroni, die von ihrem schlechten Gefühl komplett eingenommen wird, bittet ihn, auf dem Weg hinaus noch an diesem Abend besonders vorsichtig zu sein. Robert ist einer der Ersten am Feuerwehrhaus und wird zusammen mit Martin, dem heutigen Kreisbrandmeister für unser Gebiet, auf den First Responder eingeteilt. So fahren die beiden als erste Vertreter der Feuerwehr Herrsching Richtung Unfallort. Auch wenn der genaue Einsatzort zunächst nicht 100 % klar definiert ist, weisen die Blaulichter der ortsansässigen Feuerwehr Seefeld schnell den Weg an den Unfallort. Zeit, über die vermutlich betroffenen Bekannten nachzudenken oder gar zu reden, bleibt keine. Am Unglücksort angekommen, bietet sich den beiden ein Bild der absoluten Verwüstung. Der RTW steht mit völlig zerstörter Frontpartie am linken Straßenrand im Graben. Das unfallverursachende Fahrzeug, ein aus Richtung Herrsching kommender PKW, lag rechts im Graben. Der Fahrer und Familienvater war im Auto eingeklemmt. Sein 13-jähriger Sohn saß mit schweren Verletzungen auf dem Rücksitz. Die Beifahrerin und Mutter der Familie sowie der 17-jährige, zweite Sohn waren aus dem Auto geschleudert worden. Die Besatzung des RTW, die sich zu diesem Zeitpunkt bereits selbst aus ihrem Fahrzeug befreit hatte, kümmerte sich, trotz eigener Verletzung, um die Unfallopfer: „Als ich meinen Freund sah, wie er den 17-jährigen Jungen auf der Straße beatmete, viel mir ein riesiger Stein vom Herzen", beschreibt Robert heute die Szene und seine Gefühlslage. Und weiter: „Anschließend habe ich einfach nur noch funktioniert und meinen Job gemacht." Und wie. Nach einer kurzen Absprache teilen sich Robert und Martin auf die verbleibenden Verletzten auf. Martin eilt zur Mutter und Robert kriecht zu dem 13-jährigen in den Unfallwagen. Der Vater auf dem Vordersitz schreit währenddessen quasi ununterbrochen vor Schmerzen. Robert kümmert sich um den Jungen, der seinen Blick nicht von der Mutter nehmen kann, die vor ihm auf der Straße liegt und mittlerweile reanimationspflichtig geworden war. Während die Helfer versuchen, durch Herzdruckmassage *und Beatmung die Mutter wiederzubeleben, fleht der Junge Robert immer wieder an: „Bitte, bitte versprich mir, dass meine Mama das überlebt" und fordert ihn damit heraus, einen der wichtigsten Grundsätze einer Rettungskraft zu brechen: Niemals irgendwelche Versprechen abgeben, die man im Zweifel nicht halten kann! „Dieses Flehen des Jungen ging mir durch Mark und Bein. Das war einfach nur Scheisse, eine richtige Scheisse!", sagt Robert über diese Situation heute.*

Nach und nach treffen zusätzliche RTWs, Sanitäter und Ärzte an der Unfallstelle ein und lösen Robert und Martin ab. Martin begleitet die Frau im RTW ins Krankenhaus nach München, wo sie leider im Laufe der Nacht verstirbt. Robert fährt mit dem First Responder hinterher, um Martin später wieder mit zurück nach Herrsching zu nehmen. An die Fahrt kann er sich heute nicht mehr richtig erinnern. Als beide zurück an die Unfallstelle kommen, sind alle Verletzten abtransportiert und der größte Schaden beseitigt – zumindest der materielle. Was erstmal bleibt, ist der psychische Schaden.

Weil aufgrund des Ausmaßes des Unfalls und der Beteiligung von Kameraden ein übergeordnetes Kriseninterventionsteam des Landkreises alarmiert wurde, werden alle beteiligten Einsatzkräfte zur Aufbereitung des Falls noch in der Nacht ins Feuerwehrhaus nach Seefeld zur ersten Nachbereitung des Einsatzes eingeladen, darunter sehr viele, junge Feuerwehrleute. Es werden erste Gedanken geteilt, unterschiedliche Blickwinkel des Unfalls ausgetauscht, mit der Verarbeitung begonnen. Robert und Martin zieht es aber zurück ins eigene Feuerwehrhaus nach Herrsching, wo die beiden sich zunächst um ihr Fahrzeug und ihr Equipment kümmern und sich wieder „einsatzklar" melden. Danach steht die nächste Form der Nachsorge an: Bei einem Bier im „Stüberl" wird der Einsatz wieder und wieder nachbesprochen. Für Robert ein ganz wichtiger Moment: „Da im Stüberl mit den Kameraden zu reden, war für mich die wichtigste Aufarbeitung: Da hören die Leute zu, da muss keiner was zurückhalten, da ist jeder für jeden da, da darf man auch Schwäche zeigen, ohne Angst haben zu müssen, dass einem jemand die Position oder das Ansehen streitig macht!". In den frühen Morgenstunden fährt er nach Hause und erzählt seiner Frau noch im Bett von dem Einsatz – auch das war im Nachhinein für Robert ein wichtiges Element, um den Einsatz zu verarbeiten.

Ein paar Tage später werden alle Beteiligten, egal ob Polizei, Rettungsdienst oder Feuerwehr, zu einer weiteren Nachbesprechung nach Garatshausen eingeladen. Es ist das erste Mal, dass Robert als Betroffener zu einer solchen Veranstaltung geladen wird – normalerweise ist er immer derjenige, der solche Treffen für sein Team initiiert. Es ist die reine Neugier, die ihn dann auch tatsächlich teilnehmen lässt. Für seine persönliche Verarbeitung ist der Termin allerdings nicht entscheidend: „Stuhlkreis ist jetzt nicht so mein Ding. Es war eher fachlich von Interesse für mich, die unterschiedlichen Perspektiven der Einsatzkräfte zu verstehen." Das Fazit zieht Robert am Ende selbst: „Jeder muss am Ende seinen eigenen Weg finden, um mit solchen Erlebnissen umzugehen. Aber eine Aufarbeitung ist für jeden unerlässlich" (Abb. 7.1).

Auto prallt gegen Rettungswagen – eine Tote und sechs Verletzte

Schwerer Verkehrsunfall auf glatter Straße in der Seefelder Eichenallee / Mehr als 100 Rettungskräfte im Einsatz

Von Christian Deussing

Seefeld ■ Eine Tote und sechs Verletzte, ein Teil von ihnen schwer: Das ist die erschreckende Bilanz eines abendlichen Verkehrsunfalls auf der Seefelder Eichenallee, an dem ein Rettungswagen auf Einsatzfahrt beteiligt war. Ums Leben kam eine 39-jährige Frau aus Weßling. Sie hatte sich als Beifahrerin in dem Pkw befunden, der von ihrem Ehemann gesteuert wurde; auf den Rücksitz die 17 und 13 Jahre alten Söhne. Sie und ihr Vater – ihn mussten die Einsatzkräfte mit einer Rettungschere aus dem Wrack schneiden und per Hubschrauber in die Klinik Bogenhausen fliegen lassen – wurden bei dem Frontalzusammenstoß schwer verletzt. Die 39-Jährige starb wenig später im Klinikum Großhadern. Verletzt wurden auch die drei Sanitäter – unter ihnen ein Praktikant – die mit dem Seefelder Rettungswagen zu einem Glatteisunfall in Richtung Andechs unterwegs waren.

Nach ersten Erkenntnissen war das Auto der Familie aus bisher unbekannter Ursache in

Höhe des Seefelder Wertstoffhofes ins Schleudern und auf die Gegenspur geraten. Womöglich sei die Geschwindigkeit des Wagens nicht den Witterungsverhältnissen angepasst gewesen, so die Polizei. Ein Gutachten der Staatsanwaltschaft soll jetzt die genaue Unfallursache klären.

Trotz ihrer eigenen Verletzungen versorgten die Sanitäter sofort die schwer verletzten Weßlinger. Einer der Insassen des Weßlinger Pkw war aus dem Auto geschleudert worden. Zum Unfallort war zudem ein Kriseninterventionsteam der Malteser gerufen worden. Im Einsatz waren auch sieben Notärzte, 35 Rettungsdienstler sowie insgesamt 75 Feuerwehrleute der Ortsfeuerwehren Oberalting- Seefeld, Herrsching, Hechendorf, Machtlfing und Meiling. Die Straße zwischen Seefeld und Herrsching war mehr als vier Stunden für den gesamten Verkehr gesperrt, an dem beiden Unfallfahrzeugen entstand Totalschaden, der sich laut Polizeipräsidium Oberbayern Nord insgesamt auf knapp 110 000 Euro summiert.

Bis zur Unkenntlichkeit zerstört wurde der Pkw einer Weßlinger Familie (links) beim Frontalzusammenstoß mit einem Rettungswagen (rechts) in der Seefelder Eichenallee.   Foto: Rössmer

Abb. 7.1 Scan des Zeitungsartikels aus dem Jahr 2009

Praxisbeispiel 21

Im Sommer 2021 traf eine verheerende Flutkatastrophe weite Teile Deutschlands. Unvorhersehbare Starkregenfälle verwandelten idyllische Flusslandschaften in reißende Fluten, die zahlreiche Ortschaften überfluteten und ganze Landstriche verwüsteten. Die örtlichen Feuerwehren, Hilfsorganisationen und Rettungsdienste standen vor einer beispiellosen Herausforderung, um Menschen zu retten, Schäden zu beheben und die Infrastruktur wiederherzustellen. Das am stärksten betroffene Gebiet – Arweiler und Umgebung: Die Kameradinnen und Kameraden der Feuerwehr waren unermüdlich im Einsatz, um Menschen aus ihren überfluteten Häusern zu retten, Keller auszupumpen und Gefahrenstellen abzusichern. Doch als die Fluten sich zurückzogen und die akute Gefahrenlage sich entspannte, wurde deutlich, dass die Arbeit der Feuerwehr gerade erst begann. Die Feuerwehr selbst hatte mit erheblichen Schäden an ihrer Infrastruktur und Ausstattung zu kämpfen. Mehrere Einsatzfahrzeuge waren durch das Hochwasser beschädigt oder standen sogar komplett außer Betrieb. Die Ausrüstung und Einsatzkleidung der Feuerwehrleute waren in Mitleidenschaft gezogen worden und mussten gründlich gereinigt und repariert werden. Zudem waren viele der Einsatzkräfte erschöpft und traumatisiert von den emotional belastenden Rettungseinsätzen. Die psychische Gesundheit der Feuerwehrleute war von großer Sorge, da sie nicht nur die Opfer der Flutkatastrophe betreuten, sondern auch selbst Angehörige und Freunde verloren hatten. In dieser schwierigen Phase erwies sich die Nachsorge und Wiederherstellung der Einsatzbereitschaft als entscheidend. Die Stadt Arweiler mobilisierte umgehend Ressourcen, um die ortsansässigen Feuerweher und Nachbarwehren zu unterstützen. Es wurde eine temporäre Fahrzeugflotte aus umliegenden Städten und Gemeinden organisiert, um die ausgefallenen Einsatzfahrzeuge zu ersetzen. Zudem erhielt die Feuerwehr Unterstützung von benachbarten Feuerwehren, um die Reparaturarbeiten an den beschädigten Fahrzeugen und

Geräten zu beschleunigen. Parallel dazu wurde ein Kriseninterventionsteam eingesetzt, um die psychologische Betreuung der Einsatzkräfte sicherzustellen. Geschulte Therapeuten und Psychologen standen den Feuerwehrleuten zur Seite, um sie in der Verarbeitung der traumatischen Erlebnisse zu unterstützen und Wege zur Bewältigung der Belastungen zu finden. Die Stadt selbst erkannte auch die Notwendigkeit, die Kommunikations- und Koordinationsstrukturen zu stabilisieren. Es wurde eine Task Force eingerichtet, die sich ausschließlich mit der Abstimmung der Einsatzkräfte und den Hilfsmaßnahmen befasste. Eine digitale Plattform wurde geschaffen, um Informationen und Ressourcen effizient zu koordinieren und den Überblick über die Lage zu behalten.

Mit viel Engagement, Zusammenhalt und der Unterstützung der Bevölkerung gelang es der Freiwilligen Feuerwehr, die Einsatzbereitschaft schrittweise wiederherzustellen. Die beschädigten Fahrzeuge wurden repariert oder durch Leihfahrzeuge ersetzt, die Ausrüstung gereinigt und instandgesetzt. Die Feuerwehrleute erhielten die dringend benötigte psychologische Unterstützung, um die traumatischen Erlebnisse zu verarbeiten und gestärkt aus der Krise hervorzugehen. Die Stadt, der Landkreis, ja sogar der Bund nutzte die Erfahrungen aus der Flutkatastrophe, um ihre Notfallplanung zu überprüfen und zu verbessern. Die Bedeutung der Nachsorge und Wiederherstellung der Einsatzbereitschaft wurde erkannt, und zukünftige Maßnahmen wurden darauf ausgerichtet, die Feuerwehr und andere Hilfsorganisationen noch besser zu unterstützen (Abb. 7.2).

Abb. 7.2 Danksagung der FFW Arweiler in den sozialen Medien (FFW Arweiler)

7.2 Führungsprinzip 10: Der transformative Einfluss von Technisierung und Digitalisierung in Feuerwehr und Wirtschaft: Innovationen für Effizienz und Fortschritt

Warum Altes bewahren, wenn Neues Leben retten kann? Die disruptive Kraft der Technisierung und Digitalisierung in Wirtschaft und Feuerwehr Schon bei meinem ersten Kontakt mit der Feuerwehr Herrsching wurde mir deutlich vor Augen geführt, wie sehr die Technisierung und Digitalisierung in dieser traditionsreichen Institution Einzug gehalten hat. Während meines „Vorstellungsgesprächs" eröffneten sich vor meinen Augen Bilder modernster Technologien, die das Herz eines jeden Technikbegeisterten höherschlagen lassen würden. Überall im Gebäude waren hochmoderne Screens zur Einsatzplanung zu sehen, und die Einsatzzentrale beeindruckte mit ihrer state-of-the-art Ausstattung. Diese Eindrücke setzten sich nahtlos fort, als ich meine ersten Alarmierungen erlebte. Die digitale Alarmierung erfolgte via einer für Rettungskräfte entwickelten App namens „FF-Agent", die nicht nur blitzschnell alarmierte, sondern auch Bewegungstracking nutzte, um meine Ankunft am Feuerwehrhaus exakt zu berechnen und den Führungskräften auf den oben erwähnten Screens zugänglich machte. Die Einsatzvorbereitung wurde durch digitale Tools optimiert, und der Zugang zu wichtigen Informationen erfolgte über digitale Plattformen, die unsere Führungskräfte über ein spezielles Tablet abrufen können.

Einen solchen Grad des Fortschritts hatte ich nicht erwartet, er liegt aber eigentlich auf der Hand: Die Feuerwehr ist eine traditionsreiche Institution, deren Aufgabe es ist, Menschen zu schützen und Gefahren zu bewältigen. Seit ihren Anfängen hat sie sich stetig weiterentwickelt, um den aktuellen Herausforderungen unserer Zeit gerecht zu werden. Die zunehmende Technisierung und Digitalisierung spielt dabei eine zentrale Rolle und verändert nicht nur das Einsatzgeschehen, sondern auch die Art und Weise, wie Führungskräfte ihre Verantwortung wahrnehmen. Der rasante technologische Fortschritt eröffnet der Feuerwehr neue Möglichkeiten und erweitert ihre Handlungsspielräume. Drohnen und Roboter unterstützen bei der Lageerkundung, digitale Kommunikationssysteme erleichtern die Einsatzsteuerung, und smarte Geräte optimieren den Alltag der Feuerwehrleute.

Das war allerdings nicht immer so: Die Feuerwehr ist eine der ältesten Institutionen unserer Gesellschaft und hat eine lange Geschichte der Technisierung und Weiterentwicklung durchlaufen. Früher war die Feuerwehr primär auf manuelle Handhabung und analoge Kommunikationsmittel angewiesen. Die Feuerwehrleute mussten körperlich schwere Arbeit leisten, um Feuer zu löschen und Menschen zu retten. Alarmierung erfolgte über Glocken und Signale, und die Einsatzkoordination basierte auf handschriftlichen Aufzeichnungen und mündlicher Kommunikation.

Mit der Industrialisierung und technologischen Fortschritten im 19. und 20. Jahrhundert begann die Feuerwehr, mechanische Geräte und motorisierte Fahrzeuge zu nutzen. Elektrische Sirenen und Funkgeräte revolutionierten die Alarmierung und Kommunikation, was zu schnelleren Reaktionszeiten und besserer Koordination führte. Die Einführung von Atemschutzgeräten ermöglichte es den Feuerwehrleuten, auch in gefährlichen Umgebungen zu arbeiten, und die Verwendung von chemischen Löschmitteln verbesserte die Effizienz der Brandbekämpfung.

Und schließlich hat die Technisierung und Digitalisierung auch vor der Feuerwehr nicht haltgemacht. Moderne Technologien und digitale Innovationen finden immer mehr Einzug in das Einsatzgeschehen und unterstützen die Feuerwehrkräfte bei ihrer anspruchsvollen Aufgabe, Menschenleben zu retten und Sachwerte zu schützen. Hier mal ein paar Beispiele für diese beindruckende Entwicklung im Einsatz:

Einsatz von Drohnen und Robotern für die Lageerkundung Eine der bedeutendsten Entwicklungen im Bereich der Feuerwehrtechnologie ist der zunehmende Einsatz von Drohnen und Robotern. Drohnen ermöglichen es, aus der Luft hochauflösende Bilder und Videos von Einsatzstellen zu liefern. Sie können schnell und flexibel eingesetzt werden und bieten den Einsatzkräften eine wertvolle Vogelperspektive, um die Situation vor Ort besser einzuschätzen. Dank moderner Sensortechnik können Drohnen auch in stark verrauchten oder unübersichtlichen Gebieten eingesetzt werden und relevante Daten, wie Wärmebilder oder Gasmessungen, liefern. Diese Informationen ermöglichen es den Einsatzkräften, Gefahren schneller zu erkennen und gezielte Maßnahmen einzuleiten. Darüber hinaus können Roboter in gefährlichen oder schwer zugänglichen Bereichen eingesetzt werden, um Aufgaben zu übernehmen, die für Menschen zu riskant wären. Sie können beispielsweise in einsturzgefährdeten Gebäuden nach Verschütteten suchen oder Sprengstoffe unschädlich machen.

Virtuelle Einsatzplanung und Simulationstechniken Die digitale Technologie hat auch die Einsatzplanung und -vorbereitung nachhaltig verändert. Virtuelle Einsatzplanung und Simulationstechniken ermöglichen es, Szenarien im Voraus zu simulieren und die bestmögliche Strategie zu entwickeln.

Dies ermöglicht eine bessere Einschätzung der Lage und eine effizientere Ressourcenplanung. Durch virtuelle Trainingsanwendungen können Einsatzkräfte realitätsnahe Situationen üben und ihre Fähigkeiten verbessern. Sie können gefahrlos verschiedene Szenarien durchspielen und die Auswirkungen Ihrer Entscheidungen analysieren. Dies führt zu einer höheren Einsatzbereitschaft und Kompetenz der Feuerwehrkräfte.

Digitale Kommunikation und Einsatzsteuerung Moderne digitale Kommunikations- und Einsatzsteuerungssysteme ermöglichen eine effizientere Koordination und Zusammenarbeit während eines Einsatzes. Einsatzkräfte können über mobile Endgeräte schnell und zuverlässig miteinander kommunizieren und Informationen austauschen. Dadurch verbessert sich die situative Lageerfassung und Entscheidungsfindung erheblich. Die Einsatzsteuerung kann zentralisiert erfolgen, wodurch ein reibungsloser und koordinierter Ablauf gewährleistet ist. Digitale Tools ermöglichen es, Einsatzkräfte in Echtzeit zu lokalisieren und sie optimal zu den Einsatzstellen zu leiten.

Digitales Berichtswesen und Dokumentation Die Digitalisierung hat auch das Berichtswesen und die Dokumentation in der Feuerwehr optimiert. Statt aufwändiger Papierarbeit kommen heute digitale Lösungen zum Einsatz, die den Prozess der Berichterstattung effizienter und transparenter gestalten. Digitale Berichtsformulare ermöglichen es den Einsatzkräften, alle relevanten Informationen direkt vor Ort in einer mobilen Anwendung einzutragen. Dies reduziert den Verwaltungsaufwand erheblich und gewährleistet, dass alle wichtigen Daten sofort verfügbar und gut strukturiert sind. Die digitale Dokumentation ermöglicht es auch, sämtliche Informationen, Berichte und Protokolle sicher und zentralisiert zu speichern. Dies erleichtert den Zugriff auf vergangene Einsätze und Ereignisse und ermöglicht eine umfassende Analyse für spätere Verbesserungen.

Einsatz von Datenanalysen für Prävention und Einsatzoptimierung Mit der fortschreitenden Digitalisierung stehen der Feuerwehr immer größere Mengen an Daten zur Verfügung. Diese Daten können für die Prävention von Bränden und anderen Notfällen sowie für die Optimierung von Einsatzabläufen genutzt werden. Durch Datenanalysen können Muster und Trends erkannt werden, die auf potenzielle Gefahrenquellen hinweisen. Dies ermöglicht es der Feuerwehr, gezielte Präventionsmaßnahmen zu ergreifen, um Risiken zu minimieren und Unfälle zu verhindern, bevor sie überhaupt entstehen.

Darüber hinaus können Datenanalysen auch dabei helfen, die Effizienz und Wirksamkeit von Einsatzabläufen zu verbessern. Durch die Analyse von vergangenen Einsätzen können wertvolle Erkenntnisse gewonnen werden, die in die Optimierung zukünftiger Einsätze einfließen. Dies ermöglicht eine bessere Ressourcenplanung, schnellere Reaktionszeiten und eine insgesamt effektivere Einsatzführung.

Einsatz von Smart Devices und mobilen Anwendungen Smart Devices wie Smartphones und Tablets haben sich zu unverzichtbaren Werkzeugen für die Feuerwehr entwickelt. Mobile Anwendungen ermöglichen den Einsatzkräften den schnellen Zugriff auf wichtige Informationen und Ressourcen, egal wo sie sich gerade befinden. Dank mobiler Anwendungen können Einsatzpläne, Kartenmaterial und sonstige relevante Daten in Echtzeit abgerufen werden. Dies erleichtert die Orientierung und Koordination vor Ort und unterstützt die Einsatzkräfte dabei, gut informierte Entscheidungen zu treffen. Darüber hinaus können Smart Devices auch für die Kommunikation innerhalb der Feuerwehr eingesetzt werden. Chat-Apps und Gruppenkommunikation ermöglichen eine effiziente und schnelle Kommunikation zwischen den Einsatzkräften, auch in hektischen Situationen.

Wenn eine traditionsreiche Institution wie die Feuerwehr es schafft, sich ständig den Herausforderungen der Zeit zu stellen und sich durch Technisierung und Digitalisierung weiterzuentwickeln, dann sollten moderne Wirtschaftsunternehmen erst recht von diesem Beispiel lernen. Die technologischen Möglichkeiten bieten auch in der Geschäftswelt immense Chancen, die es zu nutzen gilt, um Wettbewerbsvorteile zu erlangen und nachhaltig erfolgreich zu sein. Im Folgenden haben wir mal die wichtigsten Vorteile für Wirtschaftssubjekte zusammengetragen:

Effizienzsteigerung Durch den Einsatz moderner Technologien und digitaler Prozesse können Arbeitsabläufe optimiert, manuelle Tätigkeiten automatisiert und Zeit gespart werden. Dadurch steigen die Produktivität und Effizienz des Unternehmens.

Kostenersparnis Digitalisierung kann zu erheblichen Kosteneinsparungen führen, da beispielsweise papierbasierte Prozesse durch elektronische Lösungen ersetzt werden können und weniger Ressourcen für Verwaltungsaufgaben benötigt werden.

Schnellere Entscheidungsfindung Die Verfügbarkeit von Echtzeitdaten und Analysen ermöglicht es Führungskräften, fundierte Entscheidungen schneller zu treffen und auf aktuelle Marktentwicklungen besser zu reagieren.

Kundenzentrierung und personalisierte Angebote Durch die Digitalisierung können Unternehmen besser auf die Bedürfnisse ihrer Kunden eingehen und personalisierte Angebote und Dienstleistungen bereitstellen, was die Kundenbindung und -zufriedenheit erhöht.

Innovationsförderung Technologische Lösungen eröffnen neue Möglichkeiten für Innovationen und die Entwicklung neuer Produkte oder Geschäftsmodelle. Unternehmen können durch Digitalisierung ihren Marktvorsprung ausbauen.

Flexibilität und Agilität Die Digitalisierung ermöglicht es Unternehmen, flexibler und agiler zu agieren, was insbesondere in sich schnell verändernden Märkten von Vorteil ist.

Verbesserte Zusammenarbeit Digitale Kommunikations- und Kollaborationstools fördern die Zusammenarbeit innerhalb des Unternehmens und ermöglichen auch die Zusammenarbeit über Standorte und Ländergrenzen hinweg.

Effektives Kundenmanagement Durch den Einsatz von Customer Relationship Management (CRM) Systemen können Unternehmen ihre Kundenbeziehungen besser verwalten und gezielter auf Kundenbedürfnisse eingehen.

Datengestützte Entscheidungen Mit Datenanalysen und Business Intelligence können Unternehmen fundierte Entscheidungen auf Basis von Fakten und Zahlen treffen, was die Erfolgsaussichten von Projekten und Strategien verbessert.

Verbesserung der Mitarbeiterzufriedenheit Technologien und digitale Tools können die Arbeit der Mitarbeiter erleichtern und ihnen ermöglichen, sich auf wertschöpfende Aufgaben zu konzentrieren. Dies trägt zur Steigerung der Mitarbeiterzufriedenheit bei.

Sicherheitssteigerung Digitale Lösungen können dazu beitragen, die Sicherheit am Arbeitsplatz und im Unternehmen zu verbessern, beispielsweise durch den Einsatz von Sensortechnologie oder Überwachungssystemen.

Umweltfreundlichkeit Durch die Digitalisierung von Prozessen und die Vermeidung von Papierverbrauch können Unternehmen einen Beitrag zum Umweltschutz leisten und ihre Nachhaltigkeitsziele vorantreiben.

Insgesamt bieten Technisierung und Digitalisierung Wirtschaftsunternehmen die Chance, ihre Leistungsfähigkeit und Innovationskraft zu steigern, sich in einem dynamischen Wettbewerbsumfeld zu behaupten und neue Potenziale zu erschließen. Es ist jedoch wichtig, dass Unternehmen die Digitalisierung strategisch und sorgfältig planen und die Veränderungsprozesse aktiv gestalten, um die vollen Vorteile dieser Entwicklung zu nutzen.

Führungskräfte spielen dabei eine, vielleicht die entscheidende Rolle bei der Einführung und Umsetzung neuer Technologien und digitaler Lösungen in der Feuerwehr wie auch in der Wirtschaft. Sie sind dafür verantwortlich, die Weichen für eine erfolgreiche Integration zu stellen und den Wandel aktiv zu gestalten. Sie stehen dabei nicht selten vor der Herausforderung, ihre eigenen Vorbehalte und Hindernisse überwinden und eine neue Denkweise an den Tag legen zu müssen:

Führungsverantwortung übernehmen Führungskräfte müssen die Technisierung und Digitalisierung als strategische Priorität betrachten und sie als zentralen Bestandteil ihrer Führungsaufgaben verstehen. Sie müssen die Verantwortung für den digitalen Wandel übernehmen und das Thema in ihrer Organisation vorantreiben.

Offenheit für Neues Führungskräfte sollten eine offene Haltung gegenüber neuen Technologien und digitalen Lösungen einnehmen. Sie müssen bereit sein, sich mit den Entwicklungen in der Technik vertraut zu machen und diese in ihre unternehmerischen Entscheidungen einzubeziehen.

Umgang mit Unsicherheit Die Technisierung und Digitalisierung bringen Unsicherheit und Veränderungen mit sich. Führungskräfte müssen in der Lage sein, mit dieser Unsicherheit umzugehen und ihre Mitarbeiter durch den Veränderungsprozess zu führen.

Förderung einer digitalen Unternehmenskultur Führungskräfte sollten eine Unternehmenskultur fördern, die die Akzeptanz und den Einsatz digitaler Technologien unterstützt. Dazu gehört auch, Fehler im Innovationsprozess zu erlauben und aus ihnen zu lernen.

Kommunikation und Transparenz Eine offene und transparente Kommunikation ist entscheidend, um die Mitarbeiter über den digitalen Wandel zu informieren und ihre Ängste und Bedenken ernst zu nehmen. Führungskräfte sollten die Vision und die Ziele der Digitalisierung klar vermitteln.

Aufbau von Digital-Know-how Führungskräfte müssen über ausreichendes Digital-Know-how verfügen, um die Bedeutung und die Möglichkeiten der Technisierung und Digitalisierung zu verstehen. Falls nötig, sollten sie sich auch externes Fachwissen ins Unternehmen holen.

Agiles und flexibles Denken Die Technisierung und Digitalisierung erfordern ein agiles und flexibles Denken. Führungskräfte sollten bereit sein, bestehende Prozesse zu hinterfragen und neue Wege zu gehen.

Vorbildfunktion übernehmen Führungskräfte müssen als Vorbild vorangehen und den Einsatz digitaler Technologien selbst vorleben. Sie sollten die neuen Werkzeuge nutzen und demonstrieren, wie digitale Lösungen die Arbeit und die Zusammenarbeit im Unternehmen verbessern können.

Von Feuerwehr-Kommandanten können Führungskräfte in der Wirtschaft einige wichtige Prinzipien für den Umgang mit der Technisierung und Digitalisierung abschauen:

Einsatz der richtigen Technologie Feuerwehr-Kommandanten setzen Technologie gezielt und zielorientiert ein. Sie nutzen moderne Geräte, Fahrzeuge und Ausrüstung, die ihnen dabei helfen, effizienter und sicherer zu arbeiten. Ebenso sollten Führungskräfte in der Wirtschaft die Technologie wählen, die ihre Geschäftsprozesse optimiert und Mehrwert schafft.

Kontinuierliche Weiterbildung Feuerwehr-Kommandanten bilden sich regelmäßig weiter, um mit den neuesten Entwicklungen in der Feuerwehrtechnik Schritt zu halten. Auch Führungskräfte in der Wirtschaft sollten ihre digitale Kompetenz kontinuierlich ausbauen und sich über aktuelle Trends und Innovationen informieren.

Kombination von Menschen und Technologie In der Feuerwehr arbeiten Mensch und Technologie eng zusammen. Die Technologie unterstützt die Feuerwehrleute in ihrem Einsatz, ersetzt sie aber nicht. Ähnlich sollten Führungskräfte in der Wirtschaft Technologie als Unterstützung sehen, die die Mitarbeiter bei ihrer Arbeit entlastet und ihnen Raum für kreative Aufgaben schafft.

Flexibilität und Anpassungsfähigkeit Feuerwehr-Kommandanten sind in der Lage, sich schnell auf neue Situationen einzustellen und ihre Technik und Taktik anzupassen. Führungskräfte in der Wirtschaft sollten ebenfalls flexibel sein und ihre Strategien und Prozesse an die sich verändernden Marktbedingungen anpassen.

Gemeinsame Vision Feuerwehr-Kommandanten haben eine klare Vision für den Einsatz und kommunizieren diese an ihre Mannschaft. Ebenso sollten Führungskräfte in der Wirtschaft eine klare Vision für die Technisierung und Digitalisierung ihres Unternehmens entwickeln und ihre Mitarbeiter davon überzeugen.

Sicherheit und Datenschutz In der Feuerwehr ist die Sicherheit der Einsatzkräfte und der Bevölkerung von höchster Bedeutung. Führungskräfte in der Wirtschaft sollten ähnlich hohe Maßstäbe an die Sicherheit und den Datenschutz ihrer digitalen Lösungen anlegen.

Auch bei Planworx haben wir frühzeitig die Bedeutung der Technisierung und Digitalisierung für die Eventbranche erkannt und bereits 2015/2016 begonnen, gezielt in digitale Lösungen zu investieren. Uns war schnell klar, dass die Integration moderner Technologien und digitaler Arbeitsweisen nicht nur die Effizienz steigern, sondern auch neue Möglichkeiten der Kundenbetreuung und -kommunikation eröffnen konnte. Als Vorreiter in der Branche entwickelten wir maßgeschneiderte Softwarelösungen, die es ermöglichten, Veranstaltungen noch effektiver zu planen, zu organisieren und durchzuführen. Die Verwendung digitaler Tools zur Einsatzsteuerung und Ressourcenplanung ermöglichte eine präzisere und effizientere Koordination der Eventteams vor Ort. Gleichzeitig wurden Kommunikationsplattformen etabliert, um die Zusammenarbeit zwischen den Teammitgliedern und Kunden zu verbessern. Aufgrund des hohen Digitalisierungsgrades konnte die Agentur in den Pandemiejahren problemlos auf digitale und virtuelle Events umsteigen, was sich als entscheidender Vorteil erwies. Während viele Unternehmen der Eventbranche mit den Herausforderungen der Krise zu kämpfen hatten, konnte Planworx durch den Einsatz digitaler Technologien nahtlos auf die veränderten Bedingungen reagieren. Wir entwickelten innovative Konzepte für virtuelle Events, die es Kunden ermöglichten, ihre Veranstaltungen trotz physischer Einschränkungen erfolgreich durchzuführen. Die bestehende Infrastruktur und die digitalen Kompetenzen der Mitarbeiterinnen und Mitarbeiter erwiesen sich als wertvolles Kapital und halfen, den Geschäftsbetrieb aufrechtzuerhalten und neue Geschäftsmöglichkeiten zu erschließen. Diese Fähigkeit, sich flexibel an neue Rahmenbedingungen anzupassen und digitale Lösungen effektiv einzusetzen, ermöglichte es Planworx, die Herausforderungen der Krise zu meistern und sogar gestärkt daraus hervorzugehen. Die Erfahrungen aus den Pandemiejahren haben uns alle darin bestärkt, weiterhin auf Technisierung und Digitalisierung zu setzen und unsere Position als Vorreiter in der Eventbranche auszubauen. Diese Haltung zahlte sich auch in der externen Wahrnehmung aus und Planworx wurde mehrfach ausgezeichnet, unter anderem als „Digital Champion" in den Jahren 2018, 2019, 2020 und 2021. Die Auszeichnungen sind ein Beleg für das erfolgreiche Vorantreiben der Technisierung und Digitalisierung in der Agentur und bestärken uns darin, weiterhin an der Spitze der technologischen Innovation in der Eventbranche zu stehen.

In den folgenden Praxisbeispielen möchten wir aufzeigen, wie Feuerwehren Technologie und Digitalisierung nutzen, um Herausforderungen zu bewältigen, die Einsatzeffizienz zu steigern und die Sicherheit von Einsatzkräften und der Bevölkerung zu erhöhen. Von der Einsatzvorbereitung über die Einsatzdurchführung bis hin zur Einsatznachbereitung sind digitale Technologien und moderne Tools zu unverzichtbaren Hilfsmitteln geworden, die die Arbeit der Feuerwehrleute nachhaltig verbessern und zukunftsfähig gestalten:

Praxisbeispiel 22

Peter, unser 2. Kommandant, den wir im Abschn. 6.4 *schon etwas näher kennengelernt haben, ist bei uns in der Feuerwehr der Tüftler, Schrauber, Techniker. Die Motorsäge klemmt nach stundenlangen Einsätzen? Peter! Für die Ersatzakkus des neuen hydraulischen Rettungssatzes brauchen wir einen Ladepunkt im HLF? Peter! Der Düsenantrieb unseres neuen Motorbootes hat Steine angesaugt und ist verstopft? Peter! Löst er die Dinge dann im Nachgang, wird von der Mannschaft gerne ein bekannter Serienstar zum Vergleich herangezogen: „Da hat der Pe wieder „macgyvert"". Dementsprechend begeistert ist er auch von der Digitalisierung unserer Feuerwehr und ist in viele der Digitalisierungsprozesse aktiv eingebunden. Sein Lieblingsbeispiel ist die Digitalisierung der Hydranten-Pläne: „Du kennst ja vorne im HLF die Hydranten-Ordner. Bist Du früher auf einen Einsatz gefahren, musstes Du als Gruppenführer erstmal genau schauen, wo der ist, dann die Straße aus dem Register raussuchen und dann händisch auf dem entsprechenden Planausschnitt Dir die nächstgelegenen Hydranten raussuchen. Ein irrer Zeitaufwand. Und wenn die Straße richtig lange ist, dann suchst Du Dir* einen Wolf!" Oh, ja. Ich weiß, wovon er da spricht. Bei einem meiner ersten Brandeinsätze, einem Saunabrand in der Rieder Straße, einer der längsten Straßen in Herrsching, hat Peter seinerzeit mir den Ordner gereicht und ich sollte suchen. Was ein Aufwand. Die Ungeduld der Kollegen macht es da nicht leichter. „Heute kannst Du die nächsten Hydranten schon auf den Einsatzscreens im Feuerwehrhaus ablesen, bevor Du überhaupt ins Fahrzeug steigst. Selbstverständlich sind die Pläne auch im Tablet, das dem Einsatzleiter zur Verfügung steht (Abb. 7.3). Und auch im Navi können Maschinist und Gruppenführer die Lage der nächsten Hydranten ablesen." Erzählt er mir nicht ohne Stolz. In naher Zukunft steht auch den Gruppenführern auf den HLFs ein Tablet mit entsprechender Software zur Verfügung. Als ich mich begeistert bei ihm für den Input bedanke, will noch was aus ihm raus: „Ein tolles Beispiel habe ich noch. Kannst Du Dich an den ABC-Einsatz in Erling-Andechs erinnern? (Abschn. 4.2) Da hat auch die Digitalisierung den Unterschied gemacht. Wir alle hatten trotz Zeichnungen und Beschreibungen, Schwierigkeiten uns die Situation da im Keller vorzustellen. Fotoapparate waren wegen der Explosionsgefahr ja in dem Bereich nicht zugelassen. Da kam die Feuerwehr Tutzing mit einer Wärmebildkamera, die auch Fotos machen kann, zu Hilfe und wir konnten Fotos von dem Gefahrenbereich vor Ort und digital verteilen. Großartig!"

Abb. 7.3 Positionen der Hydranten im Umfeld der FFH (FFH)

Praxisbeispiel 23

Großbrand auf dem Sprengplatz Berlin-Grunewald: Im August 2022 ereignete sich ein verheerender Großbrand auf dem Sprengplatz in Berlin-Grünewald, der zu einer der größten Einsätze in der Berliner Nachkriegsgeschichte wurde. Normalerweise dient der Sprengplatz im Grunewald als Übungs- und Testgelände für die Berliner Polizei und andere Sicherheitsbehörden. Hier werden verschiedene Sprengstoffe, Munition und pyrotechnische Gegenstände kontrolliert zur Ausbildung und Erprobung von Einsatzkräften eingesetzt. Dies umfasst beispielsweise die Sprengung von Bomben oder das Training für den Umgang mit gefährlichen Kampfmitteln. Die Anlage bietet den Sicherheitsbehörden die Möglichkeit, taktische Szenarien zu simulieren und verschiedene Sprengmittel zu testen, um ihre Fähigkeiten im Umgang mit solchen Situationen zu verbessern. Zudem dient der Sprengplatz als Lagerstätte für alte, gefährliche Kampfmittel, die im Zuge von polizeilichen Einsätzen oder Räumungen gefunden werden. Aufgrund der Gefahren, die von den dort gelagerten Sprengstoffen und Kampfmitteln ausgehen können, ist der Zugang zu diesem Gebiet normalerweise streng kontrolliert und es werden entsprechende Sicherheitsvorkehrungen getroffen. Die Übungen und Tests auf dem Sprengplatz werden von erfahrenen Fachleuten wie Sprengmeistern und Kampfmittelräumern begleitet, um die Sicherheit zu gewährleisten.

Mit dem Stichwort „Vegetationsbrand" alarmiert die Leitstelle der Berliner Feuerwehr am 4. August 2022 um 3:24 Uhr zwei Lösch- und Hilfeleistungsfahrzeuge (LHF), ein Tanklöschfahrzeug (TLF) und den C-Dienst der Feuerwache Zehlendorf, Christopher Freiheit, in den Grunewald. Für die Kräfte kein außergewöhnlicher Einsatz zu diesem Zeitpunkt, denn seit Tagen herrscht hochsommerliche Hitze. In Deutschland wüten bereits einige größere Wald- und Flächenbrände. Auch die Feuerwehr der Bundeshauptstadt hatte in den Tagen zuvor schon mit entsprechenden Bränden zu tun. Den Notruf hatte ein Passant abgesetzt. Vor Ort angekommen, wurden die Einsatzkräfte mit schwierigen Bedingungen konfrontiert, darunter die enorme Fläche des Sprengplatzes, das Vorhandensein explosiver Materialien und die extremen Temperaturen, die in diesem Sommer in Berlin herrschten. Zudem gestaltete sich die Kommunikation vor Ort schwierig, da der Wald eine mangelhafte Funkabdeckung aufwies. Um einen besseren Überblick über die Lage zu erhalten, wurde eine Vektor-Drohne des Deutschen Zentrums für Luft- und Raumfahrt (DLR) eingesetzt. Die Drohne lieferte hochauflösende Bilder aus der Luft und übertrug sie in Echtzeit in die Leitzentrale, was den Einsatzkräften half, die Situation besser zu verstehen. Wegen der mangelhaften Funkabdeckung im Wald wurde die Kommunikation durch den Einsatz von Digitalfunk-Repeatern verbessert. Auch die Verwendung von Funk- und Mobilfunkgeräten ermöglichte den Einsatzkräften eine effektivere Koordination während des Einsatzes.

Jedoch breitete sich der Brand schnell aus, begleitet von mehreren Explosionen, was zu einer vorsichtigen Rückzugsentscheidung der Einsatzkräfte führte, um ihre Sicherheit zu gewährleisten. Die Einsatzleitung beschloss daraufhin den Aufbau einer massiven Löschwasserversorgung, die den Einsatz von Löschbooten der Berliner Feuerwehr und eine Wasserentnahmestelle einschloss. Angesichts der schwierigen Lage forderte die Berliner Feuerwehr zusätzliche Unterstützungskräfte und Spezialgerät an, darunter Bergepanzer und Kampfmittel-Experten der Bundeswehr sowie die Spezialeinheit des Technischen Hilfswerks (THW). Um gefährliche Kampfmittel zu bergen und zu sichern, setzte der

Kampfmittelräumdienst der Feuerwehr Hamburg ferngesteuerte Manipulatoren ein, um gefährliche Situationen zu vermeiden. Zwei Hubschrauber der Bundespolizei kamen zum Einsatz, um den noch heißen und gefährlichen Sprengplatz aus der Luft mit Wasser zu kühlen und die letzten Löscharbeiten zu unterstützen. Nach tagelangen intensiven Löscharbeiten gelang es den Einsatzkräften, den Brand unter Kontrolle zu bringen und die letzten Glutnester zu löschen. Die gesperrte Autobahn (Avus) konnte schließlich wieder freigegeben werden, und der Einsatz wurde nach rund einer Woche beendet. Der erfolgreiche Einsatz war das Ergebnis moderner Technologien und einer gut koordinierten Zusammenarbeit der Einsatzkräfte. Die Vektor-Drohne, ferngesteuerte Roboter (Abb. 7.4) und andere technische Hilfsmittel spielten eine entscheidende Rolle bei der Überwachung der Lage, der Sicherheit der Einsatzkräfte und der effektiven Brandbekämpfung:

1. *Situationsbewusstsein: Die Nutzung von Drohnen und anderen Kameras verbesserte das Situationsbewusstsein erheblich. Die Einsatzleitung konnte die Entwicklung des Brandes besser verfolgen und gezielte Entscheidungen treffen.*
2. *Sicherheit der Einsatzkräfte: Der Einsatz ferngesteuerter Roboter und Drohnen ermöglichte es, gefährliche Bereiche zu erkunden und zu überwachen, ohne dass Einsatzkräfte sich direkt in Gefahr begeben mussten.*
3. *Effektivität der Maßnahmen: Die Digitalisierung ermöglichte eine schnellere und gezieltere Reaktion auf die Brandentwicklung. Die Koordination der Einsatzkräfte wurde verbessert, was zu einer effektiveren Brandbekämpfung führte.*
4. *Kommunikation und Vernetzung: Moderne Kommunikationslösungen ermöglichten eine bessere Vernetzung der Einsatzkräfte vor Ort und in der Leitzentrale. Dadurch wurde die Koordination und Zusammenarbeit optimiert.*

Abb. 7.4 Anlieferung des Löschpanzers der FW Vechta (FW Vechta)

8

„Quo Vadis, Florian?" – Die unvermeidlichen Herausforderungen der Wehren und was sie von der Wirtschaft lernen können!

Vom Feuerlöscher zum Change-Manager: Wehren und Unternehmen im Zeitalter des Wandels

Zusammenfassung In diesem Kapitel diskutieren wir die Herausforderungen, denen Feuerwehren heute abseits des Einsatzgeschehens gegenüberstehen, und wie, bzw. was sie umgekehrt von der Wirtschaft lernen können. Es beleuchtet die zunehmenden gesellschaftlichen und technologischen Veränderungen, die die Arbeitsweise der Feuerwehren beeinflussen. Besondere Herausforderungen sind der demografische Wandel, knappe Ressourcen, internationale Zusammenarbeit, Digitalisierung und Datenschutz sowie soziale und politische Veränderungen. Diese Herausforderungen erfordern eine Anpassung der Feuerwehren, um effektiv zu bleiben. Die Autoren schlagen vor, dass die Feuerwehren von bewährten Praktiken der Wirtschaft lernen können, um diesen Herausforderungen zu begegnen, ihre Prozesse zu optimieren und ihre Einsatzbereitschaft zu verbessern.

In den vorherigen Kapiteln haben wir die Feuerwehren für ihre effizienten Prozesse, ihre klugen Strukturen und effektive Führungsmethoden gewürdigt, die den Führungskreislauf der Wehren nachhaltig prägen und es ihnen so ermöglichen, selbst in den herausforderndsten und überraschendsten Situationen agil und erfolgreich zu agieren. Durch die detaillierte Untersuchung haben wir wertvolle Erkenntnisse gewonnen, die auch für Führungskräfte aus der freien Wirtschaft von großer Relevanz sein dürften. Durch die Analyse der erfolgreichen Anwendung von Technologisierung und Digitalisierung sowie der Entwicklung von Resilienz der Einsatzkräfte haben wir weitere wichtige Learnings für Unternehmen abgeleitet. Demnach gilt also auch weiterhin der selbstbewusste und stolze Spruch der Feuerwehren „Immer am Puls der Zeit, zur Sicherheit bereit!" Und alles heiter Sonnenschein und alles Gold, was da so glänzt?

Sicher nicht. Hinter den beeindruckenden Prozessen und Mechanismen der Feuerwehren verbergen sich auch große Herausforderungen, die es zu bewältigen gilt. Die Welt entwickelt sich rasend schnell weiter, Demografischer Wandel, Internationalisierung, Klimakrise und gesellschaftliche Veränderungen beeinflussen auch die Arbeit der Feuerwehr. In diesem Kapitel werfen wir einen kritischen Blick auf die zukünftigen Herausforderungen, denen sich die Feuerwehren stellen müssen, um ihre Effektivität und Bedeutung in der modernen Welt zu gewährleisten. Und schließlich schauen wir genau hin, ob sich der Spieß nicht umdrehen lässt und ob sich die Kommandanten auch etwas von der Wirtschaft abschauen können, um diesen Herausforderungen erfolgreich zu begegnen.

8.1   Im Wandel der Zeit: Die Feuerwehr vor neuen Herausforderungen – abseits des Einsatzgeschehens

Warum nach dem befreiendem „Feuer aus!" für viele Wehren die Arbeit erst richtig losgeht?
Im allerersten Kapitel hatte ich ja darüber berichtet, wie sich das Silvester 21/22 für viele einer Feuerwehrkollegen abgespielt hatte und wie stolz ich auf „meine Jungs" war. Weil Silvester zudem ja bekanntlich ein Tag ist, an dem es vermehrt zu Feuerwerken und pyrotechnischen Aktivitäten kommt und sich das Risiko von Bränden, Unfällen mit Feuerwerkskörpern und anderen gefährlichen Situationen dadurch stark erhöht, habe ich mich 2022 dazu entschlossen, meine „Einsatzbereitschaft" am letzten Tag des Jahres aufrecht zu erhalten. Das hieß konkret, mich auf der Nachbarschaftsparty auf den Konsum von antialkoholischen Getränken zu beschränken, um Mitternacht kurz mit den Liebsten anzustoßen und dann früh ins Bett zu gehen. Dort hielt es mich allerdings nicht lange, da wir um 0:51 Uhr zu einer Wohnungsöffnung alarmiert wurden. Glücklicherweise den einzigen Einsatz in dieser Nacht. So weit, so gut, so unspektakulär. Ganz anders ging es da in einigen Großstädten,

allen voran Berlin zu. Mit Entsetzen mussten wir alle den Medien entnehmen, was sich dort zugetragen hatte: Die Silvesternacht, normalerweise ein Grund zur Freude und ausgelassenen Feierlichkeiten, offenbarte eine düstere Seite, die das Vertrauen in unsere Gesellschaft erschütterte. Krankenwagen und Feuerwehren, die allgemein als Helfer und Retter angesehen werden, sahen sich plötzlich mit einer beispiellosen Gewalt konfrontiert. Zu 1700 Einsätzen und damit zu über 700 mehr als im Vorjahr wurde die Feuerwehr in Berlin alarmiert. Aber es ist nicht diese Zahl, die uns alle schockiert hat. In 102 Fällen, allein in Berlin, wurden die Rettungskräfte angegriffen, 33 Retter wurden dabei verletzt. Angriffe gegen Kollegen gab es auch in Frankfurt (Oder), in Hamburg, in Hildburghausen in Thüringen und vielen anderen Kleinstädten. „Selbst erfahrene Einsatzkräfte waren über die Aggressivität und Gewaltbereitschaft durch zum Teil vermummte Gruppen geschockt", twitterte die Berliner Feuerwehr. Die Gründe für die Angriffe auf Einsatzkräfte wie an Silvester sind vielschichtig und für viele bis heute schwer zu fassen. Noch weniger waren Herausforderungen wie diese vorhersehbar.

Mit den alarmierenden Angriffen auf Feuerwehr- und Rettungskräfte in besagter Silvesternacht wird deutlich, dass die Feuerwehr nicht nur mit den klassischen Herausforderungen eines Einsatzes zu kämpfen hat, sondern auch mit zunehmenden gesellschaftlichen Veränderungen und Entwicklungen, die ihre Arbeit und ihre Akzeptanz in der Bevölkerung beeinflussen. Diese Vorfälle werfen ein Schlaglicht auf die vielschichtigen Herausforderungen, mit denen die Feuerwehren heute und in Zukunft konfrontiert sind. Sie zeigen auf, dass die Wehren nicht nur Feuer und Naturkatastrophen bekämpfen, sondern auch mit gesellschaftlichen Spannungen, Konflikten und Entwicklungen umgehen müssen. Hier mal ein Versuch, die allerwichtigsten davon zu listen:

1. **Demografischer Wandel:** Der demographische Wandel stellt eine der zentralen Herausforderungen für die Feuerwehren dar. In vielen Industrieländern, einschließlich Deutschland, zeichnet sich eine alternde Bevölkerung ab, während die Zahl der jungen Menschen in der Gesellschaft abnimmt. Dieser demographische Wandel hat erhebliche Auswirkungen auf die Einsatzbereitschaft, die Personalstruktur und die langfristige Nachwuchsgewinnung der Feuerwehren. Dazu ein paar Daten:

   • In Deutschland und anderen Ländern mit ähnlichen demographischen Trends steigt der Anteil der älteren Bevölkerung (65 Jahre und älter) kontinuierlich an, während der Anteil der jüngeren Bevölkerung (unter 30 Jahren) abnimmt.

- Das Durchschnittsalter der aktiven Feuerwehrmitglieder steigt stetig an. Viele Feuerwehrleute gehören bereits heute zur älteren Altersgruppe und stehen in den kommenden Jahren vor dem Eintritt in den Ruhestand.
- Die jüngere Generation zeigt im Vergleich zu früheren Generationen ein geringeres Interesse an einem Engagement in der Freiwilligen Feuerwehr. Die Bereitschaft, sich ehrenamtlich zu engagieren, nimmt ab.

Die Auswirkungen sind schon heute spürbar und das nicht nur in Herrsching:

- Personalstruktur und Einsatzbereitschaft: Der demographische Wandel führt dazu, dass viele Feuerwehren mit einer ungleichen Altersverteilung konfrontiert sind. Eine zunehmende Anzahl älterer Feuerwehrleute steht weniger einsatzbereiten Jahren gegenüber, während es an jüngeren Einsatzkräften mangelt. Dies kann die Einsatzfähigkeit und das Sicherheitsniveau beeinträchtigen, da ältere Mitglieder möglicherweise nicht mehr in der Lage sind, bestimmte körperlich anspruchsvolle Aufgaben zu übernehmen.
- Nachwuchsgewinnung: Die Rekrutierung neuer Mitglieder wird zu einer immer größeren Herausforderung. Junge Menschen sind heutzutage vielfältigen Aktivitäten und Verpflichtungen ausgesetzt, was dazu führt, dass das Interesse an einem ehrenamtlichen Engagement in der Feuerwehr abnimmt. Der demographische Wandel erschwert es den Feuerwehren, genügend motivierte Nachwuchskräfte zu gewinnen, die bereit sind, sich langfristig zu engagieren.

Daniel hat mir bei meinem „Einstellungsgespräch" erzählt, dass „früher" einmal die Regel galt, dass etwa ein Prozent der Bevölkerung eine intrinsische Motivation verspürt, sich aktiv in der Feuerwehr zu engagieren, diese „guten Zeiten", aber längst vorbei sind. In Herrsching ist diese Quote beispielsweise mittlerweile drastisch gesunken und liegt bei etwa der Hälfte, also 0,5 %. Um die Einsatzbereitschaft weiterhin sicher zu stellen, sind daher umfangreiche Maßnahmen vonnöten, wie zum Beispiel:

- **Attraktivität steigern:** Feuerwehren müssen daran arbeiten, ihre Attraktivität als Arbeitgeber zu steigern, um mehr junge Menschen anzusprechen. Dies kann durch eine zeitgemäße Ausstattung, flexible Dienstzeiten und eine Anerkennung des Engagements in Form von Fortbildungsmöglichkeiten oder Anreizen geschehen.

- **Jugendarbeit stärken:** Eine gezielte Jugendarbeit ist von entscheidender Bedeutung, um das Interesse junger Menschen für die Feuerwehr zu wecken. Feuerwehren können Kooperationen mit Schulen, Jugendzentren oder Sportvereinen eingehen, um auf ihre Arbeit aufmerksam zu machen und potenzielle Nachwuchskräfte zu gewinnen.
- **Digitale Kommunikation nutzen:** Die jüngere Generation ist stark in der digitalen Welt vernetzt. Feuerwehren sollten moderne Kommunikationskanäle nutzen, um ihre Arbeit und ihr Engagement online zu präsentieren und junge Menschen anzusprechen.
- **Generationenübergreifende Zusammenarbeit fördern:** Der demographische Wandel erfordert eine enge Zusammenarbeit zwischen älteren und jüngeren Feuerwehrmitgliedern. Erfahrene Mitglieder können ihr Wissen und ihre Erfahrung weitergeben, während junge Einsatzkräfte neue Ideen und Technologien einbringen können.

So stellt der demographische Wandel zweifellos eine große Herausforderung für die Feuerwehren dar. Dennoch bietet er auch die Möglichkeit, die Strukturen und Arbeitsweisen der Feuerwehren zu modernisieren und an die Bedürfnisse einer sich wandelnden Gesellschaft anzupassen. Durch innovative Ansätze, eine gezielte Nachwuchsförderung und die Stärkung der Gemeinschaft kann die Feuerwehr auch in Zukunft ihre wichtige Rolle als Hüter der öffentlichen Sicherheit erfüllen.

2. **Knapper werdende Ressourcen:** Die Sicherstellung ausreichender finanzieller Ressourcen ist eine der zentralen Herausforderungen für die Feuerwehren weltweit. Die steigenden Kosten für Ausstattung, Ausrüstung und Schulungen treffen auf begrenzte Budgets der öffentlichen Hand. Dieser Mangel an finanziellen Mitteln kann die Einsatzbereitschaft, die Einsatzqualität und die Modernisierung der Feuerwehren beeinträchtigen:

- Die Kosten für moderne Feuerwehrausrüstung, Fahrzeuge und Schutzausrüstung sind in den letzten Jahren gestiegen. Gleichzeitig stehen den Feuerwehren häufig begrenzte Haushaltsmittel zur Verfügung.
- Die Feuerwehren sind zunehmend gezwungen, ihre Ausrüstung und Technologie zu modernisieren, um den steigenden Anforderungen gerecht zu werden. Dies erfordert erhebliche Investitionen.
- Neben den direkten Kosten für die Ausstattung müssen die Feuerwehren auch in die Ausbildung ihrer Einsatzkräfte investieren, um ein hohes Maß an Professionalität und Sicherheit zu gewährleisten.

Dies hat nicht selten Auswirkungen, die sehr schnell die gesamte Allgemeinheit betreffen können:

- Verzögerte Modernisierung: Aufgrund begrenzter finanzieller Mittel können viele Feuerwehren ihre Ausrüstung und Technologie nicht so schnell aktualisieren, wie es erforderlich wäre. Dies kann zu veralteten Einsatzmitteln und einer verringerten Einsatzbereitschaft führen.
- Personalmangel: Finanzielle Engpässe können dazu führen, dass Feuerwehren Schwierigkeiten haben, ausreichend qualifiziertes Personal zu gewinnen und zu halten. Gut ausgebildete Einsatzkräfte sind jedoch unerlässlich, um in Notfällen effektiv und sicher agieren zu können.

In Herrsching haben wir das große Glück, auf eine nachhaltige Unterstützung der Gemeinde und des Landkreises bauen zu können, und trotzdem sind unsere und die Führungskräfte anderer Gemeinden gezwungen, mit den vorhandenen Mitteln gut zu haushalten und auch mal „kreativ" zu werden, um an ausreichend Geld zu kommen:

- Effizientes Ressourcenmanagement: Feuerwehren müssen ihre finanziellen Ressourcen effizient verwalten und Prioritäten setzen. Dies erfordert eine sorgfältige Planung, um die knappen Mittel dort einzusetzen, wo sie den größten Nutzen bringen.
- Partnerschaften und Kooperationen: Feuerwehren können durch Kooperationen mit anderen Organisationen oder Unternehmen zusätzliche finanzielle Unterstützung erhalten. Auch Sponsoring von lokalen Unternehmen kann eine Möglichkeit sein, um die Finanzen aufzustocken.
- Fördermittel und Zuschüsse: Feuerwehren können sich um Fördermittel und Zuschüsse von staatlichen Stellen oder Stiftungen bemühen, um ihre Projekte und Investitionen zu unterstützen.
- Sensibilisierung der Öffentlichkeit: Eine positive Wahrnehmung der Feuerwehr in der Öffentlichkeit kann dazu beitragen, dass Politiker und Entscheidungsträger die finanzielle Unterstützung erhöhen. Feuerwehren sollten ihre Arbeit und ihren Wert für die Gesellschaft deutlich kommunizieren.

Der Mangel an finanziellen Ressourcen ist zweifellos eine große Herausforderung für die Feuerwehren. Die gemeinsame Anstrengung von Politik, Gesellschaft und Feuerwehren ist notwendig, um die finanziellen Herausforderungen zu bewältigen und eine starke und einsatzbereite Feuerwehr zu gewährleisten, die das Leben und das Eigentum der Bürger schützt. Die Verfügbarkeit von finanziellen und personellen Ressourcen kann sich in Zukunft durchaus weiter auf die Fähigkeit der Feuerwehren auswirken, effektive und effiziente Dienstleistungen bereitzustellen. Weitere Budgetbeschränkungen können die Anschaffung neuer Ausrüstung und Technologien erschweren.

3. **Internationale Zusammenarbeit:** Die Herausforderungen, mit denen die Feuerwehren konfrontiert sind, beschränken sich nicht auf nationale Grenzen. Immer häufiger werden Feuerwehren mit Situationen konfrontiert, die eine internationale Zusammenarbeit erfordern, wie wir nicht zuletzt bei Andis Praxisbeispiel, dem Zugunglück von Garmisch, gesehen haben. Diese Herausforderung ergibt sich aus einer Vielzahl von Gründen, darunter die Zunahme grenzüberschreitender Notfälle, die Notwendigkeit, Ressourcen zu teilen und Erfahrungen auszutauschen sowie die Bewältigung globaler Bedrohungen wie Naturkatastrophen und Pandemien:

- In einer globalisierten Welt nehmen Notfälle und Katastrophen kein nationales Territorium oder keine Sprachgrenzen wahr. Feuerwehren müssen in der Lage sein, in internationalen Krisensituationen zusammenzuarbeiten, um effektiv zu reagieren und Leben zu retten.
- Naturkatastrophen wie Erdbeben, Wirbelstürme oder Waldbrände können grenzüberschreitende Auswirkungen haben und erfordern eine koordinierte Reaktion mehrerer Länder.
- Die Bekämpfung von Pandemien, wie es beispielsweise bei der COVID-19-Pandemie der Fall war, erfordert eine internationale Zusammenarbeit, um Informationen, Ressourcen und bewährte Praktiken auszutauschen.
- Viele Feuerwehren weltweit verfügen über spezialisierte Fachkenntnisse, die in anderen Ländern von großem Nutzen sein könnten. Die Möglichkeit, solche Ressourcen zu teilen, kann eine effektivere Krisenbewältigung ermöglichen.

Diese oftmals ungewohnte und nicht unerprobte, meistens spontane Notwendigkeit zur Zusammenarbeit birgt nicht selten Hindernisse, die es zu überkommen gilt:

- **Sprach- und Kulturdifferenzen:** Internationale Zusammenarbeit kann durch sprachliche und kulturelle Unterschiede erschwert werden. Die Kommunikation und Verständigung zwischen Feuerwehren aus verschiedenen Ländern erfordert daher eine besondere Sensibilität und Anpassungsfähigkeit.

- Rechts- und Versicherungsfragen: Die Zusammenarbeit zwischen Feuerwehren aus verschiedenen Ländern kann auch mit rechtlichen und versicherungstechnischen Herausforderungen verbunden sein. Die Sicherstellung der rechtlichen Absicherung und Haftungsfragen ist eine wichtige Voraussetzung für eine erfolgreiche Kooperation.

Und natürlich gibt es auch in dem Spannungsfeld Internationalisierung schon erste Ideen und Lösungsansätze:

- Austausch von Fachwissen und Erfahrungen: Internationale Konferenzen, Workshops und Trainings können dazu beitragen, dass Feuerwehren ihr Fachwissen und ihre Erfahrungen miteinander teilen und von bewährten Praktiken lernen.
- Bilaterale und multilaterale Vereinbarungen: Feuerwehren können bilaterale oder multilaterale Abkommen abschließen, um die Zusammenarbeit in Notfällen und Katastrophen zu erleichtern. Solche Abkommen können auch die rechtlichen und versicherungstechnischen Aspekte regeln.
- Netzwerke und Plattformen: Internationale Netzwerke und Plattformen können geschaffen werden, um den regelmäßigen Austausch und die Kommunikation zwischen Feuerwehren aus verschiedenen Ländern zu fördern.
- Internationale Übungen und Simulationen: Gemeinsame Übungen und Simulationen können Feuerwehren auf internationale Notfallsituationen vorbereiten und die Zusammenarbeit und Koordination verbessern.

In Herrsching beispielsweise besteht nicht nur eine enge gesellschaftliche Verbindung zur Partnergemeinde Ravina-Romangano in der Provinz Verona in Italien, sondern auch ein sehr enger Austausch zwischen den Wehren beider Gemeinden. Die Zusammenarbeit zwischen den Feuerwehren beider Gemeinden ermöglicht einen kulturellen Austausch, einen fachlichen Dialog zu regionalen Themen und eine enge Kooperation im Rahmen von Übungen und der Erprobung von technischen Gerätschaften.

Die internationale Zusammenarbeit stellt die Feuerwehren vor neue Herausforderungen, bietet aber auch die Chance, voneinander zu lernen und die globale Krisenbewältigung zu verbessern. Feuerwehren spielen eine wichtige Rolle bei der Sicherstellung der öffentlichen Sicherheit und dem Schutz der Bürger, unabhängig von den geografischen Grenzen. Die Zusammenarbeit und Solidarität zwischen Feuerwehren auf der ganzen Welt sind entscheidend, um diesen Herausforderungen effektiv zu begegnen und eine sichere und widerstandsfähige Gesellschaft zu fördern. Mit zunehmenden globalen Herausforderungen wie grenzüberschreitenden Notfällen und Naturkatastrophen wird die Zusammenarbeit zwischen Feuerwehren aus verschiedenen Ländern immer wichtiger. Die Entwicklung von Standards und Protokollen für die Zusammenarbeit kann dazu beitragen, dass Feuerwehren in Krisenfällen besser zusammenarbeiten können.

4. **Digitalisierung und Datenschutz:** Wie bereits in Abschn. 7.2 thematisiert und als Führungsprinzip selektiert, hat die rasante Entwicklung der Digitalisierung in den letzten Jahren – zum Glück – auch vor den Feuerwehren nicht Halt gemacht. Die Einführung neuer Technologien und digitaler Lösungen bietet zweifellos zahlreiche Chancen, um die Einsatzfähigkeit, Effizienz und Sicherheit der Feuerwehren zu verbessern:

- Die Digitalisierung ermöglicht schnellere Alarmierung und Koordination von Einsatzkräften durch moderne Kommunikations- und Informationstechnologien.
- Digitale Lagebilder bieten Echtzeitinformationen über Einsatzorte und Wetterbedingungen, um fundierte Entscheidungen zu treffen.
- Ausstattung von Feuerwehrfahrzeugen und -geräten mit digitalen Schnittstellen verbessert die Effizienz bei der Brandbekämpfung und Rettungsaktionen.

Gleichzeitig bringt die Digitalisierung jedoch auch neue Herausforderungen mit sich, insbesondere im Hinblick auf den Datenschutz und die Sicherheit sensibler Informationen:

- Datenschutzbestimmungen: Einhaltung der geltenden Datenschutzbestimmungen, insbesondere der Datenschutz-Grundverordnung (DSGVO), um den Schutz personenbezogener Daten zu gewährleisten.
- Cybersicherheit: Implementierung robuster Sicherheitsmaßnahmen, um die IT-Infrastruktur vor Cyberangriffen und Datenverlust zu schützen.
- Vertraulichkeit und Zugriffsrechte: Kontrolle des Zugriffs auf sensible Daten und Gewährleistung, dass nur autorisierte Personen darauf zugreifen können.
- Datenanalyse und KI: Ethik und Datenschutz bei der Nutzung von Datenanalyse und Künstlicher Intelligenz, um den Schutz der Privatsphäre zu gewährleisten.

Ich kann mich noch gut an die Aussage eines Kollegen in einer meiner ersten Wochen nach „Amtsantritt" zum Thema Datenschutz und Umgang mit sensiblen Daten erinnern: „Wenn Du jemals ein Bild oder gar ein Selfie vom Einsatz postest und Dich einer unserer Führungskräfte dabei erwischt, dann war es das für Dich. Da kannst Du sofort wieder den Piepser abgeben!" Nun, ausprobiert habe ich es bis heute noch nicht, kann mir aber tatsächlich nicht vorstellen, dass die Konsequenzen so derartig dramatisch wären. Nichtsdestotrotz ist der Aufwand, der heute und in Zukunft betrieben werden muss, um einen sensiblen Umgang mit digitalen Daten zu gewährleisten, immens:

- Richtlinien und Schulungen: Entwicklung klarer Richtlinien für den Umgang mit digitalen Technologien und Datenschutzbestimmungen. Schulungen und Fortbildungen zur Sensibilisierung der Einsatzkräfte für Datenschutzrisiken.
- Sicherheitstechnologien: Einsatz von Sicherheitstechnologien wie Firewalls, Verschlüsselungen und Intrusion Detection Systems zur Absicherung der IT-Infrastruktur.
- Datenschutzbeauftragter: Benennung eines Datenschutzbeauftragten, der für die Überwachung und Umsetzung von Datenschutzmaßnahmen verantwortlich ist.
- Transparenz und Informationsaustausch: Offener Dialog mit der Öffentlichkeit über den Einsatz digitaler Technologien und Datenschutzmaßnahmen, um Vertrauen aufzubauen.

Die Digitalisierung bietet viele Möglichkeiten für die Zukunft der Feuerwehren. Die Herausforderung besteht darin, die Vorteile der Digitalisierung zu nutzen und gleichzeitig den Schutz sensibler Daten zu gewährleisten. Nur durch gezielte Maßnahmen und ein verantwortungsvolles Handeln können Feuerwehren den Herausforderungen der Digitalisierung erfolgreich begegnen und eine moderne, effiziente und datenschutzkonforme Einsatzstruktur gewährleisten.

5. **Soziale und politische Veränderungen:** Die Feuerwehren stehen nicht nur vor technologischen Herausforderungen, sondern auch vor sozialen und politischen Veränderungen. Die gesellschaftlichen Entwicklungen haben Auswirkungen auf die Einsatzstrukturen und die Zusammenarbeit mit politischen Akteuren. Im Folgenden werden die Fakten zu diesem Thema, die Herausforderungen und mögliche Maßnahmen zur Bewältigung dieser Herausforderungen dargelegt:

- Gesellschaftliche Veränderungen beeinflussen die Struktur der Bevölkerung und stellen neue Anforderungen an die Feuerwehren, wie beispielsweise eine zunehmend älter werdende Bevölkerung.
- Politische Entwicklungen können sich auf die finanzielle Ausstattung und die Rahmenbedingungen der Feuerwehren auswirken.
- Die gesellschaftliche Debatte über Themen wie Klimawandel, Pandemien und Terrorismus erfordert eine angepasste Einsatzstrategie.

Neben dem demografischen Wandel und den immer knapper werdenden finanziellen Ressourcen, gibt es weitere Herausforderungen, die durch diese Entwicklung entstehen;

- Gesellschaftliche Herausforderungen: Feuerwehren müssen sich auf neue Einsatzszenarien vorbereiten, die durch gesellschaftliche Entwicklungen wie Klimawandel, Pandemien oder soziale Konflikte entstehen können.
- Politische Unterstützung: Die Feuerwehren müssen sich aktiv in den politischen Dialog einbringen, um ihre Interessen und Bedürfnisse zu vertreten und politische Unterstützung zu erhalten.

Das beste Beispiel für eine derartige Entwicklung finden wir hier in unserer Gemeinde. In Herrsching hat sich, angefeuert durch diverse digitale und analoge Medien, eine „Bestands-Baumschutz-Befürworterschaft" entwickelt. Per se natürlich sinnvoll und zukunftsrelevant. Wenn es allerdings bei jedem Unwetter und den drohenden Folgen für Mensch, Tier und Kapital, wie zum Beispiel „Baum droht auf Haus zu fallen", zu Grundsatzdiskussionen mit den vermeintlichen Naturschützern kommt, wir es eher kontraproduktiv und genaugenommen mit enormem Gefahrenpotential bestückt. Hier ein paar erste Lösungsansätze, um der Herausforderung zu begegnen:

- Ausbildung und Weiterbildung: Die Einsatzkräfte müssen kontinuierlich weitergebildet werden, um auf neue Herausforderungen vorbereitet zu sein, die sich durch gesellschaftliche und politische Entwicklungen ergeben.
- Vernetzung und Lobbyarbeit: Durch eine aktive Vernetzung mit politischen Akteuren und eine gezielte Lobbyarbeit können die Feuerwehren ihre Anliegen in die politische Debatte einbringen.

Die sozialen und politischen Veränderungen erfordern eine stetige Anpassung der Feuerwehren, um den aktuellen Herausforderungen gerecht zu werden. Durch gezielte Maßnahmen und eine aktive Auseinandersetzung mit den gesellschaftlichen Entwicklungen können die Feuerwehren ihre Einsatzfähigkeit sicherstellen und ihre wichtige Rolle als Helfer und Retter in der Gesellschaft weiterhin erfolgreich ausfüllen. Die Feuerwehren sind gefordert, sich flexibel an diese Veränderungen anzupassen und ihre Kommunikation mit der Öffentlichkeit entsprechend zu gestalten.

6. **Terrorismus und Anschlagsgefahren:** Die Bedrohung durch Terrorismus und Anschlagsgefahren stellt die Feuerwehren vor einzigartige und komplexe Herausforderungen. Die steigende Gefahr terroristischer Aktivitäten erfordert eine gezielte Vorbereitung und Anpassung der Feuerwehren an diese besondere Form von Einsatzszenarien:

   • Die Bedrohung durch Terrorismus ist global präsent und kann sowohl von internationalen als auch von inländischen Akteuren ausgehen.
   • Terroristische Anschläge können verschiedene Formen annehmen, darunter Bombenanschläge, Schießereien, Fahrzeugattacken und Chemie-/Biowaffen.
   • Die Komplexität und Unvorhersehbarkeit terroristischer Anschläge erfordern eine hohe Flexibilität und schnelle Reaktionsfähigkeit der Feuerwehren.

Diese Entwicklungen sind im wahrsten Sinne des Wortes „brutal" und erfordern eine nie dagewesene Fokussierung:

• Sicherheit der Einsatzkräfte: Die Sicherheit der Einsatzkräfte hat oberste Priorität bei terroristischen Einsätzen. Feuerwehren müssen spezielle Schutzmaßnahmen und Taktiken entwickeln, um die Gefahr für ihre Einsatzkräfte zu minimieren.
• Krisenmanagement und Kommunikation: Die Zusammenarbeit mit anderen Sicherheitsbehörden und eine klare und effektive Kommunikation sind entscheidend für ein erfolgreiches Krisenmanagement bei terroristischen Anschlägen.
• Spezialausbildung: Die Einsatzkräfte müssen für die spezifischen Herausforderungen terroristischer Angriffe ausgebildet und geschult werden, um angemessen reagieren zu können.
• Vorbeugende Maßnahmen: Neben der Reaktion auf akute Bedrohungen müssen Feuerwehren auch präventive Maßnahmen ergreifen, um potenzielle Anschlagsgefahren zu erkennen und abzuwenden.

Dementsprechend sind diese Herausforderungen keinesfalls lokal lösbar, sondern erfordern vielmehr ein nahezu reibungsloses Zusammenspiel vieler Stellen und Einheiten:

- Risikoanalyse und Einsatzplanung: Eine umfassende Risikoanalyse und Einsatzplanung sind entscheidend, um die spezifischen Gefahren und Anforderungen bei terroristischen Anschlägen zu berücksichtigen.
- Interdisziplinäre Übungen: Gemeinsame Übungen mit anderen Sicherheitsbehörden ermöglichen eine reibungslose Zusammenarbeit und ein besseres Verständnis der jeweiligen Rollen und Aufgaben.
- Ausbildungsprogramme: Die Feuerwehren sollten spezialisierte Ausbildungsprogramme entwickeln, die auf die Bewältigung von terroristischen Anschlagsgefahren ausgerichtet sind.
- Informationsaustausch: Eine kontinuierliche Zusammenarbeit und der Austausch von Informationen mit anderen Sicherheitsbehörden und internationalen Partnern sind essentiell, um frühzeitig auf mögliche Bedrohungen reagieren zu können.

Zusammengefasst erfordert die Bedrohung durch Terrorismus von den Feuerwehren ein hohes Maß an Vorbereitung, Flexibilität und Kooperation. Nur durch gezielte Maßnahmen und eine kontinuierliche Weiterentwicklung ihrer Fähigkeiten können die Feuerwehren einen wichtigen Beitrag zur Sicherheit und zum Schutz der Bevölkerung in Zeiten terroristischer Anschlagsgefahren leisten.

7. **Öffentlichkeitsarbeit und Kommunikation:** Eine effektive Öffentlichkeitsarbeit und Kommunikation sind für Feuerwehren von großer Bedeutung, um das Vertrauen der Bevölkerung zu gewinnen, über ihre Arbeit zu informieren und Unterstützung für ihre Aktivitäten zu gewinnen. Im Folgenden werden die Fakten zu diesem Thema, die Herausforderungen und mögliche Maßnahmen zur Verbesserung der Öffentlichkeitsarbeit und Kommunikation dargelegt:

   - Die Öffentlichkeitsarbeit spielt eine wichtige Rolle bei der Wahrnehmung der Feuerwehren in der Gesellschaft und kann das Image und Ansehen entscheidend beeinflussen.
   - Die Bedeutung von Social Media und Online-Kanälen für die Kommunikation mit der Öffentlichkeit hat in den letzten Jahren stark zugenommen.

- Feuerwehren müssen über ihre Einsätze, Präventionsmaßnahmen und Erfolge transparent und verständlich informieren.

Diese Entwicklung stellt ein Medium, das es bis vor Kurzem noch gewohnt war per Fax, analogen Warnmeldern und Mimik & Gestik zielführend zu kommunizieren, vor sehr große Herausforderungen:

- Kommunikation in Echtzeit: Bei Einsätzen müssen Informationen schnell und präzise an die Öffentlichkeit weitergegeben werden, um Gerüchten und Falschinformationen vorzubeugen.
- Zielgruppengerechte Ansprache: Die Kommunikation sollte auf die Bedürfnisse und Interessen der verschiedenen Zielgruppen abgestimmt sein, um eine größere Wirkung zu erzielen.
- Umgang mit Krisen und Kritik: Die Feuerwehren müssen in der Lage sein, angemessen auf Krisen und kritische Situationen zu reagieren und transparent mit Kritik umzugehen.
- Medienkompetenz: Die Feuerwehrangehörigen sollten über Medienkompetenz verfügen und in der Lage sein, mit Journalisten und Medienvertretern professionell zu kommunizieren.

Ein Paradebeispiel für die Herausforderungen der Öffentlichkeitsarbeit und Kommunikation für Feuerwehren und andere Einsatzkräfte war der tragische Anschlag auf das Olympia-Einkaufszentrum (OEZ) in München vor einigen Jahren. Bei diesem schrecklichen Vorfall wurden mehrere Menschen Opfer einer Gewalttat, die die Stadt und die Bevölkerung zutiefst erschütterte. Der Pressesprecher der Polizei, Marcus da Gloria Martins, stand vor einer enormen Aufgabe, die Öffentlichkeit in Echtzeit über die Situation zu informieren und gleichzeitig Panik und Gerüchte zu verhindern. Es galt Informationen schnell, präzise und verständlich an die Bevölkerung weiterzugeben, um Transparenz zu schaffen und Falschinformationen zu vermeiden. Gleichzeitig musste sichergestellt werden, dass die Informationen nicht in die Hände der Täter gelangen und weitere Gefahren entstehen. Der Pressesprecher der Polizei arbeitete dabei eng mit anderen Einsatzkräften zusammen, um ein einheitliches und koordiniertes Bild nach außen zu vermitteln. Dabei wurde eine klare Social Media-Strategie entwickelt, um Informationen über die laufenden Ermittlungen, Sicherheitsmaßnahmen und Entwicklungen zu kommunizieren. Die Kommunikation erfolgte besonnen und mit großer Präzision, wobei alle Aussagen sorgfältig abgestimmt und geprüft wurden, um keine Unsicherheiten oder Verwirrung zu verursachen. Gleichzeitig wurden regelmäßige Pressekonferenzen abgehalten, um die Medien professionell über den aktuellen Stand der Ereignisse zu informieren. Während des Einsatzes wurde die Öffentlichkeit über die Social-Media-Kanäle der Polizei kontinuierlich mit aktuellen Informationen versorgt. Die Bevölkerung erhielt klare Anweisungen zum Verhalten und zu Sicherheitsvorkehrungen. Gleichzeitig wurde betont, dass bestimmte Informationen aus ermittlungstaktischen Gründen nicht veröffentlicht werden können, um die laufenden Ermittlungen nicht zu gefährden. Der Pressesprecher, Marcus, vermittelte ein hohes Maß an Verantwortungsbewusstsein und Professionalität, um das Vertrauen der Bevölkerung zu gewinnen. Die transparente und besonnene Kommunikation half dabei, Panik und Falschinformationen zu verhindern, und ermöglichte es der Bevölkerung, sich auf verlässliche Quellen zu stützen. Der Anschlag auf das Olympia-Einkaufszentrum in München verdeutlichte die entscheidende Rolle der Öffentlichkeitsarbeit und Kommunikation für Einsatzkräfte, insbesondere in Krisensituationen. Der Pressesprecher der Polizei bewältigte diese Herausforderung mit Besonnenheit, Präzision und Verantwortungsbewusstsein. Und dafür wurde er, wie ich finde, zu Recht ausgezeichnet: Marcus da Gloria Martins wurde für seine Leistung während des Anschlags auf das Olympia-Einkaufszentrum in München am 22. Juli 2016 mit dem Bayerischen Verdienstorden ausgezeichnet. Die Auszeichnung wurde ihm für sein vorbildliches Verhalten und seine herausragende Arbeit als Pressesprecher der Münchner Polizei während der Krisensituation verliehen. Seine professionelle und transparente Kommunikation mit den Medien und der Öffentlichkeit wurde als maßgeblich für die Bewältigung der Krise und die Informationsversorgung der Bevölkerung angesehen. Der Bayerische Verdienstorden ist eine hohe staatliche Auszeichnung, die Personen für besondere Verdienste um den Freistaat Bayern verliehen wird. Und davon können wir uns so einiges abschauen:

- Social-Media-Strategie: Eine klare, durchdachte und zielgerichtete Social-Media-Strategie kann dazu beitragen, die Reichweite und Wirksamkeit der Öffentlichkeitsarbeit zu erhöhen.
- Pressearbeit und Medientraining: Eine professionelle Pressearbeit und Medientraining für Feuerwehrangehörige ermöglichen eine angemessene und effektive Kommunikation mit den Medien.
- Bürgerinformation und -beteiligung: Die Feuerwehr sollte regelmäßig über ihre Arbeit informieren und die Bürgerinnen und Bürger zur aktiven Beteiligung und Unterstützung einladen.
- Transparenz und Offenheit: Eine transparente Kommunikation über Einsätze, Maßnahmen und Entwicklungen schafft Vertrauen und Glaubwürdigkeit bei der Bevölkerung.

Die Öffentlichkeitsarbeit und Kommunikation sind für Feuerwehren von entscheidender Bedeutung, um das Vertrauen der Bevölkerung zu gewinnen, Unterstützung zu erhalten und ihre Arbeit transparent zu machen. Durch gezielte Maßnahmen und den Einsatz moderner Kommunikationsmittel können Feuerwehren ihre Öffentlichkeitsarbeit optimieren und eine positive Wahrnehmung in der Gesellschaft erreichen.

In Summe sehen sich die Feuerwehren zweifellos einer Fülle an zukünftigen Herausforderungen gegenüber. Von den dynamischen Veränderungen in der Gesellschaft bis hin zur fortschreitenden Technologisierung und den komplexen Anforderungen an Kommunikation und Öffentlichkeitsarbeit – die Aufgabenpalette scheint schier grenzenlos zu sein. Da kann man nur hoffen, dass die aufgezeigten „Feuerwehr-Tools" auch in Zukunft genügen, um allen thematisierten und ggf. auch völligen neuen Schwierigkeiten effektiv entgegenzutreten – oder sich umgekehrt diesmal ein Beispiel an der Wirtschaft zu nehmen.

8.2   Florian in der Zwickmühle – Herausforderungen meistern mit Business-Tools

Warum die Feuerwehren in turbulenten Zeiten auch mal in der Wirtschaft sichten gehen sollten?

Im Verlauf dieser Abhandlung haben wir ausführlich betrachtet, was die Wirtschaft von der Feuerwehr lernen kann. Die herausragenden Führungsprinzipien, die effektive Einsatzstrategie und die Resilienz in turbulenten Situationen sind nur einige der Aspekte, die der Wirtschaft wertvolle Impulse verleihen können. Doch während so mancher mittlerweile die Rettungskräfte als eine Art Supermacht betrachten mag, darf nicht außer Acht gelassen werden, dass auch die Feuerwehren selbst mit einer Vielzahl an komplexen Herausforderungen konfrontiert sind, wie wir in der Einleitung dieses Kapitels gehört haben. Sie stehen vor dem steigenden Druck, sich den gesellschaftlichen Veränderungen, der Digitalisierung und dem demographischen Wandel anzupassen, während knappe finanzielle Ressourcen ihre Entscheidungen beeinflussen. Inmitten dieser Herausforderungen zeigt sich, dass die Feuerwehr keineswegs unfehlbar ist, sondern wie jedes andere System ihre eigenen Schwierigkeiten bewältigen muss. Daher stellt sich die Frage: Was kann die Feuerwehr von der Wirtschaft lernen, um diesen vielfältigen Aufgaben gerecht zu werden? Im bevorstehenden Kapitel widmen wir uns eingehend diesem Perspektivenwechsel. Wir werfen einen genaueren Blick auf die Möglichkeiten, wie die Feuerwehr von den Erfahrungen und Lösungen der Wirtschaft profitieren kann, um ihre Prozesse zu optimieren, ihre Einsatzbereitschaft zu steigern und sich für die Herausforderungen der Zukunft zu rüsten. Lassen Sie uns gemeinsam erkunden, wie Tools, die in der Wirtschaft entwickelt wurden, helfen können, eine starke und innovative Feuerwehr für die kommenden Herausforderungen zu formen. „Florian in der Zwickmühle" mag für manche wie eine Gratwanderung erscheinen, aber mit einem offenen Blick für die Lehren der Wirtschaft können die Feuerwehren gestärkt und erfolgreich in die Zukunft blicken.

Bei all den vielschichtigen Herausforderungen, die die Feuerwehren in der Gegenwart und Zukunft bewältigen müssen, lassen sich zwei Kernprobleme herauskristallisieren, die hinter vielen der oben genannten Herausforderungen stehen: Diese beiden essenziellen Herausforderungen, vor denen die Feuerwehren stehen, sind zum einen der **Mangel an Fachkräften** und zum anderen die Bedeutung einer **effektiven Presse- und Öffentlichkeitsarbeit**. Diese Aspekte bilden das Rückgrat, das die Feuerwehren befähigt, den vielfältigen Aufgaben, die ihnen obliegen, erfolgreich gerecht zu werden.

Der Mangel an qualifizierten Einsatzkräften ist ein dringendes Anliegen, das in den kommenden Jahren voraussichtlich weiter zunehmen wird. Das Streben nach einer starken und engagierten Belegschaft ist jedoch nicht nur ein Problem der Feuerwehren, sondern ein genereller Trend, dem sich auch viele Unternehmen stellen müssen. Die Notwendigkeit, talentierte Fachkräfte anzuziehen und langfristig zu binden, erfordert innovative und attraktive Arbeitsbedingungen sowie gezielte Maßnahmen zur Personalplanung und -entwicklung.

Ein weiterer bedeutender Aspekt, der oft unterschätzt wird, ist die Presse- und Öffentlichkeitsarbeit der Feuerwehren. Eine effektive Kommunikation nach außen ist von zentraler Bedeutung, um die Bevölkerung über die Arbeit der Feuerwehren zu informieren, Vertrauen aufzubauen und Unterstützung zu gewinnen. Dabei können die Feuerwehren aus den bewährten Strategien der Wirtschaft lernen, wie Markenbildung, gezielte PR-Kampagnen und die Nutzung digitaler Medien, um ihre Botschaften erfolgreich zu vermitteln.

In diesem Kapitel werden wir uns intensiv mit diesen beiden Kernproblemen auseinandersetzen und erörtern, welche Lösungsansätze die Feuerwehren von der Wirtschaft abschauen können, um diesen zentralen Aufgaben gerecht zu werden.

8.2.1   Bewältigung des Personal- und Fachkräftemangels

Der Fachkräftemangel ist zu einem immer präsenteren Thema in Deutschland geworden und betrifft mittlerweile verschiedene Branchen und Berufsfelder. Unternehmen, Institutionen und Organisationen sehen sich vermehrt mit Schwierigkeiten konfrontiert, offene Stellen mit qualifizierten Arbeitskräften zu besetzen. Dieser Mangel an Fachkräften hat weitreichende Auswirkungen, die nicht nur die betroffenen Arbeitgeber, sondern auch die gesamte Wirtschaft und Gesellschaft betreffen. Ein Überblick über die aktuelle Situation zeigt, dass vor allem soziale und handwerkliche Berufe, aber auch MINT-Berufe (Mathematik, Informatik, Natur- und Ingenieurwissenschaft sowie Technik) von diesem Phänomen betroffen sind. Der Fachkräftemangel in Deutschland betrifft verschiedene Branchen mit rund 540.000 regelmäßig unbesetzten Stellen, wovon die am stärksten Betroffenen in der folgenden Abbildung erfasst sind (Abb. 8.1):

Betroffen sind laut dieser Statistik nahezu alle sozialen Berufe und sehr häufig das Handwerk, wozu auch die Fachkräfte gehören, die in der Feuerwehr gerne gesehen sind. Kein Wunder also, dass sich der Fachkräftemangel

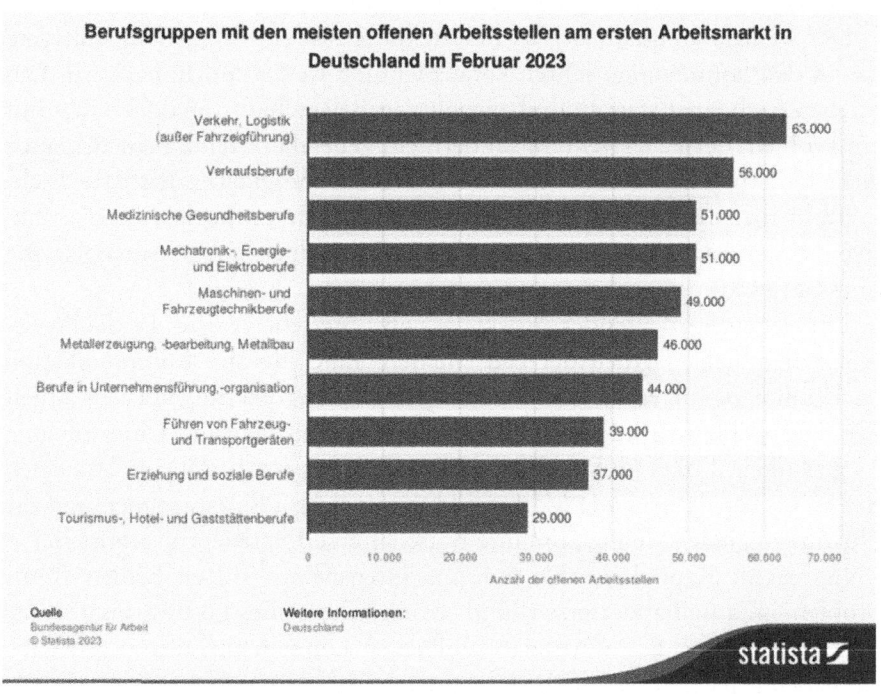

Abb. 8.1   Fachkräftemagel in Deutschland nach Branchen (Statista)

in den letzten Jahren zu einer der zentralen Herausforderungen für die Feuerwehren in Deutschland entwickelt hat. Die ehrenamtlichen und hauptamtlichen Einsatzkräfte bilden das Rückgrat der Feuerwehr und sind unverzichtbar für die Sicherheit und den Schutz der Bevölkerung. Doch immer häufiger sehen sich die Feuerwehren mit dem Problem konfrontiert, ihre Einsatzabteilungen nicht mehr vollständig besetzen zu können. Die Gründe dafür sind vielseitig:

1. **Der demografische Wandel:** Die demografische Entwicklung in Deutschland ist geprägt von einer alternden Gesellschaft. Die Geburtenrate sinkt, während die Lebenserwartung steigt. Dies führt zu einem kontinuierlichen Rückgang der Bevölkerungszahlen in einigen Regionen. Für die Feuerwehren bedeutet dies eine schwindende Zahl an potenziellen Freiwilligen und hauptamtlichen Kräften, da weniger junge Menschen nachrücken. Gleichzeitig steigt der Anteil älterer Einsatzkräfte, die vor neuen Herausforderungen stehen. Der demografische Wandel stellt somit eine der Kernursachen für den Fachkräftemangel dar.

2. **Komplexere Einsätze:** Die Feuerwehren sehen sich zunehmend mit vielschichtigen und anspruchsvollen Einsatzszenarien konfrontiert. Extreme Wetterereignisse, Naturkatastrophen und technische Notfälle erfordern ein hohes Maß an Fachkenntnissen und Erfahrung der Einsatzkräften. Die steigende Komplexität der Einsätze stellt hohe Anforderungen an das Personal, das in der Lage sein muss, schnell und effektiv zu handeln. Dies kann zu einer Überlastung der Einsatzkräfte führen und den Fachkräftemangel verstärken.

3. **Gesellschaftliche Veränderungen:** In der heutigen Gesellschaft stehen viele Menschen vor verschiedenen Verpflichtungen und Herausforderungen, die die Vereinbarkeit von Freizeit und ehrenamtlichem Engagement in der Feuerwehr in Frage stellen. Berufliche Verpflichtungen, familiäre Verantwortung und individuelle Lebensplanung können dazu führen, dass sich weniger Menschen dazu bereit erklären, sich ehrenamtlich in der Feuerwehr zu engagieren. Dieser Wertewandel beeinflusst die Bereitschaft zur ehrenamtlichen Mitarbeit und trägt zum Fachkräftemangel bei. In „Wohlstandsgegenden" wie dem Landkreis Starnberg, dem Landkreis mit der größten Kaufkraft in ganz Deutschland, ist diese Problemstellung gefühlt noch deutlich größer.

An der Stelle kommt die Wirtschaft in Spiel. Die Feuerwehren können sich in Sachen „Fachkräftemangel" von der Wirtschaft einige wichtige Ansätze abschauen. Unternehmen setzen vermehrt auf gezielte Maßnahmen zur

Mitarbeitergewinnung und -bindung. Hierbei könnten Feuerwehren von folgenden Strategien lernen:

1. **Attraktive Arbeitsbedingungen:** Ähnlich wie Unternehmen sollten Feuerwehren die Arbeitsbedingungen attraktiv gestalten. Dies umfasst auch flexiblere Arbeitszeiten, um die Vereinbarkeit von Beruf und Familie zu erleichtern. Viele werden jetzt sagen, das ist doch ein Punkt, der die Feuerwehr von vielen anderen Branchen unterscheidet. Bei akuten Notfällen müssen Feuerwehrleute sofort zur Stelle sein, was die Flexibilität stark einschränkt. Das ist natürlich nicht von der Hand zu weisen und doch durch kluge Vorausplanung und ein gewisses Umdenken möglich. Wir haben bei der Feuerwehr Herrsching beispielsweise eine Rückkehrerin aus dem Mutterschutz, die unsere Atemschutzwerkstatt betreut, die sich ihre Arbeitszeiten fast uneingeschränkt selbst einteilen kann. Darüber hinaus können wir, als aktive Feuerwehrleute der Gemeinde weitere „Annehmlichkeiten" in Anspruch nehmen, was meines Wissen nach bei weitem nicht „Standard" ist: Kostenloses Parken im gesamten Gemeindegebiet, Nutzung des Sportraums der Feuerwehr und des Fußballplatzes der Gemeinde zu bestimmten Zeiten oder der Erhalt von „Verpflegungsgutscheinen" bei Festivitäten im Ort. Darüber hinaus stellt der Landkreis eine sogenannte „Ehrenamtskarte" zur Verfügung, die Zugang zu Ermäßigungen im Einzelhandel, der Gastronomie, Freizeit- oder Kultureinrichtungen gewährt.

2. **Gezielte Aus- und Weiterbildung:** Die Wirtschaft investiert in die kontinuierliche Weiterbildung ihrer Mitarbeiter. Feuerwehren könnten ähnliche Programme einführen, um ihre Mitglieder fachlich auf dem neuesten Stand zu halten und gleichzeitig ihre Karriereentwicklung zu fördern. Und hier sehe ich persönlich das größte Potential. Die Weiterbildungsmöglichkeiten, die unsere Feuerwehrschulen (zumindest in Bayern) anbieten, sind zwar sehr vielseitig und reichen vom Absturzsicherungslehrgang bis zum Rettungshelfer, sind aber extrem begrenzt. Teilweise müssen die Wehren im Landkreis ihren Bedarf schon mehrere Monate, ja sogar Jahre im Voraus anmelden. Die Verteilung der Plätze an die einzelnen Wehren ist intransparent und kaum nachvollziehbar. Das wiederum macht eine „Karriereplanung" oder die Erstellung eines „persönlichen Entwicklungspfads", wie wir das aus der Wirtschaft kennen, nahezu unmöglich. Das ist für hochmotivierte und wissbegierige Kameraden, wie ich persönlich einer bin, nur schwer nachvollziehbar und teilweise stark demotivierend.

3. **Tutorensystem:** Ein Tutorensystem ist eine organisierte Methode, in der erfahrene und kompetente Personen, oft als Tutoren oder Mentoren bezeichnet, ihre Expertise, Erfahrungen und Unterstützung an weniger erfahrene Individuen, häufig als Tutanden oder Mentees bezeichnet, weitergeben. Dieses System zielt darauf ab, Wissen, Fähigkeiten, Einsichten und Ratschläge auf eine persönliche und eins-zu-eins-Basis zu übertragen. Ein Tutorensystem kann in verschiedenen Kontexten implementiert werden, sei es in Bildungseinrichtungen, Unternehmen oder gemeinnützigen Organisationen. Die Hauptmerkmale eines Tutorensystems umfassen:

Erfahrungstransfer: Die erfahrenen Tutoren teilen ihr Wissen und ihre Fähigkeiten mit den Tutanden, um deren Lernkurve zu beschleunigen und ihnen bei der Bewältigung von Herausforderungen zu helfen.

Individuelle Betreuung: Da das System normalerweise auf individuelle Betreuung setzt, können die Tutoren auf die spezifischen Bedürfnisse, Fragen und Ziele jedes Tutanden eingehen.

Feedback und Unterstützung: Die Tutoren bieten nicht nur Wissen an, sondern geben auch konstruktives Feedback, um die Fortschritte der Tutanden zu fördern und ihre Fähigkeiten zu verbessern.

Mentale und emotionale Unterstützung: Oft dienen Tutoren nicht nur als Wissensvermittler, sondern auch als Ansprechpartner, die den Tutanden bei ihren Zielen ermutigen und ihnen bei Unsicherheiten oder Herausforderungen zur Seite stehen.

Vertraulichkeit und Vertrauen: In einem Tutorensystem kann ein offener und vertraulicher Austausch stattfinden, in dem die Tutanden sich frei fühlen können, Fragen zu stellen oder Schwierigkeiten anzusprechen.

Persönliche Beziehung: Im Laufe der Zeit entwickeln sich oft persönliche Bindungen zwischen Tutoren und Tutanden, die das Lernen und die Entwicklung noch positiver beeinflussen können.

Motivation und Inspiration: Tutoren können als Vorbilder dienen und die Tutanden dazu inspirieren, ihre Ziele zu verfolgen und ihr Potenzial auszuschöpfen.

Zielgerichtetes Lernen: Das Tutorensystem ermöglicht es den Tutanden, sich auf spezifische Lernziele zu konzentrieren und gezielt an ihren Schwächen zu arbeiten.

Ein Tutorensystem kann verschiedene Formen annehmen, von informellen Beziehungen zwischen Einzelpersonen bis hin zu strukturierten Programmen in Bildungseinrichtungen oder Unternehmen. Es kann dazu beitragen, das Lernen effektiver und persönlicher zu gestalten und die Entwicklung von

Fähigkeiten und Wissen zu fördern. Bei planworx stellen wir schon seit vielen Jahren jedem neuen Mitarbeiter, vom Schülerpraktikanten bis zu unseren „Senioren" (Senior Project Manager) ab dem ersten Tag einen Tutor zur Seite, der neben der Einarbeitung auch für den gewissen „Wohlfühlfaktor" sorgen soll. Und natürlich soll auch jeder Mitarbeiter in seiner Laufbahn bei uns mehrmals selbst die Funktion eines Tutors übernehmen und sein Wissen weitergeben.

Daniel und sein Team haben das Tutorensystem mit all seinen Facetten und Vorteilen wunderbar und beispielhaft auf unsere Feuerwehr übertragen. Mit Andi habe ich einen Tutor an meine Seite bekommen, der mir nicht nur alle die oben erwähnte, permanente Unterstützung gegeben hat, sondern ein echter Freund geworden ist. Bis heute habe ich von keiner anderen Feuerwehr gehört, dass sie so ein System implementiert hat.

4. **Mitarbeiterbindung durch Wertschätzung:** Unternehmen setzen auf regelmäßige Anerkennung und Belohnung ihrer Mitarbeiter. Feuerwehren könnten dies durch Würdigungen, Auszeichnungen und soziale Events umsetzen, um das Engagement der Mitglieder zu honorieren. In diesem Punkte sehe ich großes Potential, auf jeden Fall bei den Feuerwehren, die mir bis dato begegnet sind. Ich kann mir vorstellen, dass dies in der Vergangenheit begründet liegt: Feuerwehrorganisationen haben meist eine traditionelle Kultur, in der bestimmte Normen und Hierarchien dominieren. Dies kann dazu führen, dass innovative Ideen zur Anerkennung und Wertschätzung der Mitarbeitenden nicht ausreichend gefördert werden. Auch wird die Arbeit von Feuerwehrleuten oft als Selbstverständlichkeit betrachtet, da sie eine essenzielle Rolle bei der Sicherheit und dem Wohlbefinden der Gemeinschaft spielen. Dies kann dazu führen, dass ihre Bemühungen als „Teil des Jobs" angesehen werden, anstatt sie aktiv anzuerkennen. Bei uns in Herrsching werden besondere Auszeichnung oder Weiterbildungen meistens „feierlich verkündet" und der Empfänger von den Kollegen entsprechend gefeiert. Ich durfte das bis dato einige Male (Beförderung zum Feuerwehrmann, diverse Leistungsabzeichen etc.) miterleben und habe mich jedes Mal sehr wertgeschätzt gefühlt. Besonders beeindruckt und überrascht hat mich die Freude und Begeisterung des Teams, als Daniel in seiner Einleitung zu einer Monatsübung meine „Ernennung" zum Atemschutzgeräteträger, nach bestandener Prüfung verkündet hat: Gefühlt wurde ich fast eine Minute lang vom Team lauthals gefeiert! Ein sehr motivierender Moment. Nachholbedarf sehe ich allerdings bei persönlichen Ereignissen, wie zum Beispiel einem Geburtstag. Da passiert es eher zufällig, dass einem die Kollegen oder Vorgesetzten

gratulieren, was mich an meinem ersten Geburtstag als aktiver Feuerwehrmann durchaus überrascht hat.

5. **Diversität und Inklusion:** Die Wirtschaft arbeitet verstärkt an der Förderung von Vielfalt und Inklusion. Feuerwehren könnten dies aufgreifen, um Menschen aus unterschiedlichen Hintergründen anzusprechen und eine inklusive Gemeinschaft zu schaffen. Hier sind einige Aspekte, wie Vielfalt und Inklusion dazu beitragen können:

Erweiterung des Bewerberpools: Eine inklusive Einstellung und eine vielfältige Arbeitsumgebung ziehen Menschen aus unterschiedlichen Hintergründen und Erfahrungen an. Dies kann den Bewerberpool erweitern und die Chancen erhöhen, qualifizierte Fachkräfte zu gewinnen.

Stärkung des Teamgeists: Ein Team, das aus Mitgliedern mit vielfältigen Hintergründen und Fähigkeiten besteht, kann in der Lage sein, eine breitere Palette von Herausforderungen anzugehen. Verschiedene Perspektiven können zu innovativen Lösungen führen und den Teamgeist stärken. Obwohl wir in Herrsching sehr ländlich unterwegs sind, bereichern viele unterschiedliche Nationen unser Team!

Bessere Anpassungsfähigkeit: In einer zunehmend vielfältigen Gesellschaft ist es wichtig, dass Organisationen die Vielfalt ihrer Gemeinschaften widerspiegeln. Feuerwehren, die vielfältige Teams haben, sind oft besser in der Lage, auf die unterschiedlichen Bedürfnisse und Anliegen ihrer Gemeinschaften einzugehen.

Kulturelle Sensibilität: Inklusion fördert kulturelle Sensibilität und Empathie. Dies ist besonders wichtig, da Feuerwehren oft in verschiedenen Situationen mit verschiedenen Menschen interagieren müssen. Ein sensibles Verständnis für kulturelle Unterschiede kann die Interaktionen und die Effektivität in der Arbeit verbessern.

Attraktive Arbeitsumgebung: Menschen aus verschiedenen Hintergründen fühlen sich in einer inklusiven Umgebung oft willkommen und geschätzt. Eine Organisation, die Wert auf Vielfalt und Inklusion legt, kann daher als attraktiver Arbeitgeber wahrgenommen werden.

Förderung der Gleichstellung: Inklusion beinhaltet auch die Gleichbehandlung aller Mitarbeitenden, unabhängig von Geschlecht, Herkunft, Religion oder anderen Merkmalen. Dies kann dazu beitragen, Diskriminierung zu verhindern und eine gerechtere Arbeitsumgebung zu schaffen. Ich kenne keine Feuerwehr in Deutschland, die hier nicht extremen Nachholbedarf hat. Bei der Feuerwehr München sind beispielsweise nur ca. 150 der ca. 2200 beschäftigten Frauen.

6. **Kooperationen und Netzwerke:** Unternehmen kooperieren mit Bildungseinrichtungen und anderen Organisationen, um den Fachkräftepool zu
   erweitern. Feuerwehren könnten ähnliche Partnerschaften nutzen, um
   neue Mitglieder zu rekrutieren und gemeinsam Ausbildungsprogramme
   anzubieten. Hier einige Beispiele:

   - Zusammenarbeit mit Bildungseinrichtungen: Feuerwehren können
     Partnerschaften mit Schulen, Berufsschulen und Hochschulen ein-
     gehen, um das Interesse junger Menschen für den Feuerwehrberuf zu
     wecken. Praktika, Workshops und Bildungsprogramme können den
     Schülern die Vielfalt der Feuerwehrtätigkeiten näherbringen.
   - Kooperation mit Unternehmen: Die Feuerwehr kann mit Unternehmen
     in ihrer Gemeinschaft zusammenarbeiten, um Mitarbeiter für Freiwil-
     ligendienste in der Feuerwehr zu gewinnen. Unternehmen könnten zum
     Beispiel ihre Mitarbeiter ermutigen, sich als freiwillige Feuerwehrleute
     zu engagieren und ihnen die Flexibilität bieten, im Notfall abwesend
     zu sein.
   - Partnerschaften mit anderen Hilfsorganisationen: Feuerwehren können
     mit anderen Hilfsorganisationen wie dem Roten Kreuz, dem Technischen
     Hilfswerk oder der Wasserrettung zusammenarbeiten. Dies könnte ge-
     meinsame Ausbildungsprogramme, Übungen und Ressourcenteilung
     beinhalten, um die Zusammenarbeit im Notfall zu verbessern.
   - Lokale Gemeinschaftsinitiativen: Die Feuerwehr kann sich in lokalen
     Gemeinschaftsinitiativen engagieren, um ihre Präsenz zu stärken und
     Menschen für ihre Arbeit zu sensibilisieren. Dies kann Veranstaltungen
     wie Tag der offenen Tür, Sicherheitsworkshops oder Erste-Hilfe-
     Kurse umfassen.
   - Kooperation mit anderen Feuerwehren: Feuerwehren in benachbarten
     Gemeinden können zusammenarbeiten, um Ressourcen und Personal
     zu teilen. Gemeinsame Übungen und Schulungen können nicht nur die
     Fähigkeiten der Feuerwehrleute verbessern, sondern auch den Zusam-
     menhalt zwischen den Teams stärken.
   - Engagement in lokalen Schulen: Feuerwehren könnten in Schulen
     Präsentationen über Brandschutz und Notfallvorsorge halten. Dies kann
     nicht nur das Bewusstsein für Sicherheitsfragen stärken, sondern auch
     junge Menschen für eine mögliche Karriere bei der Feuerwehr begeistern.
   - Kooperation mit der lokalen Regierung: Eine enge Zusammenarbeit mit
     der lokalen Regierung kann dazu beitragen, Unterstützung und
     Ressourcen für die Feuerwehr zu gewinnen. Gemeinsame Initiativen zur
     Förderung des Ehrenamts

In großen Unternehmen und Konzernen übernehmen diese vielfältigen Aufgaben meistens gut ausgebildete HR-Manager oder ganze HR-Abteilung. Auch bei den großen Berufsfeuerwehren, wie zum Beispiel der Feuerwehr München, gibt es mit dem Fachgebiet „GL1-Personal und Organisation" so etwas wie eine eigene „Personalabteilung". Bei den kleinen und Freiwilligen Wehren ist das Thema meistens dem Fachbereich „Ausbildung" zugeordnet und damit nicht ansatzweise vollständig betreut. Alle Aufgaben, die darüber hinausgehen, bleiben bei den Kommandanten hängen oder im Zweifel auf der Strecke.

Die Einrichtung einer spezialisierten Personalabteilung oder die Beauftragung/Ernennung eines HR-Managers könnten zweifelsohne eine überlegenswerte Lösung darstellen, um den drängenden Fachkräftemangel bei der Feuerwehr anzugehen. Diese Maßnahme könnte zahlreiche Vorteile mit sich bringen, die weit über die herkömmliche Verwaltung hinausgehen. Eine dedizierte HR-Abteilung könnte ihre Bemühungen darauf konzentrieren, geeignete Kandidaten für die Feuerwehr zu finden und zu gewinnen. Durch gezielte Marketing- und Rekrutierungskampagnen könnten potenzielle Mitglieder auf die Vorzüge einer Karriere in der Feuerwehr aufmerksam gemacht werden. Darüber hinaus könnten Bewerbungsprozesse optimiert werden, um sicherzustellen, dass diejenigen ausgewählt werden, die am besten zur Organisation passen. Die Rolle der Talententwicklung könnte ebenfalls gestärkt werden. Mit einem Fokus auf berufliche Weiterbildung könnten HR-Experten Programme entwickeln, die die Fähigkeiten und Fertigkeiten der bestehenden Feuerwehrangehörigen fördern. Dies würde nicht nur ihre Kompetenzen erweitern, sondern auch dazu beitragen, ihre Motivation und Loyalität gegenüber der Organisation aufrechtzuerhalten. Attraktive Arbeitsbedingungen sind ein weiterer Aspekt, den eine spezialisierte HR-Abteilung angehen könnte. Die Gestaltung von Arbeitszeitmodellen, angemessene Vergütung, die Sicherheit am Arbeitsplatz sowie psychosoziale Unterstützung könnten gemeinsam erarbeitet werden, um das Wohlbefinden der Feuerwehrmitglieder zu verbessern. Ein bemerkenswertes Element, das von einer solchen Abteilung vorangetrieben werden könnte, ist die Förderung von Vielfalt und Inklusion. Programme zur Schaffung eines integrativen und diversen Umfelds könnten entwickelt werden, um sicherzustellen, dass Menschen unterschiedlicher Hintergründe von der Feuerwehr angezogen werden und sich geschätzt fühlen. Die Etablierung einer HR-Abteilung könnte ebenfalls dazu beitragen, das Image der Feuerwehr in der Öffentlichkeit zu stärken. Durch gezielte Öffentlichkeitsarbeit und Marketingkampagnen könnte die Bedeutung der Arbeit der Feuerwehr hervorgehoben und das Interesse potenzieller Mitglieder geweckt werden. Nicht zu vernachlässigen ist auch die Rolle der

Kommunikation und des Engagements. Eine solche Abteilung könnte die Kommunikation unter den Feuerwehrangehörigen verbessern, Engagement-Initiativen organisieren und regelmäßig Feedback von den Mitgliedern einholen, um kontinuierliche Verbesserungen zu ermöglichen. Des Weiteren könnten HR-Experten Schulungen und Ressourcen für das Krisen-management bereitstellen, um sicherzustellen, dass Feuerwehrleute in stressi-gen oder traumatischen Situationen angemessen reagieren können. Auch Unterstützungsdienste könnten angeboten werden, um Mitgliedern in Zeiten der Not beizustehen. Nicht zuletzt könnten HR-Abteilungen auch Ko-operationen und Netzwerke aufbauen. Partnerschaften mit Bildungsein-richtungen, Unternehmen, anderen Hilfsorganisationen und der Gemein-schaft könnten geschaffen werden, um die Feuerwehr in vielfältiger Weise zu unterstützen.

8.2.2 Effektive Presse- und Öffentlichkeitarbeit

Die Bedeutung von Presse- und Öffentlichkeitsarbeit für die Feuerwehr kann kaum überschätzt werden. In einer Zeit, in der Information schnell verbreitet und Meinungen rasch geformt werden, ist eine gezielte Kommunikation mit der Öffentlichkeit von entscheidender Bedeutung. Dieses Kapitel widmet sich der Idee, dass die Feuerwehr wertvolle Erkenntnisse aus der Wirtschaft übernehmen kann, um ihre Presse- und Öffentlichkeitsarbeit noch effektiver zu gestalten. Effektive Presse- und Öffentlichkeitsarbeit basiert auf grund-legenden Prinzipien, die gleichermaßen in der Wirtschaft und bei der Feuer-wehr gelten. Transparenz und Offenheit sind essentiell, um das Vertrauen der Öffentlichkeit zu gewinnen. Authentizität und Glaubwürdigkeit bilden das Fundament für eine nachhaltige Beziehung zwischen Organisation und Stake-holdern. Die Zielgruppenorientierung, also die Ansprache der Bedürfnisse und Interessen der verschiedenen Interessengruppen, ist ein weiterer Schlüssel zu erfolgreicher Kommunikation. Die Nutzung verschiedener Kommunikationskanäle stellt sicher, dass die Botschaften der Feuerwehr die relevanten Empfänger erreichen. Auch hier gibt es wieder bemerkenswerte Pa-rallelen zwischen den Kommunikationsbedürfnissen der Feuerwehr und der Wirtschaft. Der Wert der Reputation ist für beide unverzichtbar. In der Wirt-schaft beeinflusst ein positives Image die Wettbewerbsfähigkeit, genauso wie eine angesehene Feuerwehr das Vertrauen der Gemeinschaft stärkt. Krisen-kommunikation ist ein weiteres gemeinsames Thema. Sowohl in der Wirt-schaft als auch bei der Feuerwehr ist eine proaktive Informationsvermittlung in Krisensituationen unerlässlich, um Fehlinformationen zu vermeiden. Das Konzept des Employer Branding, welches in der Wirtschaft talentierte Mitarbeiter anzieht und bindet, kann auch auf die Feuerwehr angewandt werden, um qualifizierte Mitglieder zu gewinnen und zu halten.

PR-Abteilungen in großen Konzernen übernehmen eine breite Palette von Aufgaben, die darauf abzielen, das Image und die Beziehung des Unternehmens zur Öffentlichkeit, den Kunden, den Investoren und anderen Interessengruppen zu gestalten und zu pflegen. Hier sind einige der Hauptaufgaben:

- Medienkontakte und Pressearbeit: PR-Abteilungen sind dafür verantwortlich, Beziehungen zu Medienvertretern aufzubauen und zu pflegen. Sie verfassen Pressemitteilungen, organisieren Pressekonferenzen und Interviews und sorgen dafür, dass relevante Nachrichten über das Unternehmen in den Medien erscheinen.
- Krisenkommunikation: Im Falle von Krisen oder negativen Vorfällen entwickeln PR-Profis Kommunikationsstrategien, um den Schaden für das Unternehmensimage zu minimieren. Sie geben klare und genaue Informationen heraus, um Fehlinformationen zu vermeiden.
- Interne Kommunikation: Die PR-Abteilung kommuniziert nicht nur nach außen, sondern auch innerhalb des Unternehmens. Sie informiert die Mitarbeiter über wichtige Entwicklungen, Ziele und Veränderungen im Unternehmen.
- Kommunikationsstrategien entwickeln: PR-Profis entwerfen langfristige Kommunikationsstrategien, um die Unternehmensziele zu unterstützen. Sie legen fest, welche Botschaften vermittelt werden sollen und über welche Kanäle dies geschehen soll.
- Event-Planung: Die Planung und Durchführung von Veranstaltungen wie Produktneueinführungen, Kongresse, Messen und Firmenfeiern gehört ebenfalls zu den Aufgaben der PR-Abteilung.
- Social Media Management: In der heutigen Zeit spielen soziale Medien eine entscheidende Rolle in der Unternehmenskommunikation. PR-Abteilungen verwalten die Social-Media-Präsenz des Unternehmens, interagieren mit Followern und teilen relevante Inhalte.
- Markenbildung und -pflege: PR-Profis tragen dazu bei, das Markenimage des Unternehmens zu gestalten und zu schützen. Sie stellen sicher, dass die Botschaften und Werte der Marke in allen Kommunikationskanälen konsistent sind.

- Investor Relations: Die Kommunikation mit Investoren und Aktionären fällt ebenfalls in den Zuständigkeitsbereich der PR-Abteilung. Sie vermitteln finanzielle Informationen, Unternehmensstrategien und -erfolge.
- Content-Erstellung: PR-Abteilungen erstellen vielfältigen Content, darunter Artikel, Blog-Beiträge, Videos und Infografiken, um die Öffentlichkeit zu informieren und zu engagieren.
- Analyse und Monitoring: Die Leistung der Kommunikationsaktivitäten wird überwacht und analysiert, um die Wirksamkeit der PR-Strategien zu bewerten. Anhand von Daten können Anpassungen vorgenommen werden, um die Kommunikation zu optimieren.

Wie schon im vorangegangenen Kapitel HR, gilt auch in Sachen PR, dass nur die wirklichen großen Berufsfeuerwehren über eine eigene „Pressestelle" verfügen, die sich um die meisten der oben genannten Aufgaben kümmert. Sehr beindruckend macht das meiner Meinung nach die Feuerwehr München. Ich finde es nicht nur informativ, sondern unterhaltsam und motivierend, der @feuerwehrmuenchen in den sozialen Medien zu folgen.

Bei den kleineren und freiwilligen Feuerwehren macht das nicht selten ein Kollege „so nebenbei", oder eben wieder die Kommandanten. Da ist es fast schon logisch, dass es außer den üblichen Einsatzberichten und den alljährlichen (teilweise sehr guten) Aprilscherzen nicht viel zu lesen gibt (Abb. 8.2):

Die Einführung eines PR-Managers auch bei kleinen und freiwilligen Feuerwehren kann dazu beitragen, die Kommunikation zu professionalisieren, das Ansehen der Feuerwehr zu stärken und die Gemeinschaft enger einzubinden. Durch die Anwendung bewährter Praktiken aus der Wirtschaft kann die Feuerwehr ihre Mission effektiver erfüllen und einen positiven Einfluss auf die Sicherheit und das Wohlbefinden der Gemeinschaft haben.

Freiwillige Feuerwehr Gilching
1. April 2023 · 🌐   •••

Durch die im bayerischen Landtag beschlossene Gesetzesänderung tritt nun auch die neue StVO
Richtlinie §38 Abs. 1, Satz 4, Nr. 23 StVO zur Regelung der Dezibelzahl an Sondersignalen an
Einsatzfahrzeugen in Kraft. Die Erhöhung von aktuell 110 Dezibel auf dann 148 dB war seit
langem aufgrund des demografischen Wandels beschlossene Sache. Aus Service am Gilchinger
Bürger werden nun nach und nach Ampeln und Laternen an neuralgischen Punkten mit
Gehörschutzspendern ausgestattet. Wenn sich ein Einsatzfahrzeug nähert, können Sie sich in
haushaltsüblichen Mengen kostenlos bedienen.

#feuerwehrmann #unserefreizeitfuereuresicherheit #gilching #feuerwehrfrau
#freiwilligefeuerwehr #guiching #feuerwehrgilching #ehrenamt #feuerwehr #jugendfeuerwehr
#wirfuereuch #guiching #Gehörschutz #martinhorn

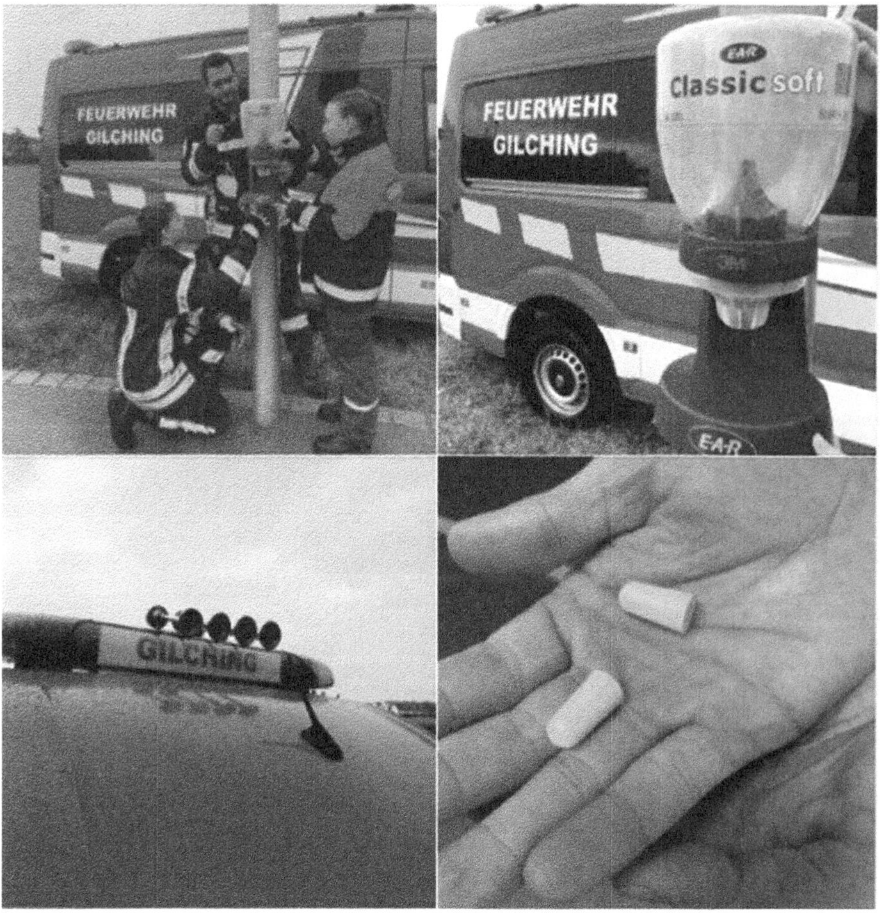

Abb. 8.2 Aprilscherz der Feuerwehr Gilching

9

Lieber etwas riskieren, als ewig zu bereuen, sich nicht getraut zu haben

Warum es auch für Sie Sinn machen könnte, nicht „entweder, oder", sondern viel mehr „sowohl, als auch" zu denken?

Den gesamten Verlauf des Buches, bis hierhin, haben wir immer in zwei Welten gedacht: Feuerwehren bzw. Rettungskräfte auf der einen und Wirtschaftssubjekte und deren Führungskräfte auf der anderen Seite – und ich, Christian, als Grenzgänger immer irgendwo dazwischen. Doch so schwarz/weiß muss man heutzutage gar nicht mehr denken und mein aktueller Lebensentwurf ist dafür das beste Beispiel: In meinem Alltag koexistieren beide stereotypischen Berufsbilder meistens ganz harmonisch und einvernehmlich nebeneinander. Zu Konflikten kommt es sehr, sehr selten. Zur Vorbeugung analysiere ich jeden Morgen meinen Terminkalender und schirme Termine, die mir beruflich oder privat sehr wichtig sind, ab: Zu diesen Zeiten schalte ich alle Alarmmeldungen der Feuerwehr lautlos, stumm oder tatsächlich auch konsequent ab und fokussiere mich auf meine Themen. Und was soll ich sagen? In den nun schon mehr als zwei Jahren, in denen ich bei der Feuerwehr aktiv bin, gab es nur zwei akute Terminkollisionen. An beiden durften Sie im Rahmen der Praxisbeispiele (Praxisbeispiele 1 und 3) auch teilhaben. Und der Rest ist ein harmonisches Miteinander: Übungen finden ausschließlich an den Abenden statt, Fortbildungen an den Abenden und Wochenenden. Versäume ich Arbeitszeit aufgrund von Einsätzen, ist die meistens sehr schnell wieder aufgeholt, weil ich nach der Rückkehr oft deutlich motivierter und wesentlich klarer an Dinge rangehe. Auch meine Familie spiegelt mir immer häufiger wider, dass ich seitdem ich bei der FFH bin, privat deutlich „unaufgeregter" und entspannter bin. Und eigentlich ist „harmonisches Miteinander" untertrieben. Denn tatsächlich profitieren die beiden Welten in

© Der/die Autor(en), exklusiv lizenziert an Springer Fachmedien Wiesbaden GmbH, ein Teil von Springer Nature 2024
C. Münch, D. Pleyer, *Führung mit Feuer und Flamme*,
https://doi.org/10.1007/978-3-658-44335-1_9

meinem Leben sehr deutlich voneinander: Ich habe und ziehe immer noch so viele „Learnings" aus dem Feuerwehrdasein, dass man ein ganzes Buch damit füllen kann, wie Sie eben selbst sehen. Die ehemals getrennten Freundeskreise vermischen sich zunehmend und es entstehen ständig neue, spannende „Projekte". Eben erst hat sich eine Arbeitskollegin mit einem sehr guten Freund und Feuerwehrkollegen verlobt und ist diesen Sommer nach Herrsching gezogen. Die Feuerwehr kann ich mit meiner Lebens- und Berufserfahrung bereichern und den ein oder anderen Kameraden von meinen Ideen begeistern, oder mit wichtigen Kontakten verknüpfen! Umgekehrt profitieren meine Familie und ich von den unzähligen, wertvollen Kontakten, die uns die Feuerwehr, oder die Kameraden aufgemacht haben. Eine echte win:win:win – Situation!

Und wie ich erfreulicherweise in den letzten Jahren immer wieder feststellen durfte, bin ich bei Weitem nicht der Einzige, der diese Kombination so bereichernd findet. Immer wieder stoße ich auf Gleichgesinnte, wenn ich in Berufskreisen seitdem über mein liebstes Hobby, die Feuerwehr spreche: Da ist der Geschäftsführer von einem unserer Vorzugslieferanten aus dem Bereich Messebau, der seit über 20 Jahren schon als Maschinist und Geräteträger für eine benachbarte Feuerwehr im Einsatz ist. Da ist der Versicherungsvertreter und Agenturinhaber, der es sogar schafft, neben seinem 60 h-Job zum Kreisbrandinspektor aufzusteigen. Da ist der Leiter Recht einer der größten deutschen Versicherungen, der leidenschaftlich seine Drehleiter „durch die Innenstadt zum Einsatz prügelt" und bei der Erzählung darüber strahlt, wie ein Honigkuchenpferd. Und da ist natürlich auch „der Bommel", der neben seinem Fulltime-Job bei TACWRK und seiner Leidenschaft für Natur und Wildnis, sich immer wieder zu intensiven Schichteinsätzen bei der Berliner-Feuerwehr verpflichtet.

Auch wenn es vermutlich nicht so einfach ist, aus dem Ehrenamt heraus in der Wirtschaft Fuß zu fassen, ist der umgekehrte Weg, von der Wirtschaft, nein aus jedem Beruf ins Ehrenamt, durchlässig, wie ich Ihnen aufgrund meiner Erfahrungen versichern kann. Ich kenne keine Freiwillige Feuerwehr in Deutschland, die Sie nicht mit Handkuss aufnehmen würde, wie es die FFH mit mir getan hat. Und dasselbe gilt für Rettungsdienst, THW, etc.

So sollen unsere Geschichten, Daniels und meine, die sich auf wunderbare Weise gekreuzt und seitdem viele Kapitel gemeinsam haben, natürlich inspirierend und motivierend für Ihren beruflichen Alltag sein. Vielleicht haben sie aber sogar die Kraft, Sie zu einem größeren Schritt zu animieren und es uns gleich zu tun, getreu dem Motto: „Wer sich nicht bewegt, kann nichts bewegen" oder wie es die Feuerwehr Herrsching formuliert: „Trau Dich. Komm in unser Team!" Ich bin mir sicher: Sie werden gebraucht. Schauen Sie doch am besten gleich mal in den sozialen Medien Ihrer örtlichen Feuerwehr vorbei!

SPRINGER NATURE

GPSR Compliance

The European Union's (EU) General Product Safety Regulation (GPSR) is a set of rules that requires consumer products to be safe and our obligations to ensure this.

If you have any concerns about our products, you can contact us on ProductSafety@springernature.com

In case Publisher is established outside the EU, the EU authorized representative is:

Springer Nature Customer Service Center GmbH
Europaplatz 3
69115 Heidelberg, Germany

The manufacturer's authorised representative in the EU is Springer
Nature Customer Service Centre GmbH, Europaplatz 3, 69115 Heidelberg,
Germany. If you have any concerns regarding our products, please
contact ProductSafety@springernature.com

Printed and bound by CPI Group (UK) Ltd, Croydon, CR0 4YY

24/04/2026

02096358-0009